Ziergehölze
für den Garten

ROBERT MARKLEY

Ziergehölze
für den Garten

Die 250 besten Arten und Sorten im Porträt
Pflanzen · Pflegen · Schneiden

blv

1

Gartengehölze für alle Gartenfälle

Bewährte Gestaltungsbereiche

Der ökologische Nutzen der Gartengehölze

Gehölze mit besonderen Eigenschaften

2 Die schönsten Ziergehölze im Porträt

Leitfaden zu den Gehölzgruppen

3 Der praktische Umgang mit Gehölzen

Anhang

Glücklicherweise gibt es immer mehr Gartenfreunde, die die ganze Fülle der Gartengehölze für ihr eigenes Gartenparadies nutzen möchten. Für jeden Gartenstandort und Gestaltungswunsch gibt es besonders geeignete Ziersträucher und Hausbäume, die in unseren Breiten gedeihen und als frosthart gelten. Bestimmte Gehölze sind aufgrund ihrer Eigenschaften beispielsweise für Standorte mit extremen Klimaverhältnissen geeignet. Oder sie prägen durch ihre Ausstrahlung und das sie umgebende Flair bestimmte Gartenstile.
In diesem ersten Kapitel finden Sie die Gehölze nach Verwendungsbereichen geordnet. Dabei sind jeweils nur die Gehölze aufgeführt, die im nächsten Kapitel in Porträts vorgestellt werden.
Die Ordnung nach Verwendungsbereichen soll in erster Linie einen Überblick bieten und ein rasches Nachschlagen ermöglichen. Eine

1 Gartengehölze für alle Gartenfälle

für den Gartenfreund übersichtliche, verwendungs- und standortorientierte Aufteilung der Gartengehölze bleibt aufgrund zahlloser Übergänge aber immer relativ. Sie kann niemals – quasi als immerwährende Faustformel – eigenes Erleben und persönlichen Geschmack ersetzen. Bewährte Auswahlvorschläge erleichtern aber die Vorentscheidung beträchtlich und dienen als Richtschnur beim anschließenden Gang durch GartenBaumschulen, GartenCenter oder den sonstigen Fachhandel.

Eine solche Vorauswahl spart Zeit und Geld, denn sie hilft so manchen Pflanzenkauf zu vermeiden, der nur aufgrund eines spontanen Eindrucks ohne Vorinformation getätigt wird und sich nach pflege- und erwartungsreichen Jahren als Enttäuschung herausstellt. Nach der Vorauswahl empfiehlt sich ein Blick in die ausführlichen Pflanzenporträts (ab Seite 70), die weitere Detailhinweise geben. Dies gilt insbesondere für die Bemerkungen zum Standort. Innerhalb eines Gartens treten durchaus schattige und sonnige Lagen nebeneinander auf, für die jeweils andere Gehölze geeignet sind.

Trotzdem stellen alle folgenden Listen immer nur eine mögliche und bewährte, niemals aber absolute Auswahl dar. Kein Gehölz ist ausschließlich für einen Garten mit Japanflair geeignet, kann aber dafür prädestiniert sein, weil es »asiatisch« wirkt. Viele Gehölze finden sich in mehreren Empfehlungen, wiederum ein Indiz für die Palette der Möglichkeiten, die viele Überschneidungen zulässt.

Kurzum: Die vorgestellten Verwendungsbereiche sind eine konsequent geordnete Starthilfe für den Gartenanfänger und eine Erinnerungshilfe für den fortgeschrittenen Gartenfreund.

Bewährte Gestaltungsbereiche

Gehölze lassen sich im Garten und auf der Terrasse in vielfältigster Weise verwenden. Sie sind die prägenden Elemente zahlreicher Gartenstile. Oft ist es nur ein einziges Gehölz, das bestimmte Assoziationen auslöst. Warum Fächer-Ahorne »asiatisch« wirken oder Hortensien an Großmutters Bauerngarten erinnern, lässt sich nicht wissenschaftlich erklären. Das muss es auch nicht. Lassen wir uns einfach nur von der Schönheit der Gartengehölze inspirieren.

Bauerngärten für Leib und Seele

Bauerngärten beherbergen nostalgische Blütenträume, die schon seit Hunderten von Jahren die Menschen begeistern und faszinieren. Großmutters einstiger Kräutergarten hat sich zum Gartenparadies gewandelt, in dem Blumen nach Herzenslust gepflückt und erduftet werden dürfen.

Der Bauerngarten hält im wahrsten Sinne des Wortes Leib und Seele zusammen, vereint gleichermaßen Zierde und Nutzen. Was als kräuterreicher Selbstversorger-Garten der Landbevölkerung begann, hat sich zu einem der beliebtesten Gartenstile entwickelt.

Diese traditionelle Gartenform wird häufig geprägt durch eine geometrische Struktur, die sich an die Wegekreuze der mittelalterlichen Klostergärten anlehnt. In den Ur-Bauerngärten wuchsen Gemüse und Kräuter in Beetsystemen. Erst sehr viel später wurden üppig blühende Bauern-Hortensien, pralle Strauch-Päonien, kunterbunte Blumenrabatten von fein säuberlich geschnittenen Buchsbaum-, Weiß-Dorn- und Hainbuchen-Hecken umrandet.

Neben den vorgeschlagenen Gehölzen gehören natürlich eine Reihe weiterer Pflanzen zum echten Bauerngartenambiente: Sommerblumen wie Dahlien, Bauernnelken, Goldlack, Zinnien und Löwenmaul

Die Blütenbälle der wasserliebenden Hortensien verwandeln jeden Bauerngarten in einen Ballsaal.

sind feste Größen. Mit frühlingsblühenden Zwiebelblumen beginnt die Farbenpracht, die von blühstarken Rabattenstauden den Sommer über monatelang in Schwung gehalten wird. Eisenhut, Stockrose, Akelei, Federnelke, Gemswurz, Goldrute, Mohn, Sonnenbraut, Taglilie und Iris sind nur einige der typischen Stauden für Bauerngärten. Nicht fehlen dürfen Strauchrosen. Insbesondere Alte und Englische Rosen erinnern mit ihrer verschwenderischen Blütenfülle an die Bauernrosen vergangener Tage.
Ein besonders herrlicher Auftritt wird Zierstämmchen aller Art zuteil. Sie kommen der formalen Struktur der Bauerngärten sehr entgegen. Eine Auswahl von verholzenden, mehrjährigen Stämmchen finden Sie auf Seite 43. Wem etwas mehr Platz zur Verfügung steht, der kann mit baumartig wachsenden Rot-Dornen und dem zeitgleich blühenden Goldregen einen wunderbaren Akzent mit Fernwirkung setzen und im Bauerngarten aus dem Vollen schöpfen.
Zahlreiche, bei uns nicht heimische Gehölze und Gartenpflanzen der Liste zeigen, wie sehr der Bauerngarten heutiger Prägung auch ein Refugium für exotische Blütenherrlichkeit geworden ist. Sie stillt unsere Sehnsucht nach Farben und Duft.

• Eine Auswahl passender Gehölze finden Sie in der Tabelle Seite 17.

Gehölze für steinreiche Gärten

Keine leichte Aufgabe, einen typischen Steingarten zu beschreiben. Einen bestimmten schon, aber was gilt für alle? Schon der Begriff Steingarten ist weit gefasst und löst unterschiedliche Vorstellungen aus. So kann eine mit Felsen gesicherte Böschung ebenso dazu gezählt werden wie ein Heidegarten mit zahlreichen Findlingen.
Immer ist der Steingarten jedoch ein idealisiertes Stück Natur, das zumeist an alpine Landschaften mit ihren zerklüfteten, von Wind und Wetter geprägten Bergmassiven angelehnt ist. Was im alpenlosen England als Hobby einiger weniger begann, hat sich zu einer kontinentalen Gartenbewegung ausgeweitet. Kleinste Bereiche wie Trockenmauern, Treppenaufgänge oder winzige Vorgärten werden zu pflanzenreichen Kleinoden umgewandelt.
Ein Tipp: Je kleiner die Miniatur-Alpenlandschaft ausfällt, desto näher sollte sie an Terrasse und Fenster herangerückt sein und in Ihrem Blickfeld liegen.

Mit Steinen, Findlingen und Gehölzen lassen sich auf kleinstem Raum steinreiche Gartenbilder in Szene setzen.

Als besonders pflegeleichte Steingarten-Gehölze empfehlen sich langsam wachsende Kiefern.

Die Bodenverhältnisse in Steingartenanlagen sind üblicherweise »mager« und meist, aber nicht zwangsläufig, trocken. Für sonnige Lagen mit südlicher Ausrichtung kommen viele anspruchsarme, meist wuchszahme und langsam wachsende Sonnenanbeter aus dem Gehölzbereich in die engere Auswahl. Insbesondere Nadelsträucher in Zwergsorten erfüllen diese Voraussetzungen und bilden einen unendlichen Fundus für alle Steingartenfreunde.
Aber auch in Regenregionen sind Steingärten mit der entsprechenden Pflanzenauswahl kein Problem. Ein Tipp: Wenn Sie in sehr niederschlagsreichen Gegenden mit dauerfeuchten Böden zu Hause sind, stehen Ihnen nicht nur kleinlaubige *Rhododendron*-Arten für das eigene Steinparadies zur Verfügung, sondern Sie können auch mit trockenheitsliebenden Pflanzen in Gefäße ausweichen. Schon ein mittelgroßer Trog kann einen artenreichen Steingarten mit vielen Pflanzenkostbarkeiten beherbergen. Im Trog können Sie ein solches Steingärtchen – leichter als im Garten ausgepflanzt – gut austrocken lassen.
In den Steingarten passen natürlich auch eine Vielzahl von Stauden. Frühlingsblühende Blaukissen, Edelweiß, Enziane, Fettkraut und Hauswurz, Hungerblümchen, Steinbrech und Katzenpfötchen, aber auch *Carex*-Gräser und Zwiebelgewächse gehören unbedingt dazu.
Die vorgeschlagenen Gehölze haben sich in Steinanlagen bewährt. Sie passen von ihrer Laubstruktur und Blütenform her zu Felsen, Trögen und Trockenmauern. Die meisten gelten als bodentolerant und kommen mit vielen Erdmischungen zurecht. Einige wenige, etwa aus der Gruppe der Rhododendren, behalten natürlich auch in Steingärten ihre Kalkempfindlichkeit. Lassen Sie sich auf keine Diskussionen mit Ihren Schützlingen ein, sondern entsprechen Sie ihren Ansprüchen widerspruchslos durch die Auswahl geeigneter Erden (siehe Seite 123).

- Eine Auswahl passender Gehölze finden Sie in der Tabelle Seite 18.

Gartenharmonie auf japanisch

Ostasien gilt als Urzelle der Gartenkunst. In keinem anderen Bereich der Welt lässt sich Gartenkultur auf einem vergleichbar hohen Niveau weiter zurückverfolgen als dort. Bis in unsere heutige Zeit setzen insbesondere japanische Gartenkünstler diese Tradition fort.

Gärten mit Japanatmosphäre stecken voller asiatischer Symbolik.

Sie pflegen und hegen die Gesetzmäßigkeiten einer Gartenbetrachtung, die sich in ihrer formalen Reduktion auf das Wesentliche beschränkt. Gekonnt werden – mit scheinbarer Leichtigkeit und Verspieltheit – große Naturwirkungen im Kleinen nachgeahmt. Jeder Weg, jeder Stein, jede Pflanze folgt in Auswahl und Platzierung einer tieferen Symbolik. Allein schon ob ein Stein steht oder liegt, ist von vollkommen unterschiedlicher Wirkung und Bedeutung.

Passende Gehölze für diese hohe Kunst des vergeistigten Formalismus fallen durch die ausgewogenen Proportionen zwischen Blüte, Blatt und Frucht auf. Ihr Wuchs ist ausdrucksstark, häufig in Verbindung mit einer guten Schnittverträglichkeit, die es dem Gartenfreund erlaubt, die prägende Wirkung großer Baumgestalten auf die Landschaft durch entsprechend kleiner bleibende Gehölze im Hausgartenbereich nachzubilden. Zur japanischen Gartenpoesie tragen insbesondere Bambusse, Rhododendren und Azaleen, filigrane Ahorne und Formgehölze bei (letztere werden auf Seite 42 f. vorgestellt).

Fernöstliches Flair: Fächer-Ahorne gehören zum Japangarten einfach dazu.

Neben Gehölzen bieten auch viele wertvolle Stauden Japanambiente pur. Es sind eher feingliedrige Charaktere, die nicht durch kunterbunte Blütenmeere die Blicke auf sich ziehen, sondern durch eine feine Laubform und Wuchsgestalt mit Stein, Wasser und Pagode dezent in Einklang stehen. In Frage kommen beispielsweise Elfenblume, Fiederpolster, Herbst-Anemone, *Hosta*-Sorten, Pfennigkraut, Stauden-Päonien, Astilben und Taglilien. Passende Japangräser sind *Carex*-Arten und -Sorten.

Ebenfalls aus Fernost stammt die alte chinesische Gestaltungslehre **Feng Shui**, die auch im Garten angewandt werden kann. Der symbolreiche Einsatz von Pflanzen fördert positive Raumenergien und schafft eine harmonische Gartenatmosphäre, die zum Wohlbefinden des Menschen beiträgt. Kraftströme können in dieser Harmonie frei fließen und werden intuitiv als angenehm und wohltuend empfunden – ähnlich wie die Kunst der Akupunktur, bei der bereits wenige Einstiche an der richtigen Körperstelle zu verblüffenden Ergebnissen führen können.

- Eine Auswahl passender Gehölze finden Sie in der Tabelle Seite 19 f.

Heide(n)spaß im Garten

Der Heidegarten ist ein naturnahes Pflanzenvergnügen rund ums Jahr. Mit der überlegten Auswahl von zu unterschiedlichen Zeiten blühenden Gehölzen bietet er zu jeder Jahreszeit etwas für die Sinne. Hauptblütenträger sind dabei natürlich die vielen immergrünen Winter- und Sommerheide-Sorten *(Erica* und *Calluna)* mit ihrem Reichtum an Blütenfarben und Blattformen. Diese Heidepolster überragen markante Gehölzerscheinungen und Gräsersilhouetten. Flächenmodulationen bringen durch Hügel und leichte Senken Bewegung ins Heidemeer. Findlinge und ein verschlungener Trampelpfad fügen sich nahtlos und wirkungsvoll in diese private Heidelandschaft ein.

Ihren großen Auftritt im Heidegarten haben neben schmallaubigen Immergrünen die Nadelsträucher. Sie alle hier aufzulisten, würde den Rahmen sprengen. In den Pflanzenporträts finden Sie aber die entsprechenden Hinweise zum Heidegarten unter der Rubrik »Verwendung«.

Heide liebt saure Bodenverhältnisse. Unter natürlichen Verhältnissen sorgt ein hoher Sandanteil für eine gute Drainage. Wichtig ist deshalb die Wahl eines geeigneten Standortes. Heide verlangt Sonne, am besten in luftfeuchter Lage. Einige

Heidepflanzungen werden bei richtiger Sortenwahl zum Blühspaß rund ums Jahr.

Heide-Arten wachsen zwar auch in absonnigen Bereichen, blühen dann aber kaum. Auch eine herbstliche Laubschicht verschlechtert die Lebensbedingungen für die immergrünen Flächendecker. Ein Platz unter dunklen Baumkronen ist das sichere Todesurteil für jede Heidepflanzung.

Vielen gilt die Heide als **die** unberührte Naturlandschaft schlechthin. Tatsächlich ist der Heidegarten ein besonders harmonischer Naturgarten. Dabei sollte man nicht übersehen, dass am Naturstandort grasende Heidschnucken eine erhebliche Pflegearbeit leisten und für eine ständige Verjüngung der Heidepolster sorgen. Wer über keinen eigenen Schafbestand verfügt, kann dieses Manko durch einen jährlichen, laubschonenden Rückschnitt der verblühten Blütenstände - etwa im April - ausgleichen.

Passende Stauden für den Heidegarten sind Ehrenpreis, Grasnelke, Edeldistel, Katzenminze, Thymian und markante Königskerzen.

● Eine Auswahl passender Gehölze finden Sie in der Tabelle Seite 20 ff.

Säulen-Wacholder verbreiten selbst in kleinsten Gartenbereichen echte Heide-Atmosphäre.

Grabstellen in Sonne und Schatten

Während des Winters setzen immergrüne Gehölze Akzente auf Grabstellen.

Hätten Sie's gewusst? Mit mehr als einer Milliarde Besucher jährlich zählen Friedhöfe zu den am besten besuchten Grünanlagen überhaupt. Jeder zweite Bürger betreut eine Grabstelle. Erst in letzter Zeit rückt auch der hohe ökologische Nutzen der Friedhöfe ins Blickfeld der Öffentlichkeit. Sie sind in unseren dicht besiedelten Wohngebieten häufig das letzte ungestörte Rückzugsareal für Vögel, Insekten und Kleinsäuger. Insbesondere die parkähnlichen Anlagen alter Friedhöfe mit mitunter herrlichem Baumbestand bieten Tieren Schutz und Nahrung.

Verständlicherweise wählen Angehörige die Pflanzen für die zu betreuenden Grabstellen mit besonderer Sorgfalt aus. Der Charakter der Pflanzen und die Standortgegebenheiten bestimmen letztendlich die Entscheidung. Wo viele Bäume sind, ist Schatten nicht weit. Für Grabstellen in solchen halbschattigen oder gar vollschattigen Lagen sind vor allem schattentolerante Gehölze prädestiniert (in der Tabelle mit* gezeichnet). In sonnigen, luftigen Lagen sind auch Rosen besonders geeignet. Achten Sie auf die Angaben zur Wuchshöhe und unterschätzen Sie das Wachstum der Gehölze nicht, obwohl sie beim Kauf noch niedlich und klein wirken.

Neben Gehölzen für die Grundbepflanzung bilden bodendeckende Stauden und wuchszahme Gräser wie *Festuca* und *Carex* einen dezenten Rahmen für Gräber. Je nach Wunsch und Geschmack schaffen blütenbunte Wechselbepflanzungen in Gefäßen saisonweise angenehme Kontraste zu immergrünen Laub- und Nadelgehölzen.

- Eine Auswahl passender Gehölze finden Sie in der Tabelle Seite 22 f.

Nadelgehölze umspielen Grabsteine locker, ohne dabei übertrieben bunt zu wirken.

Gehölze, die Ihnen auf's Dach steigen

Wer keinen »richtigen« Garten hat, muss nicht verzweifeln. Mit einer geschickten Pflanzenauswahl können auch bisher grünlose Bereiche wie Dächer und Innenhöfe in kleine blühende Paradiese umgewandelt werden.

Selbstverständlich ist Dachgarten nicht gleich Dachgarten. Er kann ein verlängerter Hausgarten sein, der über eine Garage läuft, quasi als Fortsetzung des eigentlichen Gartens auf gleichem Höhenniveau. Oder eine pflegeextensive Dachbe-

Selbst in luftiger Höhe braucht auf privates Grün nicht verzichtet zu werden.

Auch auf dünnen Bodenauflagen ist bei Wahl der richtigen Pflanzen eine langfristige Dachbegrünung möglich.

grünung, die sich vollkommen selbst überlassen ist. Sie ist die extremste Dachgartenform. Für sie steht nur eine sehr begrenzte Pflanzenauswahl zur Verfügung, beispielsweise sukkulente, wasserspeichernde Stauden wie Fetthenne oder Hauswurz.

Unsere Gehölzempfehlungen beziehen sich auf ungeschützte, dem Wind ausgesetzte Terrassenflächen, wie sie bei den meisten Dachgärten anzutreffen sind. Für zugige Durchgänge kommen ebenfalls viele winderprobte und schattentolerante Dachgarten-Gehölze in Frage.

Pflanzen auf einem Dach sind einer stärkeren und vor allem längeren Sonneneinstrahlung ausgesetzt als Pflanzen im Garten. Die Folge ist eine hohe Verdunstung, die durch permanenten Wind noch verstärkt wird. Hitze- und windempfindliche Gehölze wie *Pachysandra* oder viele fein- und buntlaubige Gehölze, leider auch die meisten Klettergehölze, scheiden deshalb für diesen Standort aus. Besonders dachgartentauglich sind genügsame Nadelgehölze.

Die angegebenen Wuchshöhen beziehen sich auf das Wachstum in natürlichem Boden und können deshalb nur eine Richtschnur sein. Unter typischen Dachgarten-Bedingungen werden sie erst nach sehr vielen Jahren – mitunter niemals – erreicht.

Ein entsprechendes Angebot an Bodenfeuchte kann die hohen Strahlungswerte bis zu einem gewissen Grad kompensieren. Wegen der oft geringen Bodentiefe von Dachgärten sind die Wasserreserven aber begrenzt. Ausgefeilte Bewässerungsautomatiken, wie sie im Fachhandel angeboten werden, übernehmen die kontinuierliche, mühelose Versorgung der Pflanzen mit Feuchtigkeit.

Ein weiterer Knackpunkt ist die Winterzeit mit ihrer weiten Temperaturspanne. Klirrend kalten Nächten folgen mitunter sonnenreiche Januartage, die die Gehölze zum Wachstum anregen. Kehrt nachts der Frost zurück, kann es zu Rindenschäden kommen. Empfindlichere Gehölze auf dem Dachgarten sollten Sie deshalb während der Frostperiode mit Reisig oder Sackleinen abdecken.

Einen besonderen Auftritt auf dem Dachgarten haben die frostharten Kübelgehölze. Sie können – auch in sehr exponierten Lagen – im Freien überwintern. Gehölze, die dafür geeignet sind, finden Sie auf Seite 26 f.

● Eine Auswahl passender Gehölze finden Sie in der Tabelle Seite 23 f.

Gehölze in Teichnähe

Wasser im Garten ist immer etwas Besonderes. Ein Platz am Teichufer ist sicherlich einer der schönsten Aufenthaltsorte im Garten. Am und im Wasser ist immer etwas los, gibt es viel zu beobachten. Das Gestalten mit Wasser im Garten ist allerdings auch etwas anspruchsvoller und setzt gute Pflanzenkenntnisse voraus. Für die Wasserpflanzen selbst finden sich in jeder gut sortierten Gärtnerei entsprechend be-

Fließend sind die Übergänge zwischen Wasser- und Japangarten, wenn Fächer-Ahorne ins Spiel kommen.

stückte Abteilungen, so dass die Auswahl kein großes Problem sein sollte.
Bei den Gehölzen verhält es sich anders. Einige Gehölze, auch die unserer Liste, vertragen viel Nässe, mitunter auch kurzzeitige winterliche Überschwemmungen. Diese Feuchtetoleranz hat jedoch ihre Grenzen, denn die Wurzeln brauchen immer wieder Sauerstoff zum Atmen – eben wie wir Menschen auch. Bei lang anhaltender Staunässe kommt es zum Sauerstoffmangel, die Wurzeln und in der Folge die Pflanzen sterben ab.
Ästhetisch besonders ansprechende und bewährte Teichrand-Klassiker sind Fächer-Ahorne, Bambusse, Blumen-Hartriegel und Rhododendron. Hier sind die Übergänge zu anderen Gartenstilen fließend; vor allem die Parallelen zu wasserreichen Gärten mit japanischem Flair fallen auf.

Wasser verzaubert Gärten. Die Anlage eines Teiches erfordert wohl zunächst einige Überlegungen, doch mit etwas Planung und guter Beratung steht dem Wasserspaß nichts mehr im Wege.

- Eine Auswahl passender Gehölze finden Sie in der Tabelle Seite 25 f.

Frostharte Kübelgehölze

Mit frostharten Kübelpflanzen steht ein Rund-um's-Jahr-Schmuck für Terrassen und Balkone zur Verfügung, der immer mehr Freunde findet. Die Vorteile liegen auf der Hand: Während des Frühjahrs und des Sommers ergänzen Gehölze im Kübel die Blumenvielfalt der Beet- und Balkonpflanzen, im Herbst und Winter sorgen sie dafür, dass Terrassen und Balkone nicht kahl und trist aussehen.
Der gestalterische Wert von Kübelgehölzen ist vielfältig und wird durch ihre Mobilität zusätzlich erhöht. Hier einige Beispiele aus der Fülle der Möglichkeiten: Buntlaubige Gehölze wie der Rosabunte Eschen-Ahorn oder der Purpur-Hartriegel dienen als markante Laubdekoration. Dichtbuschige Pflanzen eignen sich hervorragend als Sichtschutz und lassen sich zu Terrassen-Hecken zusammenstellen. Rosen, vor allem als Stämmchen, schmücken als Blütenträume. Leuchtende Herbstfärber wie der

Korkflügelstrauch befeuern die nachsommerliche Terrassenleidenschaft. Laubbäume im Kübel sind bewegliche Schattenspender, deren natürliche kühlende Wirkung von keiner technischen Einrichtung erreicht wird. Zierstämmchen heißen Freunde am Hauseingang »Herzlich Willkommen«.

Nadelgehölze sind sehr trockenheitsresistent und bieten sich für pflegeleichte Terrassenparadiese besonders an. Wer das Überwinterungsrisiko nicht scheut oder in ausgesprochen wintermilden Regionen zu Hause ist, kann natürlich auch mit vielen anderen als den in der Tabelle angegebenen Blütengehölz-Arten und -Sorten im Kübel experimentieren.

Alle hier als Kübelgehölze empfohlenen Pflanzen haben sich bundesweit als bis in die Wurzeln frosthart erwiesen. Grundlage der Bewertung sind die Erfahrungen namhafter Experten. Frostharte Kübelgehölze können ganzjährig im Freien stehen und müssen im Winter nicht aufwändig eingeräumt werden. Voraussetzung ist ein typischer Winterverlauf mit allmählich sinkenden Temperaturen, der den gut versorgten Pflanzen in ausreichend großen Kübeln die Möglichkeit zur Umstellung auf die kalte Jahreszeit ermöglicht. In raueren Lagen empfiehlt es sich, vorsichtshalber den Kübel mit geeigneten Materialien wie Kokosmatten oder Noppenfolie einzupacken. Wie Kübel winterfest gemacht werden, wie man sie pflanzt und pflegt, erfahren Sie im Kapitel Praxis ab Seite 154.

Frostharte Kübelgehölze gleich welcher Größe – hier z. B. *Acer palmatum* 'Dissectum Garnet' – muss man im Winter nicht schweißtreibend einräumen.

- Eine Auswahl passender Gehölze finden Sie in der Tabelle Seite 26 f.

Der Garten soll eine Oase der Erholung sein. Kübelpflanzen gehören unbedingt dazu.

Gehölze für den Bauerngarten

Deutscher Name	Botanischer Name	Blüte	Höhe	Seite
Laubsträucher				
Kornelkirsche	*Cornus mas*	gelb, März bis April	200 bis 300 cm	80
Weiß-Dorn	*Crataegus monogyna*	weiß, Mai bis Juni, Duft	200 bis 300 cm	82
Strauch-Hortensie	*Hydrangea arborescens* 'Annabelle'	weiß, Juli bis September	100 bis 150 cm	87
Bauern-Hortensien	*Hydrangea macrophylla-*, *serrrata*-Sorten	je nach Sorte blau, rosa, rot, lila, Juni bis September	100 bis 150 cm	87
Grün blühende Rispen-Hortensie	*Hydrangea paniculata* 'Limelight'	grünweiß, Juli bis September	100 bis 150 cm	88
Gefüllter Ranunkelstrauch	*Kerria japonica* 'Pleniflora'	gelb, April bis Mai	150 bis 200 cm	88
Strauch-Pfingstrose	*Paeonia suffruticosa*-Sorten	je nach Sorte rosa, rot, violett, weiß, Mai bis Juni, Duft	60 bis 100 cm	90
Gefüllter Gartenjasmin	*Philadelphus* 'Virginal'	weiß, Mai bis Juli, Duft	150 bis 200 cm	91
Küchen-Holunder	*Sambucus nigra* 'Haschberg'	cremeweiß, Juni bis August, Duft	200 bis 300 cm	97
Braut-Spiere	*Spiraea arguta*	weiß, April bis Mai, Duft	150 bis 200 cm	97
Weiße Rispen-Spiere	*Spiraea cinerea* 'Grefsheim'	weiß, April	100 bis 150 cm	97
Zierlicher Duft-Flieder	*Syringa meyeri* 'Palibin'	violett, Mai bis Juni, Duft	60 bis 100 cm	99
Herbst-Flieder	*Syringa microphylla* 'Superba'	rosa, Mai, Duft	60 bis 100 cm	100
Edel-Flieder	*Syringa vulgaris*-Sorten	je nach Sorte rot, weiß, rosa, violett, Mai, Duft	150 bis 200 cm	100
Echter Schneeball	*Viburnum opulus* 'Roseum'	weiß, Mai bis Juni	150 bis 200 cm	101
Glockenstrauch	*Weigela*-Sorten	je nach Sorte rot, weiß, rosa, Juni bis August	250 cm, je nach Sorte	102
Laubbäume				
Hainbuche	*Carpinus betulus*	gelb, April	500 bis 700 cm	105
Rot-Dorn	*Crataegus laevigata* 'Paul's Scarlet'	rot, Mai bis Juni	300 bis 500 cm	105
Edel-Goldregen	*Laburnum watereri* 'Vossii'	gelb, Mai, Duft	300 bis 500 cm	107
Essbare Eberesche	*Sorbus aucuparia* 'Edulis'	weiß, Mai	500 bis 700 cm	111
Immergrüne Laubgehölze				
Einfassungs-Buchs	*Buxus sempervirens* 'Suffruticosa'		20 bis 40 cm, variabel	114
Hoher Buchsbaum	*Buxus sempervirens* var. *arborescens*		100 bis 150 cm	114
Strauch-Efeu	*Hedera helix* 'Arborescens'	grüngelb, September bis Oktober, Duft	60 bis 100 cm, nicht kletternd	116
Kleinblättriges Fadengrün	*Vinca minor*	blau, April bis Mai	bis 10 cm	122
Klettergehölze				
Heimischer Efeu	*Hedera helix*		300 bis 500 cm	133
Gelber Winterjasmin	*Jasminum nudiflorum*	gelb, November bis März	200 bis 300 cm	133
Rote Geißschlinge	*Lonicera × brownii* 'Dropmore Scarlet'	orangerot, Juni bis September, Duft	200 bis 300 cm	134
Feuer-Geißschlinge	*Lonicera × heckrottii* 'Goldflame'	gelbweiß/purpurrot, Juni bis Oktober, Duft	300 bis 500 cm	134
Reichblütige Wald-Geißschlinge	*Lonicera periclymenum* 'Serotina'	gelbrot, Juni bis September, Duft	200 bis 300 cm	135
Rosen				
Strauchrosen	*Rosa*-Sorten	je nach Sorte rot, rosa, gelb, weiß, Juni bis Oktober, Duft	150 bis 200 cm	138
Kletterrosen	*Rosa*-Sorten	je nach Sorte rot, rosa, gelb, weiß, Juni bis Oktober, Duft	200 bis 300 cm	139
Nadelbäume				
Gemeine Eibe	*Taxus baccata*		500 bis 700 cm	153

Gehölze für den Steingarten

Deutscher Name	Botanischer Name	Blüte	Höhe	Seite
Laubsträucher				
Fächer-Ahorn	*Acer palmatum*-Sorten		200 bis 300 cm	73
Kleine Blut-Berberitze	*Berberis thunbergii* 'Atropurpurea Nana'	primelgelb, Mai	40 bis 60 cm	75
Hänge-Buddleje	*Buddleja alternifolia*	lila, Juni, Duft	200 bis 300 cm	75
Bartblume	*Caryopteris*-Sorten	blau, August bis Oktober	60 bis 100 cm	76
Rosen-Ginster	*Chamaecytisus purpureus*	rosarot, Juni bis Juli	40 bis 60 cm	78
Niedrige Glockenhasel	*Corylopsis pauciflora*	gelb, März bis April, Primelduft	60 bis 100 cm	80
Fächermispel	*Cotoneaster horizontalis*		60 bis 100 cm	81
Kissen-Ginster	*Cytisus decumbens*	goldgelb, Mai bis Juni	10 bis 20 cm	82
Roter Märzen-Seidelbast	*Daphne mezereum* 'Rubra Select'	rosarot, März bis April, Duft	60 bis 100 cm	83
Niedriger Korkflügelstrauch	*Euonymus alatus* 'Compactus'	grünlichgelb, Mai bis Juni	60 bis 100 cm	84
Stein-Ginster	*Genista lydia*	gelb, Mai bis Juni	20 bis 40 cm	86
Blauraute	*Perovskia abrotanoides*	blau, Juli bis Oktober, Duft	60 bis 100 cm	91
Fingerstrauch	*Potentilla fruticosa*-Sorten	je nach Sorte gelb, weiß, rosa, rot, Mai bis November	40 bis 60 cm	92
Kissen-Spiere	*Spiraea japonica*-Sorten	je nach Sorte weiß, rosa, rot, Juni bis August	80 cm, je nach Sorte	98
Immergrüne Laubgehölze				
Dotter-Berberitze	*Berberis* 'Stenophylla'	gelborange, Mai bis Juni	100 bis 150 cm	114
Grüne Polster-Berberitze	*Berberis buxifolia* 'Nana'	orangegelb, April bis Mai	40 bis 60 cm	113
Immergrüne Kissen-Berberitze	*Berberis candidula*	gelb, Mai	60 bis 100 cm	114
Fruchtende Kriechmispel	*Cotoneaster dammeri* 'Coral Beauty'	weiß, Mai bis Juni	20 bis 40 cm	115
Kriechspindel	*Euonymus fortunei*-Sorten		bis 60 cm, je nach Sorte	116
Rote Teppichbeere	*Gaultheria procumbens*	weißrosa, Juli bis August	bis 10 cm	116
Reichblütiger Lavendel	*Lavandula angustifolia* 'Hidcote'	blauviolett, Juli bis September, Duft	40 bis 60 cm	118
Niedrige Mahonie	*Mahonia aquifolium* 'Apollo'	gelb, April bis Mai	40 bis 60 cm	119
Kleinblättriges Fadengrün	*Vinca minor*	blau, April bis Mai	bis 10 cm	122
Rhododendren				
Rhododendron in kleinlaubigen Arten und Sorten	*Rhododendron*-Sorten	je nach Sorte rosa, rot, weiß, gelb, orange, blau, Mai bis Juni	20 bis 150 cm	123
Klettergehölze als Bodendecker				
Alpen-Waldrebe	*Clematis alpina* 'Frances Rivis'	blau, Mai bis Juni (September)	200 bis 300 cm	130
Gold-Waldrebe	*Clematis tibetana* ssp. *tangutica*	gelb, Juni bis Oktober	200 bis 300 cm	131
Nadelsträucher				
in zahlreichen Arten und Sorten	*Abies* bis *Tsuga*		10 bis 200 cm	140
Nadelbäume				
Veredelte Korea-Tanne	*Abies koreana*		500 cm, variabel	150
Echte Blau-Tanne	*Abies procera* 'Glauca'		500 bis 700 cm	150

Gehölze für den Japangarten

Deutscher Name	Botanischer Name	Blüte	Höhe	Seite
Laubsträucher				
Schneeforsythie	*Abeliophyllum distichum*	weiß, März bis April, Mandelduft	150 bis 200 cm	72
Japanischer Feuer-Ahorn	*Acer japonicum* 'Aconitifolium'	purpur/gelb, April bis Mai	100 bis 150 cm	73
Fächer-Ahorn	*Acer palmatum*-Sorten		200 bis 300 cm	73
Gold-Ahorn	*Acer shirasawanum* 'Aureum'	creme, Mai bis Juni	60 bis 100 cm	74
Stachel-Aralie	*Aralia elata*	cremeweiß, August bis September	200 bis 300 cm	74
Hänge-Buddleje	*Buddleja alternifolia*	lila, Juni, Duft	200 bis 300 cm	75
Liebesperlenstrauch	*Callicarpa bodinieri* var. *giraldii*	violett, Juli bis August	100 bis 150 cm	76
Herzbaum	*Cercis siliquastrum*	rosaviolett, April bis Mai	200 bis 300 cm; später kleiner Baum	77
Weißbunter Pagoden-Hartriegel	*Cornus controversa* 'Variegata'	weiß, Juni	150 bis 200 cm	79
Chinesischer Blumen-Hartriegel	*Cornus kousa* var. *chinensis*	weiß, Mai	200 bis 300 cm	79
Niedrige Glockenhasel	*Corylopsis pauciflora*	gelb, März bis April, Primelduft	60 bis 100 cm	80
Prachtglocke	*Enkianthus campanulatus*	gelblichrosa, Mai bis Juni	100 bis 150 cm	84
Zaubernuss	*Hamamelis*-Sorten	je nach Sorte rot, orange, gelb, Dezember bis März, Duft	150 bis 200 cm	86
Reichblühende Rispen-Hortensie	*Hydrangea paniculata* 'Kyushu'	weiß, Juli bis September, Duft	100 bis 150 cm	88
Großblumige Stern-Magnolie	*Magnolia loebneri*-Sorten	weiß oder rosa, April bis Mai, Duft	200 bis 300 cm	89
Sommer-Magnolie	*Magnolia sieboldii*	weiß, Juni bis Juli, Duft	150 bis 200 cm	90
Gefüllte Stern-Magnolie	*Magnolia stellata* 'Royal Star'	weiß, März bis April, Duft	100 bis 150 cm	90
Strauch-Pfingstrose	*Paeonia suffruticosa*-Sorten	je nach Sorte rosa, rot, violett, weiß, Mai bis Juni, Duft	60 bis 100 cm	90
Rosa Japan-Aprikose	*Prunus mume* 'Beni-shi-dori'	rosa, März bis April, Duft	100 bis 150 cm	93
Reichblütige Kurilen-Kirsche	*Prunus nipponica* 'Brillant'	rosaweiß, Mai	100 bis 150 cm	93
Rosa Winter-Kirsche	*Prunus subhirtella* 'Autumnalis'	weiß, Dezember bis April	200 bis 300 cm	94
Mandelbäumchen	*Prunus triloba*	rosa, April bis Mai	100 bis 150 cm	94
Kissen-Spiere	*Spiraea japonica*-Sorten	je nach Sorte weiß, rosa, rot, Juni bis August	80 cm, je nach Sorte	98
Japanischer Schneeball	*Viburnum plicatum* 'Watanabe'	weiß, Juli bis August	60 bis 100 cm	102
Laubbäume				
Japanische Blüten-Kirsche	*Prunus*-Sorten	je nach Sorte weiß, rosa, April bis Mai	300 bis 700 cm	108
Kaskaden-Schnurbaum	*Sophora japonica* 'Pendula'		300 bis 500 cm	111
Immergrüne Laubgehölze				
Gelber Berg-Ilex	*Ilex crenata* 'Golden Gem'		20 bis 40 cm	117
Buntlaubiges Lorbeerkrüglein	*Leucothoe walteri* 'Rainbow'	cremefarben, April bis Mai, Duft	40 bis 60 cm	119
Weißbunte Duftblüte	*Osmanthus heterophyllu s* 'Variegatus'	weiß, September bis Okt., Duft	60 bis 100 cm	119
Schattenglöckchen	*Pieris japonica*-Sorten	je nach Sorte weiß, rosa, rot, März bis Mai, Duft	30 bis 100 cm, je nach Sorte	120
Rhododendren				
Rhododendron in Arten/Sorten	*Rhododendron*-Sorten	je nach Sorte rosa, weiß, violett, rot, orange, gelb, blau, Mai bis Juni, teils Duft	20 bis 200 cm	123
Bambusse				
Bambusse in Arten/Sorten			20 bis 600 cm	127

Fortsetzung auf der nächsten Seite ->

Gehölze für den Japangarten (Fortsetzung)

Deutscher Name	Botanischer Name	Blüte	Höhe	Seite
Klettergehölze				
Klettergurke	*Akebia quinata*	violettrosa, Mai, Vanilleduft	300 bis 500 cm	129
Gold-Waldrebe	*Clematis tibetana* ssp. *tangutica*	gelb, Juni bis Oktober	200 bis 300 cm	131
Scharlach-Wein	*Vitis coignetiae*		300 bis 500 cm	135
Chinesischer Blauregen	*Wisteria sinensis*	lilablau, Mai bis Juni, Duft	300 bis 500 cm	136
Nadelsträucher				
Muschelzypresse	*Chamaecyparis obtusa* 'Nana Gracilis'		40 bis 60 cm	141
Zwerg-Sicheltanne	*Cryptomeria japonica* 'Pygmaea'		40 bis 60 cm	141
Kiefern	*Pinus*-Arten/Sorten		40 bis 200 cm	145
Japanische Schirmtanne	*Sciadopitys verticillata*		200 bis 300 cm	147
Nadelbäume				
Fächerblattbaum	*Ginkgo biloba*		über 700 cm	152
Panzer-Kiefer	*Pinus leucodermis*		500 bis 700 cm	153

Gehölze für den Heidegarten

Deutscher Name	Botanischer Name	Blüte	Höhe	Seite
Laubsträucher				
Japanischer Feuer-Ahorn	*Acer japonicum* 'Aconitifolium'	purpur/gelb, April bis Mai	100 bis 150 cm	73
Fächer-Ahorn	*Acer palmatum*-Sorten		100 bis 300 cm	73
Hängende Felsenbirne	*Amelanchier laevis* 'Ballerina'	weiß, April bis Mai	200 bis 300 cm	74
Kleine Blut-Berberitze	*Berberis thunbergii* 'Atropurpurea Nana'	primelgelb, Mai	40 bis 60 cm	75
Bartblume	*Caryopteris*-Sorten	blau, August bis Oktober	60 bis 100 cm	76
Zierquitte	*Chaenomeles*-Sorten	je nach Sorte rot, weiß, rosa, April bis Mai	60 bis 100 cm	77
Rosen-Ginster	*Chamaecytisus purpureus*	rosarot, Juni bis Juli	40 bis 60 cm	78
Teppich-Hartriegel	*Cornus canadensis*	rahmweiß, Juni	10 bis 20 cm	79
Blumen-Hartriegel	*Cornus*-Sorten	weiß, Mai bis Juni	150 bis 300 cm	79
Niedrige Glockenhasel	*Corylopsis pauciflora*	gelb, März bis April, Primelduft	60 bis 100 cm	80
Roter Perückenstrauch	*Cotinus coggygria* 'Royal Purple'	gelblichrot, Juni bis Juli	150 bis 200 cm	81
Ginster	*Cytisus*-Sorten	je nach Sorte rot, gelb, oft mehrfarbig, Mai bis Juni	20 bis 150 cm	82
Roter Märzen-Seidelbast	*Daphne mezereum* 'Rubra Select'	rosarot, März bis April, Duft	60 bis 100 cm	83
Prachtglocke	*Enkianthus campanulatus*	gelblichrosa, Mai bis Juni	100 bis 150 cm	84
Niedriger Korkflügelstrauch	*Euonymus alatus* 'Compactus'	grünlichgelb, Mai bis Juni	60 bis 100 cm	84
Niedriger Federbuschstrauch	*Fothergilla gardenii*	gelblichweiß, April bis Mai, Honigduft	40 bis 60 cm	85
Zaubernuss	*Hamamelis*-Sorten	je nach Sorte rot, orange, gelb, Dezember bis März, Duft	150 bis 200 cm	86
Hortensien	*Hydrangea*-Sorten	je nach Sorte blau, rosa, rot, lila, Juni bis September	100 bis 150 cm	87
Kleinblumiger Johannisstrauch	*Hypericum* 'Hidcote'	goldgelb, Juni bis Oktober	100 bis 150 cm	88
Gefüllte Stern-Magnolie	*Magnolia stellata* 'Royal Star'	weiß, März bis April, Duft	100 bis 150 cm	90

Fortsetzung auf der nächsten Seite ->

Gehölze für den Heidegarten (Fortsetzung)

Deutscher Name	Botanischer Name	Blüte	Höhe	Seite
Blauraute	*Perovskia abrotanoides*	blau, Juli bis Oktober, Duft	60 bis 100 cm	91
Fingerstrauch	*Potentilla fruticosa*-Sorten	je nach Sorte gelb, weiß, rosa, rot, Mai bis November	40 bis 60 cm	92
Niedrige Blut-Pflaume	*Prunus × cistena*	hellrosa, später weiß, Mai	60 bis 100 cm	92
Laubbäume				
Echte Hänge-Birke	*Betula pendula* 'Youngii'		500 bis 700 cm	104
Essbare Eberesche	*Sorbus aucuparia* 'Edulis'	weiß, Mai	500 bis 700 cm	111
Immergrüne Laubgehölze				
Berberitzen	*Berberis*-Sorten	gelb, Mai bis Juni	40 bis 150 cm	113
Hoher Buchsbaum	*Buxus sempervirens* var. *arborescens*		100 bis 150 cm	114
Sommer-Heide	*Calluna vulgaris*-Sorten	je nach Sorte violettrot, rosa, weiß, August bis Dezember	10 bis 20 cm	115
Fruchtende Kriechmispel	*Cotoneaster dammeri* 'Coral Beauty'	weiß, Mai bis Juni	20 bis 40 cm	115
Winter-Heide/Schnee-Heide	*Erica carnea*-Sorten	je nach Sorte rosa, violett, rot, weiß, Januar bis April	20 bis 40 cm	116
Kriechspindel	*Euonymus fortunei*-Sorten		bis 60 cm, je nach Sorte	116
Rote Teppichbeere	*Gaultheria procumbens*	weißrosa, Juli bis August	bis 10 cm	116
Strauch-Efeu	*Hedera helix* 'Arborescens'	grüngelb, September bis Oktober, Duft	60 bis 100 cm, nicht kletternd	116
Garten-Hülse	*Ilex*-Sorten		20 bis 200 cm	117
Kalmie	*Kalmia latifolia*-Sorten	je nach Sorte weiß, rosa, rot, violett, Mai bis Juni	60 bis 100 cm	118
Reichblütiger Lavendel	*Lavandula angustifolia* 'Hidcote'	blauviolett, Juli bis September, Duft	40 bis 60 cm	118
Buntlaubiges Lorbeerkrüglein	*Leucothoe walteri* 'Rainbow'	cremefarben, April bis Mai, Duft	40 bis 60 cm	119
Niedrige Mahonie	*Mahonia aquifolium* 'Apollo'	gelb, April bis Mai	40 bis 60 cm	119
Fruchtmyrte	*Pernettya mucronata*-Sorten	weiß bis rosa, Mai bis Juni	40 bis 60 cm	120
Schattenglöckchen	*Pieris japonica*-Sorten	je nach Sorte weiß, rosa, rot, März bis Mai, Duft	30 bis 100 cm, je nach Sorte	120
Blüten-Skimmie	*Skimmia japonica* 'Rubella'	weißrosa, April bis Mai, Duft	20 bis 40 cm	122
Kleinblättriges Fadengrün	*Vinca minor*	blau, April bis Mai	bis 10 cm	122
Rhododendren				
Rhododendron in Arten/Sorten	*Rhododendron*-Sorten	je nach Sorte rosa, weiß, violett, rot, orange, gelb, blau, Mai bis Juni, teilweise Duft	20 bis 200 cm	123
Klettergehölze				
Alpen-Waldrebe	*Clematis alpina* 'Frances Rivis'	blau, Mai bis Juni (September)	200 bis 300 cm	130
Rosen (für Randbereiche)				
Flächenrosen	*Rosa*-Sorten	je nach Sorte rot, rosa, gelb, weiß, Juni bis Oktober	60 bis 100 cm	137

Fortsetzung auf der nächsten Seite ->

Gehölze für den Heidegarten (Fortsetzung)

Deutscher Name	Botanischer Name	Blüte	Höhe	Seite
Nadelsträucher				
in zahlreichen Arten und Sorten	*Abies bis Tsuga*		10 bis 200 cm	140
Nadelbäume				
Veredelte Korea-Tanne	*Abies koreana*		500 cm, variabel	150
Echte Blau-Tanne	*Abies procera* 'Glauca'		500 bis 700 cm	150
Hängende Blau-Zeder	*Cedrus atlantica* 'Glauca Pendula'		300 bis 500 cm, variabel	150
Gartenzypressen	*Chamaecyparis*-Sorten		300 bis 500 cm	151
Panzer-Kiefer	*Pinus leucodermis*		500 bis 700 cm	153
Gemeine Eibe	*Taxus baccata*		500 bis 700 cm	153

Gehölze für die Grabbepflanzung

Deutscher Name	Botanischer Name	Blüte	Höhe	Seite
Laubsträucher				
Fächer-Ahorn (für größere Grabstellen)	*Acer palmatum*-Sorten		100 bis 300 cm	73
Kleine Blut-Berberitze	*Berberis thunbergii* 'Atropurpurea Nana'	primelgelb, Mai	40 bis 60 cm	75
Rosen-Ginster	*Chamaecytisus purpureus*	rosarot, Juni bis Juli	40 bis 60 cm	78
Teppich-Hartriegel	*Cornus canadensis**	rahmweiß, Juni	10 bis 20 cm	79
Niedrige Glockenhasel	*Corylopsis pauciflora*	gelb, März bis April, Primelduft	60 bis 100 cm	80
Kissen-Ginster	*Cytisus decumbens*	goldgelb, Mai bis Juni	10 bis 20 cm	82
Niedriger Federbuschstrauch	*Fothergilla gardenii*	gelblichweiß, April bis Mai, Honigduft	40 bis 60 cm	85
Stein-Ginster	*Genista lydia*	gelb, Mai bis Juni	20 bis 40 cm	86
Bauern-Hortensien (für größere Grabstellen)	*Hydrangea macrophylla*- und -*Serrata*-Sorten	je nach Sorte blau, rosa, rot, lila, Juni bis September	100 bis 150 cm	87
Immergrüne Laubgehölze				
Grüne Polster-Berberitze	*Berberis buxifolia* 'Nana'	orangegelb, April bis Mai	40 bis 60 cm	113
Immergrüne Kissen-Berberitze	*Berberis candidula*	gelb, Mai	60 bis 100 cm	114
Einfassungs-Buchs	*Buxus sempervirens* 'Suffruticosa'*		20 bis 40 cm, variabel	114
Sommer-Heide	*Calluna vulgaris*-Sorten	je nach Sorte violettrot, rosa, weiß, August bis Dezember	10 bis 20 cm	115
Fruchtende Kriechmispel	*Cotoneaster dammeri* 'Coral Beauty'	weiß, Mai bis Juni	20 bis 40 cm	115
Winter-Heide/Schnee-Heide	*Erica carnea*-Sorten	je nach Sorte rosa, violett, rot, weiß, Januar bis April	20 bis 40 cm	116
Kriechspindel	*Euonymus fortunei*-Sorten*		bis 60 cm, je nach Sorte	116
Rote Teppichbeere	*Gaultheria procumbens**	weißrosa, Juli bis August	bis 10 cm	116
Garten-Hülse	*Ilex*-Sorten*	weiß, Mai	20 bis 200 cm	117
Buntlaubiges Lorbeerkrüglein	*Leucothoe walteri* 'Rainbow'*	cremefarben, April bis Mai, Duft	40 bis 60 cm	119

* = auch für Vollschatten geeignet

Fortsetzung auf der nächsten Seite ->

Gehölze für die Grabbepflanzung (Fortsetzung)

Deutscher Name	Botanischer Name	Blüte	Höhe	Seite
Niedrige Mahonie	*Mahonia aquifolium* 'Apollo'*	gelb, April bis Mai	40 bis 60 cm	119
Niedriges Schattengrün	*Pachysandra terminalis* 'Green Carpet®'*	weiß, April bis Mai	10 bis 20 cm	119
Schattenglöckchen	*Pieris japonica*-Sorten*	je nach Sorte weiß, rosa, rot, März bis Mai, Duft	30 bis 100 cm, je nach Sorte	120
Lorbeerkirsche	*Prunus laurocerasus*-Sorten*	weiß, Mai bis Juni, Duft	20 bis 200 cm	121
Blüten-Skimmie	*Skimmia japonica* 'Rubella'*	weißrosa, April bis Mai, Duft	20 bis 40 cm	122
Immergrüner Kissen-Schneeball	*Viburnum davidii*	weißrosa, Juni	20 bis 40 cm	122
Kleinblättriges Fadengrün	*Vinca minor**	blau, April bis Mai	bis 10 cm	122
Rhododendren				
Rhododendron in Arten/Sorten	*Rhododendron*-Sorten	je nach Sorte rosa, weiß, violett, rot, orange, gelb, blau, Mai bis Juni, teils Duft	20 bis 200 cm	123
Klettergehölze				
Heimischer Efeu	*Hedera helix**		300 bis 500 cm	133
Rosen (für sonnige Grabstellen)				
Rosen	*Rosa*-Sorten	je nach Sorte rot, rosa, gelb, weiß, Juni bis Oktober	30 bis 200 cm	137
Nadelsträucher				
in zahlreichen schwachwachsenden Arten und Sorten	alle Gattungen, *Abies* und *Tsuga* sind schattentolerant		10 bis 150 cm	140
Nadelbäume (für große Grabstellen)				
Echte Blau-Tanne	*Abies procera* 'Glauca'		500 bis 700 cm	150
Gemeine Eibe	*Taxus baccata**		500 bis 700 cm	153

* = auch für Vollschatten geeignet

Gehölze für den Dachgarten

Deutscher Name	Botanischer Name	Blüte	Höhe	Seite
Laubsträucher				
Feuer-Ahorn	*Acer ginnala*	gelblichweiß, Mai, Duft	300 bis 500 cm	72
Hängende Felsenbirne	*Amelanchier laevis* 'Ballerina'	weiß, April bis Mai	200 bis 300 cm	74
Hecken-Berberitzen	*Berberis thunbergii* und Sorten	primelgelb, Mai	150 bis 200 cm	74
Hänge-Buddleje	*Buddleja alternifolia*	lila, Juni, Duft	200 bis 300 cm	75
Schmetterlingsstrauch	*Buddleja davidii*-Sorten	je nach Sorte weiß, rosa, rot, violett, Juli bis Oktober, Duft	200 bis 300 cm	76
Bartblume	*Caryopteris*-Sorten	blau, August bis Oktober	60 bis 100 cm	76

Fortsetzung auf der nächsten Seite ->

Gehölze für den Dachgarten (Fortsetzung)

Deutscher Name	Botanischer Name	Blüte	Höhe	Seite
Zierquitte	*Chaenomeles*-Sorten	je nach Sorte rot, weiß, rosa, April bis Mai	60 bis 100 cm	77
Rosen-Ginster	*Chamaecytisus purpureus*	rosarot, Juni bis Juli	40 bis 60 cm	79
Fächermispel	*Cotoneaster horizontalis*	unscheinbar	60 bis 100 cm	81
Maiblumenstrauch	*Deutzia gracilis*	weiß, Mai bis Juni	40 bis 60 cm	83
Hoher Sternchenstrauch	*Deutzia magnifica*	reinweiß, Juni	200 bis 300 cm	83
Gefüllter Sternchenstrauch	*Deutzia scabra* 'Plena'	weißrosa, Juni bis Juli	200 bis 300 cm	84
Niedriger Korkflügelstrauch	*Euonymus alatus* 'Compactus'	grünlichgelb, Mai bis Juni	60 bis 100 cm	84
Kleinblumiger Johannisstrauch	*Hypericum* 'Hidcote'	goldgelb, Juni bis Oktober	100 bis 150 cm	88
Gefüllter Ranunkelstrauch	*Kerria japonica* 'Pleniflora'	gelb, April bis Mai	150 bis 200 cm	88
Perlmuttstrauch	*Kolkwitzia amabilis*	rosa, Juni	150 bis 200 cm	88
Frischgrünes Geißblatt	*Lonicera nitida* 'Maigrün'	cremeweiß, Mai	20 bis 40 cm	89
Fingerstrauch	*Potentilla fruticosa*-Sorten	je nach Sorte gelb, weiß, rosa, rot, Mai bis November	40 bis 60 cm	92
Alpenbeere	*Ribes alpinum* 'Schmidt'	gelblichgrün, April bis Mai	100 bis 150 cm	95
Herbst-Flieder	*Syringa microphylla* 'Superba'	rosa, Mai, Duft	60 bis 100 cm	100
Japanischer Schneeball	*Viburnum plicatum* 'Watanabe'	weiß, Juli bis August	60 bis 100 cm	102
Laubbäume				
Feld-Ahorn	*Acer campestre*	gelbgrün, April bis Mai	500 bis 700 cm	103
Kugel-Akazie	*Robinia pseudoacacia* 'Umbraculifera'		300 bis 500 cm	110
Essbare Eberesche	*Sorbus aucuparia* 'Edulis'	weiß, Mai	500 bis 700 cm	111
Immergrüne Laubgehölze				
Grüne Polster-Berberitze	*Berberis buxifolia* 'Nana'	orangegelb, April bis Mai	40 bis 60 cm	113
Immergrüne Kissen-Berberitze	*Berberis candidula*	gelb, Mai	60 bis 100 cm	114
Fruchtende Kriechmispel	*Cotoneaster dammeri* 'Coral Beauty'	weiß, Mai bis Juni	20 bis 40 cm	115
Strauch-Efeu	*Hedera helix* 'Arborescens'	grüngelb, September bis Oktober, Duft	60 bis 100 cm, nicht kletternd	116
Strauch-Hülse	*Ilex meserveae* 'Blue Prince'	weiß, Mai	150 bis 200 cm	117
Fruchtende Strauch-Hülse	*Ilex meserveae* 'Blue Princess'	weiß, Mai	100 bis 150 cm	118
Niedrige Mahonie	*Mahonia aquifolium* 'Apollo'	gelb, April bis Mai	40 bis 60 cm	119
Feuerdorn	*Pyracantha*-Sorten	weiß, Mai bis Juni, Duft	150 bis 200 cm	121
Klettergehölze				
Gold-Waldrebe	*Clematis tibetana* ssp. *tangutica*	gelb, Juni bis Oktober	200 bis 300 cm	131
Heimischer Efeu	*Hedera helix*		300 bis 500 cm	133
Kletter-Hortensie	*Hydrangea anomalis* ssp. *petiolaris*	weiß, Juni bis Juli, Duft	300 bis 500 cm	133
Rosen				
Flächenrosen	*Rosa*-Sorten	je nach Sorte rot, rosa, gelb, weiß, Juni bis Oktober	60 bis 100 cm	137
Nadelsträucher				
in zahlreichen Arten und Sorten	*Abies* bis *Tsuga*		10 bis 200 cm	140
Nadelbäume				
Panzer-Kiefer	*Pinus leucodermis*		500 bis 700 cm	152

Gehölze in Teichnähe

Deutscher Name	Botanischer Name	Blüte	Höhe	Seite
Laubsträucher				
Rosabunter Eschen-Ahorn	*Acer negundo* 'Flamingo'		200 bis 300 cm	73
Fächer-Ahorn	*Acer palmatum*-Sorten		200 bis 300 cm	73
Gold-Ahorn	*Acer shirasawanum* 'Aureum'	gelb, teils rötlich	60 bis 100 cm	74
Hängende Felsenbirne	*Amelanchier laevis* 'Ballerina'	weiß, April bis Mai	200 bis 300 cm	74
Hartriegel	*Cornus* -Arten und -Sorten	weiß, cremefarben, Mai bis Juni	100 bis 200 cm	78
Hortensien	*Hydrangea*-Arten und -Sorten	je nach Sorte weiß, blau, rosa, rot, lila, Juni bis September, teils mit Duft	100 bis 200 cm	87
Gefüllter Ranunkelstrauch	*Kerria japonica* 'Pleniflora'	gelb, April bis Mai	150 bis 200 cm	88
Gefüllte Stern-Magnolie	*Magnolia stellata* 'Royal Star'	weiß, März bis April, Duft	100 bis 150 cm	90
Fasanenspiere	*Physocarpus opulifolius*-Sorten	weißrosa, Juni bis Juli	60 bis 200 cm	91
Alpenbeere	*Ribes alpinum* 'Schmidt'	gelblichgrün, April bis Mai	100 bis 150 cm	95
Weißbunte Hänge-Weide	*Salix integra* 'Hakuro Nishiki'		Zierstämmchen	96
Küchen-Holunder	*Sambucus nigra* 'Haschberg'	cremeweiß, Juni bis August, Duft	200 bis 300 cm	97
Niedrige Kranzspiere	*Stephanandra incisa* 'Crispa'	weiß, Juni bis Juli	40 bis 60 cm	99
Edel-Flieder	*Syringa vulgaris*-Sorten	je nach Sorte rot, weiß, rosa, violett, Mai, Duft	150 bis 200 cm	100
Rosa Frühlings-Tamariske	*Tamarix parviflora*	rosa, Mai bis Juni	200 bis 300 cm	100
Schneeball	*Viburnum*-Arten und -Sorten	weiß, Mai bis Juni	150 bis 200 cm	101
Laubbäume				
Echte Hänge-Birke	*Betula pendula* 'Youngii'		500 bis 700 cm	104
Kugel-Esche	*Fraxinus excelsior* 'Nana'		300 bis 500 cm	106
Amberbaum	*Liquidambar styraciflua*		500 bis 700 cm	107
Tulpen-Magnolie	*Magnolia* x *soulangiana*	weißrosa, April bis Mai, Duft	300 bis 500 cm	107
Weide	*Salix*-Arten und -Sorten	weißlich bis gelb, April	500 bis über 700 cm	110
Ulme	*Ulmus*-Arten und -Sorten	bräunlich, März bis April	300 bis 500 cm	112
Immergrüne Laubgehölze				
Kriechspindel	*Euonymus fortunei*-Sorten		bis 60 cm, je nach Sorte	116
Rote Teppichbeere	*Gaultheria procumbens*	weißrosa, Juli bis August	bis 10 cm	116
Strauch-Efeu	*Hedera helix* 'Arborescens'	grüngelb, September bis Oktober, Duft	60 bis 100 cm, nicht kletternd	116
Kalmie	*Kalmia latifolia*-Sorten	je nach Sorte weiß, rosa, rot, violett, Mai bis Juni	60 bis 100 cm	118
Buntlaubiges Lorbeerkrüglein	*Leucothoe walteri* 'Rainbow'	cremefarben, April bis Mai, Duft	40 bis 60 cm	119
Rhododendren				
Rhododendron in Arten/Sorten	*Rhododendron*-Sorten	je nach Sorte rosa, weiß, violett, rot, orange, gelb, blau, Mai bis Juni, teils Duft	20 bis 200 cm	123
Bambusse				
Bambusse in Arten und Sorten			20 bis 600 cm	127
Klettergehölze				
Klettergurke	*Akebia quinata*	violettrosa, Mai, Vanille-Duft	300 bis 500 cm	129
Pfeifenwinde	*Aristolochia macrophylla*	gelbrot, Juni bis August	500 bis 700 cm	130
Baumwürger	*Celastrus orbiculatus*		500 bis 700 cm	130

Fortsetzung auf der nächsten Seite ->

Gehölze in Teichnähe (Fortsetzung)

Deutscher Name	Botanischer Name	Blüte	Höhe	Seite
Heimische Waldrebe	*Clematis vitalba*	cremeweiß, Juli bis Oktober	500 bis 700 cm	131
Schling-Knöterich	*Fallopia aubertii*	weiß, August bis Oktober	500 bis 700 cm	132
Efeu	*Hedera*-Arten und -Sorten	unscheinbar	200 bis 500 cm	133
Kletter-Hortensie	*Hydrangea anomalis* ssp. *petiolaris*	weiß, Juni bis Juli, Duft	300 bis 500 cm	133
Mauerwein	*Parthenocissus quinquefolia* 'Engelmannii'	weiß, Juli bis August	500 bis 700 cm	135
Chinesischer Blauregen	*Wisteria sinensis*	lilablau, Mai bis Juni, Duft	300 bis 500 cm	136
Nadelsträucher/Nadelbäume				
Lebensbaum	*Thuja*-Arten und -Sorten		20 bis 200 cm	149 153

Frostharte Kübelgehölze

Deutscher Name	Botanischer Name	Blüte	Höhe	Wuchsform	Seite
Laubsträucher					
Rosabunter Eschen-Ahorn	*Acer negundo* 'Flamingo'		200 bis 300 cm	buschig	73
Hängende Felsenbirne	*Amelanchier laevis* 'Ballerina'	weiß, April bis Mai	200 bis 300 cm	bogig überhängend	74
Hecken-Berberitze	*Berberis thunbergii*-Sorten	primelgelb, Mai	40 bis 200 cm	buschig	74
Zierquitte	*Chaenomeles*-Sorten	je nach Sorte rot, weiß, rosa, April bis Mai	60 bis 100 cm	breitausladend	77
Purpur-Hartriegel	*Cornus alba*-Sorten	cremefarben, Mai bis Juni	100 bis 200 cm	breit buschig	78
Niedriger Korkflügelstrauch	*Euonymus alatus* 'Compactus'	grünlichgelb, Mai bis Juni	60 bis 100 cm	breit buschig	84
Reichfruchtendes Pfaffenhütchen	*Euonymus europaeus* 'Red Cascade'	grünlichgelb, Mai bis Juni	150 bis 200 cm	trichterförmig	84
Zaubernuss	*Hamamelis*-Sorten	je nach Sorte rot, orange, gelb, Dezember bis März, Duft	150 bis 200 cm	trichterförmig	86
Frucht-Sanddorn	*Hippophae rhamnoides*-Sorten		150 bis 200 cm	trichterförmig	87
Perlmuttstrauch	*Kolkwitzia amabilis*	rosa, Juni	150 bis 200 cm	breit buschig	88
Schwarzgrüner Liguster	*Ligustrum vulgare* 'Atrovirens'	cremeweiß, Juni bis Juli, Duft	100 bis 150 cm	buschig aufrecht	89
Fingerstrauch	*Potentilla fruticosa*-Sorten	je nach Sorte gelb, weiß, rosa, rot, Mai bis November	40 bis 60 cm	breit buschig bis niederliegend	92
Kartoffel-Rose	*Rosa rugosa*	violettrosa, Mai bis Oktober, Duft	100 bis 150 cm	buschig aufrecht	95
Weiße Rispen-Spiere	*Spiraea cinerea* 'Grefsheim'	weiß, April	100 bis 150 cm	buschig	97
Flieder	*Syringa*-Sorten	je nach Sorte rot, weiß, rosa, violett, Mai, Duft	100 bis 200 cm	buschig bis trichterförmig	100
Feinlaubige Ulme	*Ulmus minor* 'Jacqueline Hillier'		100 bis 150 cm	breitbuschig	101
Winter-Schneeball	*Viburnum bodnantense* (×) 'Dawn'	rosa, Dezember bis April, Duft	150 bis 200 cm	trichterförmig	101
Laubbäume					
Feld-Ahorn	*Acer campestre*	gelbgrün, April bis Mai	500 bis 700 cm	rundliche Krone	103
Ahorn	*Acer platanoides*-Sorten	gelbgrün, April	300 über 700 cm	je nach Sorte kugel- bis säulenförmige Kronen	103

Fortsetzung auf der nächsten Seite ->

Frostharte Kübelgehölze (Fortsetzung)

Deutscher Name	Botanischer Name	Blüte	Höhe	Wuchsform	Seite
Echte Hänge-Birke	*Betula pendula* 'Youngii'		500 bis 700 cm	Kronentriebe herabhängend	104
Essbare Eberesche	*Sorbus aucuparia* 'Edulis'	weiß, Mai	500 bis 700 cm	eiförmige Krone	111
Lauben-Ulme	*Ulmus glabra* 'Pendula'	bräunlich, März bis April	300 bis 500 cm	laubenartige Krone, Hängeform	112
Immergrüne Laubgehölze					
Fruchtende Kriechmispel	*Cotoneaster dammeri* 'Coral Beauty'	weiß, Mai bis Juni	20 bis 40 cm	niederliegend	115
Klettergehölze					
Flamingo-Strahlengriffel	*Actinidia kolomikta*	cremeweiß, Mai bis Juni, Duft	200 bis 300 cm	schlingend, Rankhilfe	129
Waldrebe	*Clematis*-Arten *alpina* 'Frances Rivis'	je nach Art weiß, rosa, blau, Mai bis Juni (September)	200 bis 700 cm	rankend, Rankhilfe	130
Kletter-Hortensie	*Hydrangea anomalis* ssp. *petiolaris*	weiß, Juni bis Juli, Duft	300 bis 500 cm	selbstständig kletternd, Haftwurzeln	133
Mauerwein	*Parthenocissus quinquefolia* 'Engelmannii'	weiß, Juli bis August	500 bis 700 cm	selbstständig kletternd, Haftscheiben	135
Scharlach-Wein	*Vitis coignetiae*	rostrot-filzig	300 bis 500 cm	kletternd, Rankhilfe	135
Rosen					
Gartenrosen	*Rosa*-Sorten	je nach Sorte rot, rosa, gelb, weiß, Juni bis Oktober, teils Duft	20 bis 500 cm	variabel	137

Frostharte Kübelgehölze

Deutscher Name	Botanischer Name	Höhe	Wuchsform	Seite
Nadelsträucher				
Niedere Balsam-Tanne	*Abies balsamea* 'Piccolo'	40 bis 60 cm	buschig	140
Gartenzypresse	*Chamaecyparis pisifera* -Sorten	20 bis 150 cm	buschig	141
Wacholder	*Juniperus*-Arten und -Sorten	10 bis 150 cm	variabel	141
Kissen-Lärche	*Larix kaempferi* 'Blue Ball'	40 bis 60 cm	kugelförmig	144
Fächerwacholder	*Microbiota decussata*	10 bis 20 cm	polsterförmig, überhängend	144
Fichte	*Picea*-Arten und -Sorten	20 bis 100 cm	variabel	144
Kiefer	*Pinus*-Arten und -Sorten	40 bis 200 cm	variabel	145
Lebensbaum	*Thuja occidentalis*-Sorten	20 bis 200 cm	variabel	149
Nadelbäume				
Veredelte Korea-Tanne	*Abies koreana* (Veredlung)	500 cm, variabel	kegelförmig	150
Echte Blau-Tanne	*Abies procera* 'Glauca'	500 bis 700 cm	kegelförmig, ungleichmäßig	150
Korkenzieher-Lärche	*Larix kaempferi* 'Diana'	500 bis 700 cm	kegelförmig	152
Serbische Fichte	*Picea omorika*	über 700 cm	schmal kegelförmig	152
Panzer-Kiefer	*Pinus leucodermis*	500 bis 700 cm	breit kegelförmig, später Kronenbildung	153
Brabant-Lebensbaum	*Thuja occidentalis* 'Brabant'	500 bis 700 cm	schmal kegelförmig	154

Der ökologische Nutzen der Gartengehölze

Ökologie ist die Lehre von den Beziehungen der Lebewesen zu ihrer Umwelt. Ein ökologisch besonders wertvolles Gehölz »leistet« viel für andere - als Nahrungsquelle für Mensch und Tier, als schützende Behausung und Rückzugsareal. Diese Werte werden von mehr und mehr Gartenfreunden anerkannt und als positive Bereicherung ihrer Gartenwelt empfunden.

Ökologie im Hausgarten fordert aber mitunter auch unsere Toleranz, denn manche ökologische Leistung kann im Gegensatz zu unserem ästhetischen Empfinden stehen. Wenn sich Läuse an den Blättern laben, Vögel sich über den herrlichen Fruchtschmuck hermachen oder Mehltaupilze das Laub überziehen, neigen wir schnell dazu, diese Art der Ökologie mit Begriffen wie »Krankheit« und »Schädling« zu stigmatisieren. Die Zukunft liegt in der Duldung aller ökologischen Leistungen unserer Gehölze. Sie können nicht nur nehmen, sondern müssen auch geben - z. B. Nahrung für andere Gartenbewohner. Wie jeder Mensch eben nicht nur Rechte, sondern auch Pflichten hat. Nur so kann sich ein naturnaher Gartenkreislauf einstellen.

Lecker und gesund - Wildobst

Die Wahl eines Gehölzes für den eigenen Garten beruht fast immer auf seinen Ziereigenschaften, meist das Aussehen von Laub und Blüte. Viel zu wenig sind bisher jedoch jene Gehölze in die engere Wahl gekommen, deren Früchte in der Küche verwertbar oder direkt zum Naschen geeignet sind.

Wildobst aus eigenem Anbau - ein delikater Genuss mit besten Inhaltswerten.

Im Handel werden mittlerweile zahlreiche Wildobst-Produkte angeboten, beispielsweise Sanddorn-Saft.

Wildobst spenden durchaus nicht nur die reinen Wildarten. Auch verschiedene Sorten tragen Früchte, die denen ihrer Eltern häufig sehr ähnlich, mitunter sogar deutlich größer und ergiebiger sind. Wildfrüchte gelten als inhalts- und vitaminreiche Kost. Da freut sich nicht nur der Mensch, auch Vögel, Kleinsäuger und Insekten laben sich mit Wonne am Obst und den pollen- und nektarreichen Blüten. Viele Wildobst-Arten erfreuen nicht nur den Gaumen, sondern gelten außerdem als jahrhundertelang erprobte Heilmittel.

Die meisten Wildfrüchte können ab August/September geerntet werden. Der ideale Erntezeitpunkt entscheidet maßgeblich über den Gehalt an Vitaminen und anderen Inhaltsstoffen. Auch beim Einkochen empfiehlt es sich, die Garzeiten möglichst kurz und damit inhaltsschonend zu halten.
Die Früchte der in der Tabelle genannten Arten und Sorten eignen sich roh oder gekocht zum Verzehr.

- Eine Auswahl passender Gehölze finden Sie in der Tabelle Seite 32.

Die schönen Wilden – heimische Gehölze

Naturbelassene Gärten finden immer mehr Anhänger. Als Kontrast zum durchorganisierten Alltag empfinden viele das harmonische Nebeneinander heimischer Pflanzen als wohltuend. Daneben können naturnahe, artenreiche Gärten einen wichtigen Beitrag zum Artenschutz von Vögeln, Kleinsäugern und Insekten leisten. Heimische Gehölze gelten schließlich als klassische Vogelschutz- und Vogelnährgehölze.
Unsere heimischen Gehölze blühen meist im Frühjahr. Ihre Blüte ist in puncto Größe und Dauer mit der Pracht klassischer Gartengehölze nicht zu vergleichen. Zudem sprengen Wildarten mit ihren Ausmaßen rasch kleinere Gartenbereiche. Regelmäßiger Schnitt ist zwar bei vielen Arten möglich, schränkt aber ihren ökologischen Nutzen erheblich ein. Ein langfristig angelegter Wild- oder Naturgarten sollte nicht gegen die Natur, sondern mit ihr arbeiten – überlegen Sie also schon bei der Planung, ob der Platz in Ihrem Garten für Wildgehölze ausreicht.
Naturgärten sind pflegeleicht und preiswert, wenn sich die Artenauswahl an den Standortgegebenheiten orientiert. Heimische Gehölze sind in Mitteleuropa beheimatet. Einige sind weit verbreitet, andere kommen nur an bestimmten Sonderstandorten wild vor. Diese Vorlieben gilt es, mit einzuplanen, damit die Gehölze am Gartenstandort nicht vor sich hin kümmern oder alles andere überwuchern. Auf

Die Kornelkirsche sorgt als heimisches Wildgehölz schon im März für frühes Insektenfutter.

Düngemaßnahmen und Pflanzenschutz wird im Naturgarten sowieso verzichtet; dies schont den Geldbeutel und die Umwelt.
Unsere Liste berücksichtigt eine Auswahl reiner heimischer Arten mit Gartenwert. Daneben gibt es zahlreiche Sorten, die direkt heimischen Arten entspringen und ihnen in Aussehen und Verhalten ähneln. Ein Beispiel ist die Essbare Eberesche *(Sorbus aucuparia* 'Edulis'), die sich von der heimischen Wildart in erster Linie durch größere, genießbare Früchte unterscheidet.

Die Früchte der Essbaren Eberesche sind für Mensch und Tier eine Leckerei.

• Eine Auswahl passender Gehölze finden Sie in der Tabelle Seite 33.

My tree is my castle – Vogelschutz beginnt vor der Haustür

Dichte Belaubung, Stacheln und Dornen – neben vielen heimischen Gehölzen bieten auch zahlreiche Gartengehölze dank dieser Ausrüstung Vögeln Schutz und Obhut. Besonders Immergrüne und Nadelgehölze sind Vogelrefugien mit Sichtschutz rund ums Jahr. Die quirlartige Aststellung vieler Laubbäume bietet zudem beste Voraussetzungen für den Nestbau in katzensicherer Höhe. Boden- und Buschbrüter finden aber auch in kleinen Sträuchern Unterschlupf.

Beerenstarke Gehölze locken Vögel in den Garten und ermöglichen so Naturbeobachtungen aus nächster Nähe.

- Eine Auswahl passender Gehölze finden Sie in der Tabelle Seite 33 f.

Gehölze bieten auf natürliche Art und Weise Nestauflagen in katzensicherer Höhe.

Oft liefert die Behausung Früchte gleich »frei Nest« mit. Dass Vögel in ihrer Umgebung viele Insekten vertilgen, die sich sonst ungestört an unseren Gartenpflanzen gütlich tun würden, sei nur am Rande bemerkt. Dabei spiegelt die Vielfalt der Vogelwelt im Garten immer die vorgenommene Pflanzenauswahl wider – je artenreicher diese ist, desto mehr Piepmatz-Arten tummeln sich in ihr.

Vogelnährgehölze – Speise für unsere Vögel

Eigentlich findet jede Frucht irgendeinen Schnabel. Manche ist bei besonders vielen Vogelarten beliebt – etwa die Holunderbeere oder die Früchte der Eberesche. Andere von nicht unbedingt heimischen Gehölzen locken nur bestimmte, dafür aber seltene Vogelarten, die offenbar recht wählerisch ihren Speiseplan zusammenstellen. Die Gleichung »heimisch = bestes Vogelnährgehölz« stimmt tatsächlich so nicht und trifft bestenfalls für alltägliche Vogelarten zu. Deshalb gilt: Je artenreicher die Pflanzengestaltung, desto abwechslungsreicher ist der fruchtige Speisezettel, und damit auch die Vielfalt der Gäste.

Jeder Gartenfreund kann zusätzlich für einen deutlichen höheren Fruchtbehang an den Gehölzen sorgen, indem er die verwelkten Blüten nicht abschneidet. Bei öfter blühenden Rosen oder Blauregen mag ein Schnitt des Verblühten zwecks gewünschter Nachblüte noch einleuchten. Dem »Säuberungsschnitt« der einmalblühenden Gartengehölze scheint aber reine Ordnungsliebe zugrunde zu liegen, die die Vogelwelt um wertvolle Futterquellen bringt. Viel Gärtner, wenig Früchte, könnte man überspitzt formulieren.

- Eine Auswahl passender Gehölze aus der Menükarte für Spatz & Co. finden Sie in der Tabelle Seite 34.

Fruchtige Gehölze – der Tisch für die gefiederten Piepmätze ist gedeckt.

Wildobst-Gehölze					
Deutscher Name	**Botanischer Name**	**Blüte**	**Höhe**	**Wichtige Verwendungszwecke**	**Seite**
Laubsträucher					
Hängende Felsenbirne	*Amelanchier laevis* 'Ballerina'	weiß, April bis Mai	200 bis 300 cm	zum Naschen, Korinthenersatz, Marmelade	74
Hecken-Berberitze	*Berberis thunbergii* und Sorten	primelgelb, Mai	150 bis 200 cm	Kompott, Säfte	74
Zierquitte	*Chaenomeles*-Sorten	je nach Sorte rot, weiß, rosa, April bis Mai	60 bis 100 cm	Sirup, Gelee, Marmelade, Säfte	77
Kornelkirsche	*Cornus mas*	gelb, März bis April	200 bis 300 cm	Marmelade, Konfitüre, Gelee, Säfte	80
Purpur-Hasel	*Corylus maxima* 'Purpurea'	rot, März bis April	150 bis 200 cm	zum Naschen, für Rezepte	81
Weiß-Dorn	*Crataegus monogyna*	weiß, Mai bis Juni, Duft	200 bis 300 cm	Marmelade	82
Frucht-Sanddorn	*Hippophae rhamnoides*-Sorten		150 bis 200 cm	Gelee, Konfitüre, Säfte	87
Großfrüchtige Blut-Pflaume	*Prunus cerasifera* 'Trailblazer' ('Hollywood')	rosaweiß, April	200 bis 300 cm	zum Naschen, Süßmost, Wein	92
Schlehe	*Prunus spinosa*	weiß, März bis April, Duft	150 bis 200 cm	Likör, Mischfruchtsäfte	93
Rose	*Rosa*-Arten	je nach Art weiß, rosa, violett, Mai bis Juni, Duft	100 bis 200 cm	Mus, Tee, Gelee, Saft, Wein u. v. m.	95
Holunder	*Sambucus*-Sorten	je nach Sorte creme, grünlich, April bis August, Duft	150 bis 300 cm	Suppe, Säfte, Marmelade, Gelee, Sirup, Beeren nicht roh verzehren, auch Blüten verwertbar	97
Laubbäume					
Zierapfel	*Malus*-Sorten	je nach Sorte rosa, weiß, rot, Mai, Duft,	500 bis 700 cm	Säfte, Kompott, Gelee	108
Essbare Eberesche	*Sorbus aucuparia* 'Edulis'	weiß, Mai	500 bis 700 cm	Süßmost, Kompott, Sirup, Gelee, Marmelade	111
Immergrüne Laubgehölze					
Dotter-Berberitze	*Berberis* 'Stenophylla'	gelborange, Mai bis Juni	100 bis 150 cm	Säfte	114
Niedrige Mahonie	*Mahonia aquifolium* 'Apollo'	gelb, April bis Mai	40 bis 60 cm	Likör, Wein, Gelee, Mischsäfte	119
Klettergehölze					
Klettergurke	*Akebia quinata*	violettrosa, Mai, Vanilleduft	300 bis 500 cm	zum Naschen	129
Rosen					
Gartenrosen	*Rosa*-Sorten	je nach Sorte rot, rosa, gelb, weiß, Juni bis Oktober, Duft	40 bis 300 cm	Mus, Tee, Gelee, Saft, Wein u. v. m.	137

Heimische Wildgehölze

Deutscher Name	Botanischer Name	Blüte	Höhe	Seite
Laubsträucher				
Kornelkirsche	*Cornus mas*	gelb, März bis April	200 bis 300 cm	80
Weiß-Dorn	*Crataegus monogyna*	weiß, Mai bis Juni, Duft	200 bis 300 cm	82
Schlehe	*Prunus spinosa*	weiß, März bis April, Duft	150 bis 200 cm	93
Hunds-Rose	*Rosa canina*	weißrosa, Mai bis Juni, Duft	150 bis 200 cm	95
Laubbäume				
Feld-Ahorn	*Acer campestre*	gelbgrün, April bis Mai	500 bis 700 cm	103
Hainbuche	*Carpinus betulus*	gelb, April	500 bis 700 cm	105
Rot-Buche	*Fagus sylvatica*		über 700 cm	105
Immergrüne Laubgehölze				
Hoher Buchsbaum	*Buxus sempervirens* var. *arborescens*		100 bis 150 cm	115
Klettergehölze				
Heimische Waldrebe	*Clematis vitalba*	cremeweiß, Juli bis Oktober	500 bis 700 cm	131
Heimischer Efeu	*Hedera helix*		300 bis 500 cm	133
Nadelbäume				
Gemeine Eibe	*Taxus baccata*		500 bis 700 cm	153

Vogelschutzgehölze

Deutscher Name	Botanischer Name	Seite
Laubsträucher		
Feuer-Ahorn	*Acer ginnala*	72
Berberitzen	*Berberis*-Sorten	74
Zierquitte	*Chaenomeles*-Sorten	77
Hartriegel	*Cornus*-Sorten	78
Purpur-Hasel	*Corylus maxima* 'Purpurea'	81
Fächermispel	*Cotoneaster horizontalis*	81
Weiß-Dorn	*Crataegus monogyna*	82
Reichfruchtendes Pfaffenhütchen	*Euonymus europaeus* 'Red Cascade'	84
Frucht-Sanddorn	*Hippophae rhamnoides*-Sorten	87
Perlmuttstrauch	*Kolkwitzia amabilis*	88
Schwarzgrüner Liguster	*Ligustrum vulgare* 'Atrovirens'	89
Fasanenspiere	*Physocarpus opulifolius*-Sorten	91
Großfrüchtige Blut-Pflaume	*Prunus cerasifera* 'Trailblazer'	92
Schlehe	*Prunus spinosa*	93
Alpenbeere	*Ribes alpinum* 'Schmidt'	95
Blut-Johannisbeere	*Ribes sanguineum* 'Atrorubens'	95
Hunds-Rose	*Rosa canina*	95
Kartoffel-Rose	*Rosa rugosa*	95
Holunder	*Sambucus*-Sorten	97
Spiree	*Spiraea*-Sorten	97
Perlenbeere	*Symphoricarpus × doorenbosii*-Sorten	99
Echter Schneeball	*Viburnum opulus* 'Roseum'	101
LaubbäumeAhorn	*Acer*-Sorten	103
Hainbuche	*Carpinus betulus*	105
Kugel-Trompetenbaum	*Catalpa bignonioides* 'Nana'	105
Rot-Dorn	*Crataegus laevigata* 'Paul's Scarlet'	105
Gold-Hülse	*Gleditsia triacanthos* 'Sunburst'	106
Zier-Apfel	*Malus*-Sorten	108
Kugel-Akazie	*Robinia pseudoacacia* 'Umbraculifera'	110
Hänge-Weide	*Salix alba* 'Tristis'	110
Essbare Eberesche	*Sorbus aucuparia* 'Edulis'	111
Lauben-Ulme	*Ulmus glabra* 'Pendula'	112
Immergrüne Laubgehölze		
Dotter-Berberitze	*Berberis* 'Stenophylla'	114
Gartenhülse	*Ilex*-Sorten	117

Fortsetzung auf der nächsten Seite ->

Vogelschutzgehölze (Fortsetzung)

Deutscher Name	Botanischer Name	Seite
Gold-Liguster	*Ligustrum ovalifolium* 'Aureum'	119
Feuerdorn	*Pyracantha*-Sorten	121
Rhododendren		
Rhododendron	*Rhododendron*-Sorten	123
Klettergehölze		
Waldrebe	*Clematis*-Sorten	130
Schling-Knöterich	*Fallopia aubertii*	132
Heimischer Efeu	*Hedera helix*	133
Kletter-Hortensie	*Hydrangea anomalis* ssp. *petiolaris*	133
Geißschlinge	*Lonicera*-Sorten	134
Mauerwein	*Parthenocissus quinquefolia* 'Engelmannii'	135
Wilder Wein	*Parthenocissus tricuspidata* 'Veitchii'	135
Rosen		
Gartenrosen	*Rosa*-Sorten	137
Nadelsträucher		
Irischer Säulen-Wacholder	*Juniperus communis* 'Hibernica'	141
Kleine Blau-Fichte	*Picea pungens* 'Glauca Globosa'	145
Kiefern	*Pinus*-Sorten	145
Fruchtende Becher-Eibe	*Taxus media* 'Hicksii'	146
Nadelbäume		
Echte Blau-Tanne	*Abies procera* 'Glauca'	150
Säulenzypressen	*Chamaecyparis lawsoniana*-Sorten	151
Serbische Fichte	*Picea omorika*	152
Silber-Fichte	*Picea pungens* 'Hoopsii'	152
Gemeine Eibe	*Taxus baccata*	153
Brabant-Lebensbaum	*Thuja occidentalis* 'Brabant'	153

Vogelnährgehölze

Deutscher Name	Botanischer Name	Seite
Laubsträucher		
Feuer-Ahorn	*Acer ginnala*	72
Hängende Felsenbirne	*Amelanchier laevis* 'Ballerina'	74
Berberitzen	*Berberis*-Sorten	74
Liebesperlenstrauch	*Callicarpa bodinieri* var. *giraldii*	76
Zierquitte	*Chaenomeles*-Sorten	77
Hartriegel	*Cornus*-Sorten	78
Weiß-Dorn	*Crataegus monogyna*	82
Frucht-Sanddorn	*Hippophae rhamnoides*-Sorten	87
Fasanenspiere	*Physocarpus opulifolius*-Sorten	91
Großfrüchtige Blut-Pflaume	*Prunus cerasifera* 'Trailblazer' (= 'Hollywood')	92
Niedrige Blut-Pflaume	*Prunus* × *cistena*	92
Schlehe	*Prunus spinosa*	93
Hunds-Rose	*Rosa canina*	95
Kartoffel-Rose	*Rosa rugosa*	95
Holunder	*Sambucus*-Sorten	97
Laubbäume		
Feld-Ahorn	*Acer campestre*	103
Hainbuche	*Carpinus betulus*	105
Rot-Buche	*Fagus sylvatica*	105
Zier-Apfel	*Malus*-Sorten	108
Essbare Eberesche	*Sorbus aucuparia* 'Edulis'	111
Immergrüne Laubgehölze		
Fruchtende Garten-Hülse	*Ilex aquifolium* 'I. C. van Tol'	117
Fruchtende Strauch-Hülse	*Ilex meserveae* 'Blue Princess'	118
Niedrige Mahonie	*Mahonia aquifolium* 'Apollo'	119
Feuerdorn	*Pyracantha*-Sorten	121
Klettergehölze		
Baumwürger	*Celastrus orbiculatus*	130
Immergrüne Geißschlinge	*Lonicera henryi*	134
Reichblütige Wald-Geißschlinge	*Lonicera periclymenum* 'Serotina'	135
Rosen		
Rosen	*Rosa*-Sorten	137
Nadelsträucher		
Kiefer	*Pinus*-Sorten	145
Fruchtende Becher-Eibe	*Taxus media* 'Hicksii'	148
Nadelbäume		
Veredelte Korea-Tanne	*Abies koreana*	150
Echte Blau-Tanne	*Abies procera* 'Glauca'	150
Serbische Fichte	*Picea omorika*	152
Panzer-Kiefer	*Pinus leucodermis*	153
Gemeine Eibe	*Taxus baccata*	153

Gehölze mit besonderen Eigenschaften

Manche Gehölze verfügen über besondere Attribute. Dies können ein auffallender Laub- oder Fruchtschmuck, ungewöhnliche Blütezeiten oder der nasenlockende Duft einer Blüte sein. Aber auch Standorttoleranz, etwa gegenüber schattigen Lagen oder sandigen Böden, sind für den Gartenfreund wertvolle Eigenschaften bestimmter Gehölze. Um für solch ungünstige Verhältnisse oder für bestimmte Zwecke das richtige Gehölz zu wählen, lohnt es sich, die folgenden Absätze sowie die Tabellen ab Seite 48 genau zu studieren.

Duftgehölze für »Schnüffler«

Seit altersher gilt das Interesse der Menschheit den Düften. Von dieser Passion lebt eine ganze Industrie. Der Duft ist jedoch kein Luxus der Natur, sondern soll beispielsweise Insekten anlocken oder abwehren – ähnlich wie Dornen Tiere von Pflanzen fernhalten können.

Pflanzendüfte lassen sich nur schwer beschreiben. Da uns ein eigenes Duftvokabular fehlt, verbinden wir Düfte häufig mit Erinnerungen. Duft wird von jedem Menschen anders empfunden. Duftintensität und Duftnote können in Abhängigkeit von der Tageszeit, vom Standort und dem Entwicklungszustand der Pflanze variieren. Ein windgeschützter Platz im Garten steigert das persönliche Dufterlebnis. Besonders viel für die Nase bieten Bauerngärten (siehe Seite 8). Undenkbar ist ein Duftgarten ohne Rosen. Kein anderes Gehölz bietet mehr Duftnoten als die Königin der Blumen.

Duftende Stauden, die sich gut als Ergänzung für eine Dufthecke eignen, sind beispielsweise Maiglöckchen, Katzenminze, Hosta, Lilien, aber auch Gewürzpflanzen wie Salbei, Rosmarin, Pfefferminze und Zitronenverbene.

- Eine Auswahl passender Gehölze finden Sie in der Tabelle Seite 48 f.

Rosen gelten als die Königinnen unter den Duftgehölzen. Ihre Parfum-Palette ist einzigartig.

Buntes Treiben – Gehölze mit besonderen Blütenfarben

Eine blaue Blütenfarbe findet sich selten im Gehölzbereich – Hortensien zählen zu den wenigen Ausnahmen.

Gehölze decken mit ihrem Laub und ihren Blüten eine breite Farbskala ab. Dabei harmonieren die Grundfarben des Farbenkreises – Gelb, Blau und Rot – problemlos miteinander, wie die leuchtend gelbe Forsythie im blauen *Scilla*-Beet oder der Rot-Dorn neben dem gleichzeitig blühenden Goldregen zeigen. Schwieriger verhält es sich mit einander nahestehenden Farben. Sie entstammen zwar einer Grundfarbe, »beißen« sich aber.

Farben erzeugen unterschiedliche Stimmungen. Hier einige wesentliche Farbwirkungen:

- **Gelb** gilt als warmer Farbton, der gut mit Rot harmoniert.
- **Blau** wirkt kühl, passt gut zu Weiß, Gelb, Orange-, aber nicht zu Violettrot.
- **Rot** leuchtet aggressiv, ist ein lebhafter Farbton, der zu vielen Farben passt. Gefährlich ist das Mischen verschiedener Rottöne, wie beispielsweise Scharlachrot mit Violettrot.
- **Grün** wird im Garten gern »übersehen«, da es allgegenwärtig ist. Zusammen mit Gelb und Rot sorgen unterschiedliche Grüntöne für Frische im Garten.
- **Weiß** ist eine leuchtende Unterstützung für alle anderen Farben, insbesondere für Karminrot, Hellrosa, Hellblau und Violett.

Neben den Farben der Blüten und des Laubes gilt es auch die Farben der Umgebung in die Beetplanung miteinzubeziehen. Ein weißer Flieder vor einer weißen Wand setzt wenig Kontraste und büßt an Wirkung ein, ebenso wie eine rote Weigelie vor einer Ziegelmauer.

In den folgenden Tabellen sind die eher seltenen Blütenfarben im Gehölzsortiment aufgeführt. Gelb, Weiß und Rosa findet man häufig, suchen muss man jedoch Rot, Blau, Violett und Orange.

● Eine Auswahl passender Gehölze finden Sie in der Tabelle Seite 49 f.

Besondere Blütengehölze wie der Perlmuttstrauch sorgen für idyllische Atmosphäre rund um den Sitzplatz.

Im Winter nichts Tristes – Gehölze für farbenfrohe »Wintergärten«

Die meisten Gehölze blühen im Frühjahr und im Sommer. Nur eine kleine Schar unserer Ziersträucher bekennt während der kalten Jahreszeit Farbe. Diesen wertvollen Winterblühern sollten Sie einen Platz in Fensternähe, etwa an der Terrasse oder im Vorgarten, einräumen, damit Sie von der warmen Stube aus das Blütenspiel in Eis und Schnee verfolgen können. Zum Erschnuppern des herrlichen Duftes vieler dieser »Eisblumen« müssen Sie sich allerdings ins Freie wagen. Übrigens: Auch für die Bestäubung der Winterblüher ist gesorgt. Da in der Winterszeit die Insekten ihre Flüge weitgehend eingestellt haben, werden die Blüten durch den Wind bestäubt.

Auch viele andere Gehölze erfreuen durch eine dekorative Rinde oder auffallende Bedornung, herrlichen Fruchtschmuck oder malerischen Wuchs im Winter unsere Sinne und schlagen der winterlichen Tristesse ein Schnäppchen.

Winterblühende Stauden und Blumenzwiebeln, die zu diesen Gehölzen gut passen, sind Christrosen, Schneeglöckchen, Winterlinge oder Vorfrühlings-Alpenveilchen.

● Eine Auswahl passender Gehölze finden Sie in der Tabelle Seite 51.

Der Gelbe Winterjasmin entfacht ein Blütenfeuerwerk mitten im Winter.

Eine Zaubernuss – leuchtendes Blütenrot unter strahlend weißen Schneehäubchen.

Juwelen im Garten – Gehölze mit Fruchtschmuck

Die Früchte des Pfaffenhütchens ähneln tatsächlich einer priesterlichen Kopfbedeckung.

Eine besondere Zierde ist der Fruchtschmuck der Gartengehölze. Dabei setzen sowohl die Fruchtfarbe als auch die Fruchtform optische Höhepunkte im Herbst und Winter. Die schönsten Fruchtgehölze finden Sie in der Tabelle nach der Farbe ihrer Früchte geordnet. Dies erleichtert das Gestalten mit diesen fruchtbaren Geschöpfen. Laubgehölze mit besonderen Fruchtformen und Nadelgehölze mit Zapfen schließen die Übersicht ab.

Die dekorativen Früchte der Blumen-Hartriegel erinnern an Himbeeren.

Essbare Früchte sind im Kapitel Wildobst (siehe Seite 28) zusammengefasst. Früchte, die gerne von Vögeln angenommen werden, finden Sie unter dem Stichwort Vogelnährgehölz (siehe Seite 31).

- Eine Auswahl passender Gehölze finden Sie in der Tabelle Seite 52 ff.

Buntlaubige Gehölze für den Garten Kunterbunt

Der Mensch liebt Buntes, ganz besonders auch im Garten. Dies scheint die Schöpfung zu berücksichtigen, wenn sie in der Natur, ohne für uns ersichtlichen Grund, an Gehölzen mitunter Blätter oder Nadeln auftreten lässt, die anders als grün gefärbt sind. Meist fehlt den Blattflächen an bestimmten Stellen der grüne Farbstoff Chlorophyll. Sie erscheinen dann beispielsweise gelb oder im extremsten Fall grünbunt **panaschiert** (gefleckt). Gärtner er-

Zu den besonders edlen buntlaubigen Gehölzen zählt der Weißbunte Pagoden-Hartriegel.

Gelbe Gartenzypressen zaubern Farbe in düstere Schattenpartien und an den wohnlichen Sitzplatz.

halten und vermehren diese gestalterisch wertvollen »Ausreißer« von der Norm als speziell ausgewählte Sorten, die ab Juni, wenn der frühjährliche Blütenrausch abklingt, angenehm ins Auge fallen und unsere Sinne erheitern.

Dennoch gilt es Maß zu halten. Buntlauber sollte man nicht en masse, sondern mit Bedacht als kunterbunte Einzelstücke einsetzen. Sonst wirken sie schnell zu grell, extrovertiert und beunruhigen die Gartengemüter. Sie sind das Salz in der Gartenspeise, auf die Dosierung kommt es entscheidend an. Vor einer grünen Kulisse können sie ihre kontrastierende Wirkung am besten entfalten, ihr optischer Wert wird so auf augenschmeichelnde Weise gesteigert.

Die Blattfarbe ist Teil der Sprache der Gehölze, mit der sie uns Standortwünsche mitteilen: Gelb-, rosa- oder weißpanaschierte bzw. gelbe Laubblätter sind sonnenbrandgefährdet, insbesondere in hitzeexponierten Südlagen. Pflanzen Sie sie deshalb eher in absonnige oder halbschattige Bereiche, die sie wunderbar erhellen. Ganz anders verhalten sich blau-silberlaubige und -nadlige Gehölze. Sie sind sonnenfest und meist trockenheitsverträglich.

- Eine Auswahl passender Gehölze finden Sie in der Tabelle Seite 56 ff.

Wer wird denn gleich rotsehen – herbstfärbende Gehölze

»Durch des Septembers heitern Blick, schaut noch einmal der Mai zurück«, sagt eine uralte Bauernregel. Fürwahr, wer liebt ihn nicht, so einen richtigen Altweibersommer. Den bietet auch das eigene Gartenparadies mit prachtvollen Herbstfärbern. Zwar machen zwei oder drei leuchtend rotorangefarbene Laubsträucher noch keinen Indian Summer, aber der September und vor allem der Oktober können wahrhaft farbig sein.

Wenn die kühle Jahreszeit naht, haben die klassischen Herbstfärber wie der Wilde Wein ihren Auftritt.

In feuriges Rot gekleidet, lässt der Niedrige Korkflügelstrauch das Gartenjahr ausklingen.

Die Intensität des spektakulären Laubfeuerwerkes wird durch äußere Faktoren verstärkt. Insbesondere Bodentrockenheit, viel Sonne ab September und nachfolgend tiefe Temperaturen lassen herbstfärbende Gehölze scheinbar im eigenen Laubkleid verbrennen. Meist beginnt das herbstliche Spektakel mit den ersten frischkühlen Nächten. Einige immergrüne Gehölze wie Mahonien lassen zwar ihr Laub nicht fallen, entflammen aber ebenfalls leuchtend rot.

- Eine Auswahl passender Gehölze finden Sie in der Tabelle Seite 58 f.

Gehölze für das Schattendasein

Wer einmal versucht hat, schattige Lagen dauerhaft zu begrünen, kennt die Schwierigkeiten, hierfür geeignete Pflanzen zu finden. Auch die wenigsten Gehölze sind wirklich schattenliebend. Zwar wachsen viele Bäume und Sträucher in ihrer Jugend auch in schattigeren Lagen, aber mit zunehmendem Alter streben sie deutlich dem Licht entgegen.

Trotzdem gibt es einige Arten und Sorten, die als schattentolerant bezeichnet werden können, etwa aus dem Bereich der Immergrünen. Selbst diese Schattenkünstler stoßen allerdings unter stockfinsteren, tiefreichenden Baumkronen an ihre Grenzen. Auch sehr schattentolerante Gehölze brauchen einige »lichte« Momente in ihrem Schattendasein, wenn sie auf Dauer mit der Lichtarmut zurechtkommen sollen. Übrigens: Schattentolerant meint an dieser Stelle keinesfalls vollkommen dunkel!

Schattenstauden auf bodenfeuchten Standorten sind *Astilbe*-Sorten, Dost, Bergenien, Lungenkraut, Elfenblume, Hosta und viele frühlingsblühende Blumenzwiebeln.

- Eine Auswahl passender Gehölze finden Sie in der Tabelle Seite 60.

Rhododendron zählen zu den farbenfrohesten Schattengehölzen. Wichtig für das Gedeihen auch in schattigen Lagen ist die notwendige Bodenfeuchte.

Dauerwellen und sonstige Extras – Gehölze mit ausgefallenen Triebformen und Rindenschmuck

Gehölze mit bizarren Triebformen sind nicht jedermanns Geschmack. Manche Ökologen lehnen sie kategorisch als »krank« ab. Dies scheint übertrieben, denn erstens sind sie Ergebnisse der Natur und zweitens erheitern sie im Garten und in der Vase insbesondere während der tristen Gartenmonate viele Gartenfreunde durch ihre skurrilen Wuchsformen.

Gehölze mit besonderen Rindenfarben und -merkmalen wie z. B. Korkleisten sind ebenfalls ein stimulierendes Gemütselixier gegen wintergraue Tristesse. Pieksige Rindenauswüchse wie Dornen und Stacheln schützen Vögel und Kleinsäuger vor ihren natürlichen Feinden. Raureifüberzogen erfreuen alle diese Gehölze als winterliche Kunstwerke der Extraklasse.

- Eine Auswahl passender Gehölze finden Sie in der Tabelle Seite 60 f.

Die rote Rinde des Purpur-Hartriegels wirkt als stimulierendes Seelenelixier während des farbarmen Winters.

Die Korkenzieherhasel wirkt bereits unbelaubt als Blickfang, doch mit ihrer Frühlingsblüte setzt sie sich erst richtig kontrastreich in Szene.

Kaskade oder Säule – Gehölze mit architektonischen Wuchsformen

Die Schwarzrote Hänge-Buche ist eine erlesene Laubkaskade, die im Garten spektakuläre Blickpunkte setzt.

Besonders schöne Säulenformen finden sich bei den Nadelgehölzen, wie bei dieser Scheinzypresse.

Gehölze mit betontem Hängewuchs sind natürliche Skulpturen voller Bizarrheit, ideal für die Einzelstellung. Lässt man ihnen den notwendigen Freiraum, bilden sie sogar große oder kleine Lauben, wie der Kaskaden-Schnurbaum oder die Hängende Weiße Maulbeere. Ihre grünen Höhlen laden zum Verweilen im Kronenschatten ein oder ermuntern Kinder zum Dschungelspiel.

Schlanke Gehölzsäulen setzen Ausrufezeichen im Garten. Sie können mitunter landschaftsprägend sein – denken wir nur an die Säulenlinien toskanischer Hügellandschaften. Keine andere Baumform lenkt mehr Aufmerksamkeit auf sich und leitet unseren Blick geschickter in die Ferne. Säulenformen schaffen Raumwirkung, suggerieren Weite.

• Eine Auswahl passender Gehölze finden Sie in der Tabelle Seite 62.

Schnittige Formgehölze – ohne Schere keine Gartenkultur

Gehölze als grüne Werkstoffe – ein Tummelfeld für kreative Gartenfreunde.

Solange sich Menschen mit Bäumen und Sträuchern beschäftigen, solange schneiden sie an ihnen herum. Ob zur Ernte, zur Fruchtanregung, zur Wuchsbändigung, zur Heckenformierung oder zur kunstvollen Gartengestaltung – immer wieder greifen wir in den natürlichen Wuchs der Gehölze ein.

Formgehölze erleben heute eine Renaissance. Sie waren einst Ausdruck einer streng formalen Gar-

tenphilosophie oberster Gesellschaftskreise, vor allem im Barock. Schloss- und Villengärten zierten (und zieren) beschnittene Gehölze als Kugeln, Pyramiden oder Skulpturen. Hier war die (Garten)Welt noch in Ordnung.
Nicht wenige Gartenfreunde eifern heute diesem idealisierten Gartenbild mit Kugelbäumchen, Buchshecken und Liguster-Pyramiden nach. Dass dies sogar auf kleinstem Raum möglich ist, verschafft den Formpflanzen in Zeiten immer kleiner dimensionierter Gärten, Innenhöfe und Terrassenbereiche zusätzlichen Auftrieb.
Formschnitt muss jedoch nicht zwangsläufig der Geometrie verpflichtet sein. Auch bizarr gestaltete Kiefern mit Japanflair gelten als Formgehölze. Dem kreativen Garten-Michelangelo sind also keine Grenzen gesetzt, vorausgesetzt, er greift auf geeignete Werkstoffe zurück, sprich schnittverträgliche, austriebswillige Gehölze. Je kleiner das Laub, desto besser die Eignung zum Formschnitt und die Wirkung. Die beste Schnittzeit für die wichtigsten Schnittgehölze wie Buchs, Liguster und Eibe liegt Ende Mai bis Anfang Juni. Ein Tipp: Nicht die Marke der Schere ist entscheidend, sondern ihre Schärfe. Ein glatter Schnitt ist wichtig. Für große Flächen können auch elektrische Scheren eingesetzt werden.
Weitere Formgehölze sind im Kapitel Hecken aufgeführt (siehe Seite 44 f.).

Auffällige Besonderheit: Zusammengepflanzte und formierte Nadelgehölze mit unterschiedlicher Nadelfarbe.

- Eine Auswahl passender Gehölze finden Sie in der Tabelle Seite 63.

Hausbäume und Zierstämmchen

Zu jedem Haus gehört ein Hausbaum. Im Volksglauben hält der Hausbaum Unglück von den Bewohnern fern. Aber auch ohne Aberglauben gilt: Ein Garten ohne Baum ist irgendwie kein richtiger Garten. Den Kindern fehlt er als

Kleinkronige Hausbäume wie diese -> Weide passen selbst in enge Vorgärten.

Ein Haus ohne Baum – eigentlich ->-> unvorstellbar. Wählen Sie klein bleibende Gehölze, damit die richtigen Proportionen zum Haus auch auf Dauer gewährleistet bleiben.

Kletterbaum, den Erwachsenen als Schattenspender. Aber was tun, wenn nur ein kleiner Gartenraum zur Verfügung steht? Mittelgroße Hausbäume mit meist rundlich-kompakten Kronen eignen sich für kleine Gärten bestens. Sie wachsen nicht in den Himmel und bleiben in dem ihnen zugestandenen Rahmen. Bedingt durch immer kleinere Gärten erleben die raumeffektiven Zierstämme ein Comeback. Insbesondere auf Balkonen und Terrassen bieten Stämmchen im Kübel zahlreiche Gestaltungsmöglichkeiten. Sie zieren im Bauerngarten ebenso wie als Willkommensgruß im Vorgarten. Aufgrund ihres geringen Platzbedarfes passen sie sogar oft an Hauswände, die ohne Vorgarten direkt an Bürgersteige grenzen.

Alle Stämmchen sollten grundsätzlich mit einem Stab bzw. Pfahl gestützt werden. Winterschutz ist in frostreichen Gebieten empfehlenswert. Besonders hübsche Zierstämme sind Stammrosen, eine Kulturform der Rosenschulen. Bewährte Sorten werden auf eine bestimmte Stammhöhe veredelt und wachsen ab dieser Höhe wie ihre niedrigen Kollegen, die Gartenrosen.

• Eine Auswahl passender Gehölze finden Sie in der Tabelle Seite 64 f.

Kugel-Akazien erobern den Garten in der Höhe und lassen Raum für bunte Blumenrabatten zu ihren Füßen.

Der ideale Gartenrahmen: Gehölze für Hecken

Hecken übernehmen die gleiche Schutzfunktion wie ein Zaun. Gleichzeitig entsteht durch sie ein lebendes Rückzugsreservat für viele Lebewesen. Sie haben zahlreiche lebenserhaltende Funktionen: Sie gleichen Temperaturextreme aus – viele Lebewesen nutzen die erhöhte Luftfeuchtigkeit und die durch verstärkte Taubildung entstehende feuchte Kühle innerhalb ihres Zweiggewirrs –, sie vermindern die Windgeschwindigkeit, sind lebende Staubfilter und Schalldämpfer und reinigen durch die Aktivität ihres Laubes die Luft. Vögeln und ande-

Selbst kleine Hecken übernehmen wichtige optische Funktionen. Sie gliedern den Raum und rahmen Beete kunstvoll ein.

ren Tieren bieten sie Brut- und Lebensschutz, und mit den Früchten zudem begehrte Nahrung.
Auch Nadelgehölze erfüllen als Hecken zahlreiche dieser Aufgaben. Kein Gartenbesitzer muss ein schlechtes Gewissen haben, wenn er auf einen grünen Zaun im Nadelstreif zurückgreift. Berichte, wonach Tiere in Nadelgehölzen keine Nahrung finden, sind sachlich falsch und schon lange wissenschaftlich widerlegt. Zudem bilden Nadelgehölzhecken durch ihre immergrüne Benadelung auch im Winter nicht einsehbare Schutzzonen für Vögel und Kleinsäuger.

Eine beschwingte, absolut blickdichte Alternative zu den üblichen Hecken bieten in Reihe gesetzte, ausläuferbildende Bambusse. Beim Pflanzen unbedingt an eine Rhizomsperre denken (siehe Seite 127)!

Eiben-Hecken sind nicht ganz billig, wachsen aber in Sonne und Schatten gleichermaßen dicht.

Sichtschutzhecke

Hecken als Sichtschutz sind meist zwischen 200 und 300 cm hoch. Mit den Jahren können selbst regelmäßig geschnittene Hecken zu groß werden. Unsere Auswahl berücksichtigt deshalb Gehölze, die nicht nur einen Schnitt ihrer jungen Triebe, sondern auch einmal einen kräftigen Rückschnitt bis weit in das alte Holz vertragen. Konische Heckenformen bleiben bis unten dicht. Wer eine größere Hecke plant, sollte sich über den vorgeschriebenen Grenzabstand informieren oder sich mit dem Nachbarn auf eine gemeinsame Hecke verständigen – mitten auf der Grenze gepflanzt, von beiden Nachbarn bezahlt und gepflegt.

Windschutzhecke

Hecken als Windschutz sind Mauern oft überlegen. Sie bremsen den Wind, ohne dabei Wirbelwinde entstehen zu lassen. Gut erkennen lässt sich die Wirkung dieser Wirbel an umgeworfenen oder schräg wachsenden Pflanzen, wie man sie direkt hinter Mauern häufig findet.

Einfassungen

Auch niedrige Hecken stellen ökologische Zäune dar. Immergrüne Buchseinfassungen sind ein herrlicher, formaler Rahmen für edle Gartensituationen. Für lockere Einfassungen eignen sich neben dem Klassiker Buchs auch Gehölze wie *Pachysandra*, Lavendel, *Euonymus fortunei*-Sorten, aber auch die Staude *Iberis* und Zwerggräser.

Lockere Hecken

Lockere, ungeschnittene Hecken sind meist herrliche Blütenhecken, wie man sie noch viel zu selten sieht. In Frage kommen – neben den nachfolgend aufgelisteten Gehölzen – natürlich auch große Ziersträucher wie *Philadelphus* und Forsythie. Bei der Planung einer lockeren Hecke ist allerdings der immense Platzbedarf mit zu berücksichtigen. Blütenhecken müssen nicht immer einfarbig sein; das Mischen verschiedener Blütenfarben und Blühzeiten sorgt für spektakuläre Kontraste.

- Eine Auswahl passender Gehölze finden Sie in der Tabelle Seite 65 f.

Schöne Blütenhecken sieht man leider viel zu selten. Auch bunt gemischt brechen sie aus dem üblichen Heckeneinerlei aus.

Bodendecker – die Flächenschwerarbeiter

Bodendeckende Gehölze wie diese Fingersträucher im Vordergrund schützen Pflanzflächen vor Austrocknung und machen das Unkrautjäten überflüssig.

Manche Gehölze vermögen aufgrund ihrer dichten Laubstellung Böden, Hänge und Böschungen so dicht abzudecken, dass sich kaum ein Unkraut etablieren kann. Der grüne Teppich eignet sich insbesondere für Gartenareale, die pflegeleicht begrünt werden sollen. Das Vorbild ist die freie Natur, wo es offene Erdflächen nur sehr selten gibt. Ein grünes Laubpolster fördert die Bodenfeuchte und in der Folge das Bodenleben beträchtlich.

Die Wuchsform der Bodendecker lässt Rückschlüsse auf ihre Bedürfnisse zu. Gehölze mit langen Trieben, z. B. Kriechmispeln, lassen sich durch Rückschnitt im mehrjährigen Turnus dicht und kompakt halten. Extrem flachaufliegende Gehölze, wie etwa Kriech- oder Teppich-Wacholder, sind Sonnenanbeter, die jeden Quadratzentimeter für ihr Sonnenbad nutzen. Horstartig wachsende Flächenbegrüner regenerieren sich nach einem kräftigen Rückschnitt besonders rasch. Detaillierte Schnitthinweise finden Sie bei den jeweiligen Porträts (ab Seite 72).

Vor dem Bepflanzen sollten Sie die Flächen peinlich genau von allen Wurzelunkräutern befreien. Bis sich der Laubmantel ausgebreitet und seine Funktion übernommen hat, empfiehlt es sich, die ersten zwei bis drei Jahre dem Unkraut manuell zu Leibe zu rücken.

Stauden mit bodendeckendem Wuchs, die sich als feingliedrige Flächenbegrüner im Hausgarten vielfach bewährt haben, sind Elfenblumen, Schaumblüte und Waldsteinie.

- Eine Auswahl passender Gehölze finden Sie in der Tabelle Seite 67 f.

Gehölze für sandige Böden

Sonne und Sand, das klingt nach Urlaub und Erholung. Allerdings sind sandige Standorte für dafür ungeeignete Pflanzen keinesfalls eine vergnügliche Kur. Insbesondere dann, wenn zum Sand Nährstoffarmut und ausgesprochene Trockenheit hinzukommt. Wenn Sie durch Bewässerungsmaßnahmen und Düngung – zumindest in den ersten Jahren – sandtolerante Sträucher und Bäume beim Einwachsen unterstützen, können Sie die Auswahl an Gehölzen, die auf Sand zurechtkommen, deutlich vergrößern.

Gehölze können auf Sand ein anderes Wachstum zeigen als auf besseren Standorten. Dies drückt sich in reduzierten Jahreszuwächsen, aber beispielsweise auch in verstärkter Ausläuferbildung und mehrstämmigem, knorrigem Wuchs aus.

Edel-Ginster haben sich als genügsame Akrobaten auf Sandplätzen bewährt.

Sand ist nicht gleich Sand. Er kann eine saure, aber auch stark alkalische Bodenreaktion aufweisen. Dies hängt mit dem Kalkgehalt des Bodens zusammen. Den pH-Wert Ihres Gartenbodens können Sie mittels eines im Fachhandel erhältlichen Schnelltests rasch ermitteln.

- Eine Auswahl passender Gehölze finden Sie in der Tabelle Seite 68.

Schnellwachser

Angaben zur Wuchsgeschwindigkeit von Gehölzen sind heikel. Sie hängen von zahlreichen Standortfaktoren wie Bodengüte, Nährstoffangebot, Wasserversorgung und Sonneneinstrahlung ab. Unsere Auflistung sucht einen gesunden Kompromiss zwischen raschem Jugendwachstum einerseits und gartengerechten Wuchsdimensionen andererseits. Diese »Quadratur des Kreises« ist als grobe Richtschnur für alle Gartenfreunde zu verstehen, die Ziergehölze für schnelle Begrünungsmaßnahmen suchen. Meist wachsen die genannten Gehölze in ihren ersten »Sturm und Drang«-Jahren zwischen 40 und 70 cm jährlich, teils auch bis 100 cm. Megawachser sind natürlich viele Klettergehölze, die mitunter meterlange, allerdings nicht selbsttragende Triebe entwickeln und somit auf Rankhilfen angewiesen sind.

<- Der Rosabunte Eschen-Ahorn hat es besonders eilig, Gärten mit seinem porzellanrosa gefärbten Laub zu dekorieren. Die Triebe im Hintergrund stammen alle aus dem diesjährigen Zuwachs!

- Eine Auswahl passender Gehölze finden Sie in der Tabelle Seite 69.

Duftgehölze

Deutscher Name	Botanischer Name	Blüte	Höhe	Duft	Seite
Laubsträucher					
Schneeforsythie	*Abeliophyllum distichum*	weiß, März bis April	150 bis 200 cm	Mandelduft	72
Feuer-Ahorn	*Acer ginnala*	gelblichweiß, Mai	300 bis 500 cm	wohlriechend	72
Hänge-Buddleje	*Buddleja alternifolia*	lila, Juni	200 bis 300 cm	intensiv	75
Schmetterlingsstrauch	*Buddleja davidii*-Sorten	je nach Sorte weiß, rosa, rot, violett, Juli bis Oktober	200 bis 300 cm	angenehm, zum Teil herb	76
Echter Gewürzstrauch	*Calycanthus floridus*	rotbraun, Juni bis Juli	150 bis 200 cm	gewürzähnlicher Duft, aromatisches Laub	76
Winterblüte	*Chimonanthus praecox*	hellgelb, Dezember bis Februar	200 bis 300 cm	intensiv, nach Vanille	78
Niedrige Glockenhasel	*Corylopsis pauciflora*	gelb, März bis April	60 bis 100 cm	leicht, nach Primeln	80
Weiß-Dorn	*Crataegus monogyna*	weiß, Mai bis Juni	200 bis 300 cm	streng	82
Roter Märzen-Seidelbast	*Daphne mezereum* 'Rubra Select'	rosarot, März bis April	60 bis 100 cm	intensiv	83
Niedriger Federbuschstrauch	*Fothergilla gardenii*	gelblichweiß, April bis Mai	40 bis 60 cm	Honigduft	85
Zaubernuss	*Hamamelis*-Sorten	je nach Sorte rot-orange-gelb, Dezember bis März	150 bis 200 cm	je nach Sorte unterschiedlich	86
Schwarzgrüner Liguster	*Ligustrum vulgare* 'Atrovirens'	cremeweiß, Juni bis Juli	100 bis 150 cm	angenehm	89
Magnolien	*Magnolia*-Sorten	weiß, rosa, April bis Juli	150 bis 300 cm	leicht, angenehm	89
Strauch-Pfingstrose	*Paeonia suffruticosa*-Sorten	je nach Sorte rosa, rot, violett, weiß, Mai bis Juni	60 bis 100 cm	angenehm	90
Blauraute	*Perovskia abrotanoides*	blau, Juli bis Oktober	60 bis 100 cm	streng aromatisch	91
Gefüllter Gartenjasmin	*Philadelphus* 'Virginal'	weiß, Mai bis Juli	150 bis 200 cm	angenehm	91
Rosa Japan-Aprikose	*Prunus mume* 'Beni-shi-dori'	rosa, März bis April	100 bis 150 cm	angenehm, süßlich	93
Schlehe	*Prunus spinosa*	weiß, März bis April	150 bis 200 cm	angenehm	93
Hunds-Rose	*Rosa canina*	weißrosa, Mai bis Juni	150 bis 200 cm	angenehm	95
Kartoffel-Rose	*Rosa rugosa*	violettrosa, Mai bis Oktober	100 bis 150 cm	angenehm	95
Holunder	*Sambucus*-Sorten	cremeweiß, Juni bis August	150 bis 300 cm	streng	97
Braut-Spiere	*Spiraea arguta*	weiß, April bis Mai	150 bis 200 cm	streng	97
Flieder	*Syringa*-Sorten	je nach Sorte rot, weiß, rosa, violett, Mai	60 bis 200 cm	angenehm, intensiv	99
Winter-Schneeball	*Viburnum × bodnantense* 'Dawn'	rosa, Dezember bis April	150 bis 200 cm	angenehm, intensiv	101
Laubbäume					
Gold-Hülse	*Gleditsia triacanthos* 'Sunburst'	weißlich, Juni	500 bis 700 cm	angenehm	106
Edel-Goldregen	*Laburnum watereri* 'Vossii'	tiefgelb, Mai	300 bis 500 cm	angenehm	107
Tulpen-Magnolie	*Magnolia x soulangiana*	weißrosa, April bis Mai	300 bis 500 cm	leicht, angenehm	107
Zier-Apfel	*Malus*-Sorten	je nach Sorte weiß, rosa, rot, Mai	500 bis 700 cm	leicht, angenehm	108
Gold-Akazie	*Robinia pseudoacacia* 'Frisia'	weiß, Mai bis Juni	über 700 cm	angenehm	109
Immergrüne Laubgehölze					
Strauch-Efeu	*Hedera helix* 'Arborescens'	grüngelb, September bis Oktober	60 bis 100 cm, nicht kletternd	streng	116
Reichblütiger Lavendel	*Lavandula angustifolia* 'Hidcote'	blauviolett, Juli bis September	40 bis 60 cm	angenehm, aromatisch	118
Buntlaubiges Lorbeerkrüglein	*Leucothoe walteri* 'Rainbow'	cremefarben, April bis Mai	40 bis 60 cm	angenehm	119
Gold-Liguster	*Ligustrum ovalifolium* 'Aureum'	weiß, Juni bis Juli	60 bis 100 cm	angenehm, intensiv	119
Weißbunte Duftblüte	*Osmanthus heterophyllus* 'Variegatus'	weiß, September bis Okt.	60 bis 100 cm	herrlich	119
Schattenglöckchen	*Pieris japonica*-Sorten	je nach Sorte weiß, rosa, rot, März bis Mai	30 bis 100 cm, je nach Sorte	je nach Sorte unterschiedlich intensiv	120

Fortsetzung auf der nächsten Seite ->

Duftgehölze (Fortsetzung)

Deutscher Name	Botanischer Name	Blüte	Höhe	Duft	Seite
Lorbeerkirsche	*Prunus laurocerasus*-Sorten	weiß, Mai bis Juni	60 bis 200 cm	angenehm	121
Feuerdorn	*Pyracantha*-Sorten	weiß, Mai bis Juni	150 bis 200 cm	angenehm	121
Blüten-Skimmie	*Skimmia japonica* 'Rubella'	weißrosa, April bis Mai	20 bis 40 cm	angenehm	122
Toskanischer Schneeball	*Viburnum tinus*	weißrosa, März bis April	100 bis 150 cm	leicht, angenehm	122
Rhododendren					
Rhododendron	*Rhododendron*-Sorten	je nach Sorte rosa, weiß, violett, rot, gelb, Mai bis Juni	150 bis 200 cm	je nach Sorte unterschiedlich	123
Klettergehölze					
Flamingo-Strahlengriffel	*Actinidia kolomikta*	cremeweiß, Mai bis Juni	200 bis 300 cm	leicht	129
Klettergurke	*Akebia quinata*	violettrosa, Mai	300 bis 500 cm	nach Vanille	129
Anemonen-Bergrebe	*Clematis montana* 'Rubens'	rosa, Mai bis Juni	500 bis 700 cm	leicht	131
Kletter-Hortensie	*Hydrangea anomala* ssp. *petiolaris*	weiß, Juni bis Juli	300 bis 500 cm	süßlich	133
Geißschlinge	*Lonicera*-Sorten	orangerot, rot, gelb, weiß, Juni bis September	200 bis 500 cm	angenehm	134
Chinesischer Blauregen	*Wisteria sinensis*	lilablau, Mai bis Juni	300 bis 500 cm	leicht	136
Rosen					
Gartenrosen	*Rosa*-Sorten	je nach Sorte rot, rosa, gelb, weiß, Juni bis Oktober	60 bis 80 cm	je nach Sorte unterschiedlich, viele Edelrosen mit herrlichem Duft	137

Gehölze mit besonderen Blütenfarben

Deutscher Name	Botanischer Name	Blüte	Höhe	Seite
● Rot blühende Gehölze				
Laubsträucher				
Echter Gewürzstrauch	*Calycanthus floridus*	rotbraun, Juni bis Juli, Gewürzduft	150 bis 200 cm	76
Zierquitte	*Chaenomeles*-Sorten	rote Sorten, April bis Mai	60 bis 100 cm	77
Purpur-Hasel	*Corylus maxima* 'Purpurea'	rot, März bis April	150 bis 200 cm	81
Roter Perückenstrauch	*Cotinus coggygria* 'Royal Purple'	gelblichrot, Juni bis Juli	150 bis 200 cm	81
Zaubernuss	*Hamamelis*-Sorten	rote Sorten, Dezember bis März, Duft	150 bis 200 cm	86
Strauch-Pfingstrose	*Paeonia suffruticosa*-Sorten	rote Sorten, Mai bis Juni, Duft	60 bis 100 cm	90
Fingerstrauch	*Potentilla fruticosa*-Sorten	rote Sorten, Mai bis November	40 bis 60 cm	92
Blut-Johannisbeere	*Ribes sanguineum* 'Atrorubens'	rosarot, April	150 bis 200 cm	95
Glockenstrauch	*Weigela*-Sorten	rote Sorten, Juni bis August	250 cm, je nach Sorte	102
Laubbäume				
Rot-Dorn	*Crataegus laevigata* 'Paul's Scarlet'	rot, Mai bis Juni	300 bis 500 cm	105
Zier-Apfel	*Malus*-Sorten	rote Sorten, Mai, Duft	500 bis 700 cm	108
Immergrüne Laubgehölze				
Kalmie	*Kalmia latifolia*-Sorten	rote Sorten, Mai bis Juni	60 bis 100 cm	118
Schattenglöckchen	*Pieris japonica*-Sorten	rote Sorten, März bis Mai, Duft	30 bis 100 cm, je nach Sorte	120
Rhododendren				
Zwerg-Rhododendron	*Rhododendron repens*-Sorten	scharlachrot, Mai	40 bis 60 cm	124
Klettergehölze				
Italienische Waldrebe	*Clematis viticella* 'Kermesina'	weinrot, Juli bis August	200 bis 300 cm	132
Waldrebe	*Clematis*-Großblumige Sorten	rote Sorten, Juni bis September	200 bis 300 cm	132

Fortsetzung auf der nächsten Seite ->

Gehölze mit besonderen Blütenfarben (Fortsetzung)				
Deutscher Name	**Botanischer Name**	**Blüte**	**Höhe**	**Seite**
Rosen				
Rosen	*Rosa*-Sorten	beispielsweise rote Edelrosen, Juni bis Oktober, Duft	60 bis 80 cm	137
● Violett bis lila blühende Gehölze				
Laubsträucher				
Hänge-Buddleje	*Buddleja alternifolia*	lila, Juni, Duft	200 bis 300 cm	75
Schmetterlingsstrauch	*Buddleja davidii*-Sorten	violette Sorten, Juli bis Oktober, Duft	200 bis 300 cm	76
Liebesperlenstrauch	*Callicarpa bodinieri* var. *giraldii*	violett, Juli bis August	100 bis 150 cm	76
Garten-Eibisch	*Hibiscus*-Gartensorten	violette Sorten, Juli bis September	100 bis 150 cm	86
Kartoffel-Rose	*Rosa rugosa*	violettrosa, Mai bis Oktober, Duft	100 bis 150 cm	95
Zierlicher Duft-Flieder	*Syringa meyeri* 'Palibin'	violett, Mai bis Juni, Duft	60 bis 100 cm	99
Edel-Flieder	*Syringa vulgaris*-Sorten	violette Sorten, Mai, Duft	150 bis 200 cm	100
Immergrüne Laubgehölze				
Sommer-Heide	*Calluna vulgaris*-Sorten	violette Sorten, August bis Dezember	10 bis 20 cm	115
Winter-Heide/Schnee-Heide	*Erica carnea*-Sorten	violette Sorten, Januar bis April	20 bis 40 cm	116
Rhododendren				
Großblumiger Rhododendron	*Rhododendron*-Sorten	violette Sorten, Mai bis Juni, Duft	150 bis 200 cm	124
Vorfrühlings-Rhododendron	*Rhododendron praecox*	lilarosa, März bis April, Laub duftet	150 bis 200 cm	125
Diamant-Azalee	*Rhododendron* in Farben	violette Sorten, Mai bis Juni	60 bis 100 cm	126
Klettergehölze				
Klettergurke	*Akebia quinata*	violettrosa, Mai, Vanille-Duft	300 bis 500 cm	129
● Blau blühende Gehölze				
Laubsträucher				
Bartblume	*Caryopteris*-Sorten	blau, August bis Oktober	60 bis 100 cm	76
Säckelblume	*Ceanothus*-Sorten	blaue Sorten, Juli bis Oktober	60 bis 100 cm	77
Bauern-Hortensien	*Hydrangea macrophylla*-, *serrrata*-Sorten	blaue Sorten, Juni bis September	100 bis 150 cm	87
Blauraute	*Perovskia abrotanoides*	blau, Juli bis Oktober, Duft	60 bis 100 cm	91
Immergrüne Laubgehölze				
Reichblütiger Lavendel	*Lavandula angustifolia* 'Hidcote'	blauviolett, Juli bis September, Duft	40 bis 60 cm	118
Kleinblättriges Fadengrün	*Vinca minor*	blau, April bis Mai	bis 10 cm	122
Rhododendren				
Kissen-Rhododendron	*Rhododendron impeditum*-Sorten	violettblau, April bis Mai	20 bis 40 cm	125
Klettergehölze				
Alpen-Waldrebe	*Clematis alpina* 'Frances Rivis'	blau, Mai bis Juni (September)	200 bis 300 cm	130
Chinesischer Blauregen	*Wisteria sinensis*	lilablau, Mai bis Juni, Duft	300 bis 500 cm	136
● Orange blühende Gehölze				
Rhododendren				
Großblumige Azalee	*Rhododendron*-Sorten	orangefarbene Sorten, Mai bis Juni, Duft	100 bis 150 cm	126
Klettergehölze				
Rote Klettertrompete	*Campsis* 'Mme. Galen'	orange, Juli bis September	300 bis 500 cm	130
Rote Geißschlinge	*Lonicera* × *brownii* 'Dropmore Scarlet'	orangerot, Juni bis September, Duft	200 bis 300 cm	134
Rosen				
Rosen	*Rosa*-Sorten	orangefarbene Sorten, Juni bis Oktober, Duft	40 bis 300 cm	137

Winterblühende Gehölze

Deutscher Name	Botanischer Name	Blüte	Höhe	Seite
Laubsträucher				
Winterblüte	*Chimonanthus praecox*	hellgelb, Dezember bis Februar, Vanille-Duft	200 bis 300 cm	78
Zaubernuss	*Hamamelis*-Sorten	je nach Sorte rot-orange-gelb, Dezember bis März, Duft	150 bis 200 cm	86
Rosa Winter-Kirsche	*Prunus subhirtella* 'Autumnalis'	weiß, Dezember bis April	200 bis 300 cm	94
Winter-Schneeball	*Viburnum × bodnantense* 'Dawn'	rosa, Dezember bis April, Duft	150 bis 200 cm	101
Immergrüne Laubgehölze				
Winter-Heide/Schnee-Heide	*Erica carnea*-Sorten	je nach Sorte rosa, violett, rot, weiß, Januar bis April	20 bis 40 cm	116
Klettergehölze				
Gelber Winterjasmin	*Jasminum nudiflorum*	gelb, November bis März	200 bis 300 cm	133

Vorfrühlingsblühende Gehölze

Deutscher Name	Botanischer Name	Blüte	Höhe	Seite
Laubsträucher				
Schneeforsythie	*Abeliophyllum distichum*	weiß, März bis April, Mandelduft	150 bis 200 cm	72
Kornelkirsche	*Cornus mas*	gelb, März bis April	200 bis 300 cm	80
Niedrige Glockenhasel	*Corylopsis pauciflora*	gelb, März bis April, Primel-Duft	60 bis 100 cm	80
Korkenzieher-Hasel	*Corylus avellana* 'Contorta'	gelb, März bis April	100 bis 150 cm	81
Purpur-Hasel	*Corylus maxima* 'Purpurea'	rot, März bis April	150 bis 200 cm	81
Roter Märzen-Seidelbast	*Daphne mezereum* 'Rubra Select'	rosarot, März bis April, Duft	60 bis 100 cm	83
Goldglöckchen	*Forsythia × intermedia*-Sorten	gelb, März bis April	250 cm, je nach Sorte	85
Gefüllte Stern-Magnolie	*Magnolia stellata* 'Royal Star'	weiß, März bis April, Duft	100 bis 150 cm	90
Rosa Japan-Aprikose	*Prunus mume* 'Beni-shi-dori'	rosa, März bis April, Duft	100 bis 150 cm	93
Schlehe	*Prunus spinosa*	weiß, März bis April, Duft	150 bis 200 cm	93
Hängende Kätzchen-Weide	*Salix caprea* 'Pendula'	gelb, März bis April	Zierstämmchen, Kronenhöhe variabel	96
Laubbäume				
Korkenzieher-Weide	*Salix babylonica* 'Tortuosa'	grauweiß, März bis April	500 bis 700 cm	111
Lauben-Ulme	*Ulmus glabra* 'Pendula'	bräunlich, März bis April	300 bis 500 cm	112
Immergrüne Laubgehölze				
Schattenglöckchen	*Pieris japonica*-Sorten	je nach Sorte weiß, rosa, rot, März bis Mai, Duft	30 bis 100 cm, je nach Sorte	120
Toskanischer Schneeball	*Viburnum tinus*	weißrosa, März bis April, Duft	100 bis 150 cm	122
Rhododendren				
Vorfrühlings-Rhododendron	*Rhododendron praecox*	lilarosa, März bis April, Laub duftet	150 bis 200 cm	125

Gehölze mit Fruchtschmuck

Deutscher Name	Botanischer Name	Frucht	Höhe	Seite
● Früchte weiß				
Laubsträucher				
Weißbunter Purpur-Hartriegel	*Cornus alba* 'Sibirica Variegata'	weißlich bis hellblau	150 bis 200 cm	78
Gelbbunter Purpur-Hartriegel	*Cornus alba* 'Spaethii'	weißlich bis hellblau	100 bis 150 cm	79
Perlenbeere	*Symphoricarpus × doorenbosii*-Sorten	weißfrüchtige Sorten	60 bis 100 cm	99
Immergrüne Laubgehölze				
Fruchtmyrte	*Pernettya mucronata*-Sorten	weißfrüchtige Sorten, giftig	40 bis 60 cm	120
● Früchte schwarz bis blau				
Laubsträucher				
Hängende Felsenbirne	*Amelanchier laevis* 'Ballerina'	rotschwarz	200 bis 300 cm	74
Stachel-Aralie	*Aralia elata*	schwarz, Samen giftig	200 bis 300 cm	74
Weißbunter Pagoden-Hartriegel	*Cornus controversa* 'Variegata'	blauschwarz	150 bis 200 cm	79
Schwarzgrüner Liguster	*Ligustrum vulgare* 'Atrovirens'	schwarz, schwach giftig	100 bis 150 cm	89
Reichblütige Kurilen-Kirsche	*Prunus nipponica* 'Brillant'	schwarz	100 bis 150 cm	93
Schlehe	*Prunus spinosa*	blauschwarz	150 bis 200 cm	93
Blut-Johannisbeere	*Ribes sanguineum* 'Atrorubens'	schwarz	150 bis 200 cm	95
Küchen-Holunder	*Sambucus nigra* 'Haschberg'	violettschwarz	200 bis 300 cm	97
Immergrüne Laubgehölze				
Dotter-Berberitze	*Berberis* 'Stenophylla'	blauschwarz	100 bis 150 cm	114
Strauch-Efeu	*Hedera helix* 'Arborescens'	schwarzblau, giftig	60 bis 100 cm, nicht kletternd	116
Gold-Liguster	*Ligustrum ovalifolium* 'Aureum'	schwarzblau, schwach giftig	60 bis 100 cm	119
Niedrige Mahonie	*Mahonia aquifolium* 'Apollo'	schwarz, blau bereift	40 bis 60 cm	119
Lorbeerkirsche	*Prunus laurocerasus*-Sorten	schwarz, Samen giftig	60 bis 200 cm	121
Immergrüner Kissen-Schneeball	*Viburnum davidii*	blau, in Massen giftig	20 bis 40 cm	122
Toskanischer Schneeball	*Viburnum tinus*	blau, später schwarz, in Massen giftig	100 bis 150 cm	122
Klettergehölze				
Klettergurke	*Akebia quinata*	blauviolett, gurkenähnlich	300 bis 500 cm	129
Heimischer Efeu	*Hedera helix*	blauschwarz, giftig	300 bis 500 cm	133
Gelbbunter Efeu	*Hedera helix* 'Goldheart'	blauschwarz, giftig	200 bis 300 cm	133
Immergrüne Geißschlinge	*Lonicera henryi*	schwarz	200 bis 300 cm	134
Mauerwein	*Parthenocissus quinquefolia* 'Engelmannii'	blauschwarz	500 bis 700 cm	135
Wilder Wein	*Parthenocissus tricuspidata* 'Veitchii'	blauschwarz	500 bis 700 cm	135
Scharlach-Wein	*Vitis coignetiae*	schwarz	300 bis 500 cm	135
● Früchte rot				
Laubsträucher				
Grüne Hecken-Berberitze	*Berberis thunbergii*	rot	150 bis 200 cm	74
Rote Hecken-Berberitze	*Berberis thunbergii* 'Atropurpurea'	rot	150 bis 200 cm	75
Kornelkirsche	*Cornus mas*	rot, bis 2 cm	200 bis 300 cm	80
Paradiesischer Blumen-Hartriegel	*Cornus nuttallii*	rot	200 bis 300 cm	80
Purpur-Hasel	*Corylus maxima* 'Purpurea'	rotbraun, Nuss, essbar	150 bis 200 cm	81

Fortsetzung auf der nächsten Seite ->

Gehölze mit Fruchtschmuck (Fortsetzung)

Deutscher Name	Botanischer Name	Frucht	Höhe	Seite
Fächermispel	*Cotoneaster horizontalis*	rot, zahlreich	60 bis 100 cm	81
Weiß-Dorn	*Crataegus monogyna*	dunkelrot	200 bis 300 cm	82
Roter Märzen-Seidelbast	*Daphne mezereum* 'Rubra Select'	rot, stark giftig	60 bis 100 cm	83
Niedriger Korkflügelstrauch	*Euonymus alatus* 'Compactus'	rot, giftig, Fruchtansatz gering	60 bis 100 cm	84
Reichfruchtendes Pfaffenhütchen	*Euonymus europaeus* 'Red Cascade'	rot, giftig, derkoativ leuchtend	150 bis 200 cm	84
Großfrüchtige Blut-Pflaume	*Prunus cerasifera* 'Trailblazer' ('Hollywood')	rot, essbar	200 bis 300 cm	92
Niedrige Blut-Pflaume	*Prunus × cistena*	rot, essbar	60 bis 100 cm	92
Geschlitzter Essigbaum	*Rhus typhina* 'Dissecta'	rot	100 bis 150 cm	94
Alpenbeere	*Ribes alpinum* 'Schmidt'	rot	100 bis 150 cm	95
Hunds-Rose	*Rosa canina*	Hagebutte	150 bis 200 cm	95
Kartoffel-Rose	*Rosa rugosa*	Hagebutte rot, reich an Fruchtfleisch	100 bis 150 cm	95
Gelber Trauben-Holunder	*Sambucus racemosa* 'Sutherland Gold'	rot	150 bis 200 cm	97
Japanischer Schneeball	*Viburnum plicatum* 'Watanabe'	rot, in Massen giftig	60 bis 100 cm	102
Laubbäume				
Tulpen-Magnolie	*Magnolia soulangiana*	rot, walzenförmig	300 bis 500 cm	107
Essbare Eberesche	*Sorbus aucuparia* 'Edulis'	rot, essbar	500 bis 700 cm	111
Immergrüne Laubgehölze				
Gelbbunte Aukube	*Aucuba japonica* 'Variegata'	rot	100 bis 150 cm	113
Fruchtende Kriechmispel	*Cotoneaster dammeri* 'Coral Beauty'	rot	20 bis 40 cm	115
Rote Teppichbeere	*Gaultheria procumbens*	rot	bis 10 cm	116
Gelbbunte Garten-Hülse	*Ilex × altaclarensis* 'Golden King'	rot, giftig	200 bis 300 cm	117
Fruchtende Garten-Hülse	*Ilex aquifolium* 'I.C. van Tol'	hellrot, giftig	150 bis 200 cm	117
Fruchtende Strauch-Hülse	*Ilex meserveae* 'Blue Princess'	rot, giftig	100 bis 150 cm	118
Fruchtmyrte	*Pernettya mucronata*-Sorten	rotfrüchtige Sorten, giftig	40 bis 60 cm	120
Feuerdorn	*Pyracantha*-Sorten	rotfrüchtige Sorten	150 bis 200 cm	121
Klettergehölze				
Baumwürger	*Celastrus orbiculatus*	hellrot, giftig	500 bis 700 cm	130
Reichblütige Wald-Geißschlinge	*Lonicera periclymenum* 'Serotina'	rot, schwach giftig	200 bis 300 cm	135
Rosen				
Rosen	*Rosa*-Arten und -Sorten	je nach Sorte unterschiedliche Hagebutten	40 bis 300 cm	137
Nadelsträucher				
Gelbe Säulen-Eibe	*Taxus baccata* 'Fastigiata Aureomarginata'	rot, Same zerkaut giftig	60 bis 100 cm	147
Fruchtende Becher-Eibe	*Taxus media* 'Hicksii'	rot, zahlreich, Same zerkaut giftig	100 bis 150 cm	148
Nadelbäume				
Gemeine Eibe	*Taxus baccata*	rot, Same zerkaut giftig	500 bis 700 cm	153

Fortsetzung auf der nächsten Seite ->

Gehölze mit Fruchtschmuck (Fortsetzung)				
Deutscher Name	**Botanischer Name**	**Frucht**	**Höhe**	**Seite**
● Früchte rosa				
Laubsträucher				
Chinesischer Blumen-Hartriegel	*Cornus kousa* var. *chinensis*	rosa	200 bis 300 cm	79
Sommer-Magnolie	*Magnolia sieboldii*	lilarosa, walzenförmig	150 bis 200 cm	90
Immergrüne Laubgehölze				
Fruchtmyrte	*Pernettya mucronata*-Sorten	rosafrüchtige Sorten, giftig	40 bis 60 cm	120
● Früchte orange				
Laubsträucher				
Frucht-Sanddorn	*Hippophaë rhamnoides*-Sorten	orange	150 bis 200 cm	87
Klettergehölze				
Rote Geißschlinge	*Lonicera × brownii* 'Dropmore Scarlet'	orangerot	200 bis 300 cm	134
Immergrüne Laubgehölze				
Feuerdorn	*Pyracantha*-Sorten	orangefrüchtige Sorten	150 bis 200 cm	121
● Früchte lila				
Laubsträucher				
Liebesperlenstrauch	*Callicarpa bodinieri* var. *giraldii*	lila	100 bis 150 cm	76
Früchte gelblich				
Laubsträucher				
Zierquitte	*Chaenomeles*-Sorten	gelbgrün	60 bis 100 cm	77
Laubbäume				
Zier-Apfel	*Malus*-Sorten	gelbfrüchtige Sorten, bis 5 cm	500 bis 700 cm	108
Immergrüne Laubgehölze				
Feuerdorn	*Pyracantha*-Sorten	gelbfrüchtige Sorten	150 bis 200 cm	121
● Früchte braun				
Laubsträucher				
Herzbaum	*Cercis siliquastrum*	rotbraun, Hülse, über Winter haftend	200 bis 300 cm; später kleiner Baum	72
Strauch-Pfingstrose	*Paeonia suffruticosa*-Sorten	bräunlich	60 bis 100 cm	90
Laubbäume				
Edel-Goldregen	*Laburnum watereri* 'Vossii'	braun, giftig	300 bis 500 cm	107
Amberbaum	*Liquidambar styraciflua*	braun, kugelig	500 bis 700 cm	107
Gold-Akazie	*Robinia pseudoacacia* 'Frisia'	braune Hülse	über 700 cm	109
Klettergehölze				
Pfeifenwinde	*Aristolochia macrophylla*	braun	500 bis 700 cm	130

Fortsetzung auf der nächsten Seite ->

Gehölze mit Fruchtschmuck (Fortsetzung)

Deutscher Name	Botanischer Name	Frucht	Höhe	Seite
● Besondere Fruchtformen				
Laubsträucher				
Ahorn	*Acer*-Sorten	geflügelt, teils rot	60 bis 700 cm	72, 103
Korkenzieher-Hasel	*Corylus avellana* 'Contorta'	kleine Haselnuß, essbar	100 bis 150 cm	81
Hängende Weiße Maulbeere	*Morus alba* 'Pendula'	brombeerenartig, weißrosa, essbar	300 bis 500, variabel	90
Laubbäume				
Rot-Buche	*Fagus sylvatica*	Bucheckern, in Mengen schwach giftig	über 700 cm	105
Klettergehölze				
Flamingo-Strahlengriffel	*Actinidia kolomikta*	stachelbeerähnliche Beere, essbar	200 bis 300 cm	129
Waldrebe	*Clematis*-Sorten	zierende Büschel	200 bis 700 cm	130
Chinesischer Blauregen	*Wisteria sinensis*	bohnenartig, unscheinbar, giftig	300 bis 500 cm	136
● Gehölze mit schönen Zapfen				
Nadelsträucher				
Schnee-Kiefer	*Pinus aristata*	braungrau, bis 8 cm	60 bis 100 cm	145
Blaue Zirbel-Kiefer	*Pinus cembra* 'Glauca'	bis 8 cm, Samen essbar (Zirbelnuss)	150 bis 200 cm	145
Krummholz-Kiefer	*Pinus mugo* ssp. *mugo*	braun, zahlreich, bis 5 cm	60 bis 100 cm	145
Kriech-Kiefer	*Pinus mugo* ssp. *pumilio*	braun, zierlich, bis 5 cm	60 bis 100 cm	146
Blaue Mädchen-Kiefer	*Pinus parviflora* 'Glauca'	braun, lange haftend, zahlreich, bis 9 cm	150 bis 200 cm	146
Nadelbäume				
Veredelte Korea-Tanne	*Abies koreana*	violett, aufrecht, zahlreich, bis 8 cm	500 cm, variabel	150
Echte Blau-Tanne	*Abies procera* 'Glauca'	gelbbraun, aufrecht, zahlreich, bis 25 cm	500 bis 700 cm	150
Hängende Blau-Zeder	*Cedrus atlantica* 'Glauca Pendula'	tonnenförmig, bis 8 cm	300 bis 500 cm, variabel	150
Serbische Fichte	*Picea omorika*	violett, reichlich, hängend, 6 cm	über 700 cm	152
Panzer-Kiefer	*Pinus leucodermis*	braun, bis 9 cm	500 bis 700 cm	153

Buntlaubige Gehölze

Deutscher Name	Botanischer Name	Laub/Nadeln	Höhe	Seite
● Blaunadelige Gehölze				
Nadelsträucher				
Blaue Kegelzypresse	*Chamaecyparis lawsoniana* 'Ellwoodii'	schuppen- bis nadelförmig	100 bis 150 cm	140
Kleine Silberzypresse	*Chamaecyparis pisifera* 'Boulevard'	bis 2 cm	100 bis 150 cm	141
China-Wacholder	*Juniperus chinensis* 'Blaauw'	schuppenförmig	100 bis 150 cm	141
Blauer Teppich-Wacholder	*Juniperus horizontalis* 'Wiltonii'	schuppenförmig	bis 10 cm	142
Tamarisken-Wacholder	*Juniperus sabina* 'Tamariscifolia'	bis 2 cm, giftig	20 bis 40 cm	143
Raketen-Wacholder	*Juniperus scopulorum* 'Blue Arrow'	schuppenförmig	100 bis 150 cm	143
Blauer Kissen-Wacholder	*Juniperus squamata* 'Blue Carpet'	bis 2 cm	20 bis 40 cm	143
Blauer Zwerg-Wacholder	*Juniperus squamata* 'Blue Star'	bis 2 cm	40 bis 60 cm	144
Kissen-Lärche	*Larix kaempferi* 'Blue Ball'	weich, bis 3 cm, sommergrün	40 bis 60 cm	144
Blaue Igel-Fichte	*Picea glauca* 'Echiniformis'	bis 2 cm	20 bis 40 cm	145
Kleine Blau-Fichte	*Picea pungens* 'Glauca Globosa'	bis 2 cm, spitz	60 bis 100 cm	145
Blaue Zirbel-Kiefer	*Pinus cembra* 'Glauca'	bis 10 cm	150 bis 200 cm	145
Blaue Mädchen-Kiefer	*Pinus parviflora* 'Glauca'	weich, bis 10 cm	150 bis 200 cm	146
Silber-Kiefer	*Pinus sylvestris* 'Watereri'	bis 7 cm	100 bis 150 cm	147
Blaue Zwerg-Hemlock	*Tsuga mertensiana* 'Glauca'	fein, bis 2 cm	150 bis 200 cm	149
Nadelbäume				
Echte Blau-Tanne	*Abies procera* 'Glauca'	bis 4 cm	500 bis 700 cm	150
Hängende Blau-Zeder	*Cedrus atlantica* 'Glauca Pendula'	bis 3 cm	300 bis 500 cm, variabel	150
Blaue Säulenzypresse	*Chamaecyparis lawsoniana* 'Columnaris'	schuppenförmig	300 bis 500 cm	151
Silber-Fichte	*Picea pungens* 'Hoopsii'	bis 4 cm, spitz	500 bis 700 cm	152
● Gelblaubige bzw. gelbnadelige Gehölze				
Laubsträucher				
Gold-Ahorn	*Acer shirasawanum* 'Aureum'	gelappt, bis 13 cm	60 bis 100 cm	74
Gelbe Fasanenspiere	*Physocarpus opulifolius* 'Dart's Gold'	dreiteilig gelappt, bis 10 cm	60 bis 100 cm	91
Gelber Trauben-Holunder	*Sambucus racemosa* 'Sutherland Gold'	gefiedert, bis 25 cm	150 bis 200 cm	97
Laubbäume				
Gold-Hülse	*Gleditsia triacanthos* 'Sunburst'	im Austrieb hellgelb, gefiedert, über 10 cm	500 bis 700 cm	106
Gold-Akazie	*Robinia pseudoacacia* 'Frisia'	gefiedert, bis 30 cm	über 700 cm	109
Gold-Ulme	*Ulmus × hollandica* 'Wredei'	später gelbgrün, gewellt, bis 10 cm	300 bis 500 cm	112
Immergrüne Laubgehölze				
Gelber Berg-Ilex	*Ilex crenata* 'Golden Gem'	oval, bis 2 cm	20 bis 40 cm	117
Nadelsträucher				
Gelbe Fadenzypresse	*Chamaecyparis pisifera* 'Sungold'	schuppenförmig	20 bis 40 cm	141
Gelber Strauch-Wacholder	*Juniperus × media* 'Old Gold'	schuppenförmig, spitz	40 bis 60 cm	142
Gelbe Säulen-Eibe	*Taxus baccata* 'Fastigiata Aureomarginata'	gelbbunt, bis 3 cm, giftig	60 bis 100 cm	147
Goldgelbe Strauch-Eibe	*Taxus baccata* 'Semperaurea'	bis 3 cm, giftig	60 bis 100 cm	148

Fortsetzung auf der nächsten Seite ->

Buntlaubige Gehölze (Fortsetzung)

Deutscher Name	Botanischer Name	Laub/Nadeln	Höhe	Seite
Nadelbäume				
Gelbe Gartenzypresse	*Chamaecyparis lawsoniana* 'Stewartii'	im Strauchinnern grün, schuppenförmig	500 bis 700 cm	151
Gelbe Baumzypresse	× *Cupressocyparis leylandii* 'Castlewellan Gold'	später vergrünend, schuppenförmig	500 bis 700 cm	151
● Grüngelb panaschierte (gefleckte) Gehölze				
Laubsträucher				
Gelbbunter Purpur-Hartriegel	*Cornus alba* 'Spaethii'	oval, bis 8 cm	100 bis 150 cm	79
Immergrüne Laubgehölze				
Gelbbunte Aukube	*Aucuba japonica* 'Variegata'	oval, bis 20 cm	100 bis 150 cm	113
Buntlaubige Ölweide	*Elaeagnus pungens* 'Maculata'	oval, bis 10 cm	60 bis 100 cm	115
Kriechspindel	*Euonymus fortunei*-Sorten	gelbbunte Sorten, oval, 2 bis 6 cm	bis 60 cm, je nach Sorte	116
Gelbbunte Garten-Hülse	*Ilex* × *altaclarensis* 'Golden King'	eiförmig, dornig, bis 6 cm	200 bis 300 cm	117
Gold-Liguster	*Ligustrum ovalifolium* 'Aureum'	oval; bis 7 cm	60 bis 100 cm	119
Bambusse				
Matten-Bambus	*Pleioblastus viridistriatus*	lanzettlich, bis 20 cm	20 bis 40 cm	128
Klettergehölze				
Gelbbunter Efeu	*Hedera helix* 'Goldheart'	immergrün, eiförmig, bis 8 cm	200 bis 300 cm	133
● Grünrosa panaschierte (gefleckte) Gehölze				
Laubsträucher				
Rosabunter Eschen-Ahorn	*Acer negundo* 'Flamingo'	über 20 cm, Austrieb rosa	200 bis 300 cm	73
Immergrüne Laubgehölze				
Buntlaubiges Lorbeerkrüglein	*Leucothoe walteri* 'Rainbow'	lanzettlich, bis 11 cm	40 bis 60 cm	119
Klettergehölze				
Flamingo-Strahlengriffel	*Actinidia kolomikta*	eiförmig, bis 15 cm	200 bis 300 cm	129
● Grünweiß panaschierte (gefleckte) Gehölze				
Laubsträucher				
Weißbunter Purpur-Hartriegel	*Cornus alba* 'Sibirica Variegata'	oval, bis 8 cm	150 bis 200 cm	78
Weißbunter Pagoden-Hartriegel	*Cornus controversa* 'Variegata'	oval, bis 16 cm	150 bis 200 cm	79
Weißbunte Hänge-Weide	*Salix integra* 'Hakuro Nishiki'	lanzettlich, bis 5 cm	Zierstämmchen	96
Glockenstrauch	*Weigela*-Sorten	weißbunte Sorten	100 bis 150 cm	102
Immergrüne Laubgehölze				
Kriechspindel	*Euonymus fortunei*-Sorten	weißbunte Sorten, oval, 2 bis 6 cm	bis 60 cm, je nach Sorte	116
Weißbunte Duftblüte	*Osmanthus heterophyllus* 'Variegatus'	oval, dornig, bis 5 cm	60 bis 100 cm	119
Schattenglöckchen	*Pieris japonica*-Sorten	weißbunte Sorten	30 bis 100 cm	120
Klettergehölze				
Weißrand-Efeu	*Hedera colchica* 'Dentata Variegata'	immergrün, bis 20 cm	300 bis 500 cm	133

Fortsetzung auf der nächsten Seite ->

Buntlaubige Gehölze (Fortsetzung)

Deutscher Name	Botanischer Name	Laub/Nadeln	Höhe	Seite
● Rotlaubige Gehölze				
Laubsträucher				
Fächer-Ahorn	*Acer palmatum*-Sorten	rotlaubige Sorten, gelappt geschlitzt, bis 10 cm	200 bis 300 cm	73
Rote Hecken-Berberitze	*Berberis thunbergii* 'Atropurpurea'	eiförmig, bis 3 cm	150 bis 200 cm	75
Kleine Blut-Berberitze	*Berberis thunbergii* 'Atropurpurea Nana'	eiförmig, bis 2 cm	40 bis 60 cm	75
Purpur-Hasel	*Corylus maxima* 'Purpurea'	eiförmig, bis 15 cm	150 bis 200 cm	91
Roter Perückenstrauch	*Cotinus coggygria* 'Royal Purple'	eiförmig, bis 9 cm	150 bis 200 cm	91
Rotlaubige Fasanenspiere	*Physocarpus opulifolius* 'Diabolo'	dreiteilig gelappt, bis 10 cm	150 bis 200 cm	92
Großfrüchtige Blut-Pflaume	*Prunus cerasifera* 'Trailblazer' ('Hollywood')	oval, bis 8 cm	200 bis 300 cm	92
Niedrige Blut-Pflaume	*Prunus × cistena*	oval, bis 6 cm	60 bis 100 cm	92
Laubbäume				
Schwarz-Ahorn	*Acer platanoides* 'Faassen's Black'	spitzgelappt, bis 15 cm	über 700 cm	104
Schwarzrote Hänge-Buche	*Fagus sylvatica* 'Purpurea Pendula'	oval, bis 10 cm	500 bis 700 cm	106
● Silberlaubige Gehölze				
Laubsträucher				
Frucht-Sanddorn	*Hippophae rhamnoides*-Sorten	lanzettlich, bis 7 cm	150 bis 200 cm	87
Immergrüne Laubgehölze				
Reichblütiger Lavendel	*Lavandula angustifolia* 'Hidcote'	linear, bis 4 cm	40 bis 60 cm	118

Gehölze mit leuchtend gelber Herbstfärbung

Deutscher Name	Botanischer Name	Seite
Laubsträucher		
Stachel-Aralie	*Aralia elata*	74
Liebesperlenstrauch	*Callicarpa bodinieri* var. *giraldii*	76
Echter Gewürzstrauch	*Calycanthus floridus*	76
Kornelkirsche	*Cornus mas*	80
Niedrige Glockenhasel	*Corylopsis pauciflora*	80
Korkenzieher-Hasel	*Corylus avellana* 'Contorta'	81
Roter Märzen-Seidelbast	*Daphne mezereum* 'Rubra Select'	83
Garten-Eibisch	*Hibiscus*-Gartensorten	86
Gefüllter Ranunkelstrauch	*Kerria japonica* 'Pleniflora'	88
Großblumige Stern-Magnolie	*Magnolia loebneri*-Sorten	89
Sommer-Magnolie	*Magnolia sieboldii*	90
Gefüllte Stern-Magnolie	*Magnolia stellata* 'Royal Star'	90
Hängende Weiße Maulbeere	*Morus alba* 'Pendula'	90
Schlehe	*Prunus spinosa*	93
Rosa Winter-Kirsche	*Prunus subhirtella* 'Autumnalis'	94
Mandelbäumchen	*Prunus triloba*	94
Alpenbeere	*Ribes alpinum* 'Schmidt'	95
Blut-Johannisbeere	*Ribes sanguineum* 'Atrorubens'	95
Kartoffel-Rose	*Rosa rugosa*	95
Hängende Kätzchen-Weide	*Salix caprea* 'Pendula'	96
Gelber Trauben-Holunder	*Sambucus racemosa* 'Sutherland Gold'	97
Braut-Spiere	*Spiraea arguta*	97
Weiße Rispen-Spiere	*Spiraea cinerea* 'Grefsheim'	97
Pracht-Spiere	*Spiraea vanhouttei*	98
Laubbäume		
Feld-Ahorn	*Acer campestre*	103
Säulen-Ahorn	*Acer platanoides* 'Columnare'	103
Kugel-Ahorn	*Acer platanoides* 'Globosum'	104

Fortsetzung auf der nächsten Seite ->

Gehölze mit leuchtend gelber Herbstfärbung (Fortsetzung)

Deutscher Name	Botanischer Name	Seite	Deutscher Name	Botanischer Name	Seite
Echte Hänge-Birke	*Betula pendula* 'Youngii'	104	Baumwürger	*Celastrus orbiculatus*	130
Hainbuche	*Carpinus betulus*	105	Alpen-Waldrebe	*Clematis alpina* 'Frances Rivis'	130
Kugel-Trompetenbaum	*Catalpa bignonioides* 'Nana'	105	Schling-Knöterich	*Fallopia aubertii*	132
Rot-Buche	*Fagus sylvatica*	105	Kletter-Hortensie	*Hydrangea anomala* ssp. *petiolaris*	133
Japanische Blüten-Kirsche	*Prunus*-Sorten	108	Reichblütige Wald-Geißschlinge	*Lonicera periclymenum* 'Serotina'	135
Korkenzieher-Akazie	*Robinia pseudoacacia* 'Tortuosa'	110	Chinesischer Blauregen	*Wisteria sinensis*	135
Kugel-Akazie	*Robinia pseudoacacia* 'Umbraculifera'	110			
Hänge-Weide	*Salix alba* 'Tristis'	110	**Nadelstrauch**		
Kaskaden-Schnurbaum	*Sophora japonica* 'Pendula'	111	Kissen-Lärche	*Larix kaempferi* 'Blue Ball'	144
Lauben-Ulme	*Ulmus glabra* 'Pendula'	112			
			Nadelbäume		
Klettergehölze			Fächerblattbaum	*Ginkgo biloba*	152
Klettergurke	*Akebia quinata*	129	Korkenzieher-Lärche	*Larix kaempferi* 'Diana'	152

Gehölze mit leuchtend rot-gelb-oranger Herbstfärbung

Deutscher Name	Botanischer Name	Seite	Deutscher Name	Botanischer Name	Seite
Laubsträucher			Rosa Japan-Aprikose	*Prunus mume* 'Beni-shi-dori'	93
Feuer-Ahorn	*Acer ginnala*	72	Reichblütige Kurilen-Kirsche	*Prunus nipponica* 'Brillant'	93
Japanischer Feuer-Ahorn	*Acer japonicum* 'Aconitifolium'	73	Geschlitzter Essigbaum	*Rhus typhina* 'Dissecta'	94
Gold-Ahorn	*Acer shirasawanum* 'Aureum'	74	Niedrige Kranzspiere	*Stephanandra incisa* 'Crispa'	99
Hängende Felsenbirne	*Amelanchier laevis* 'Ballerina'	74	Rosa Frühlings-Tamariske	*Tamarix parviflora*	100
Weißbunter Purpur-Hartriegel	*Cornus alba* 'Sibirica Variegata'	78	Winter-Schneeball	*Viburnum × bodnantense* 'Dawn'	101
Gelbbunter Purpur-Hartriegel	*Cornus alba* 'Spaethii'	79	Echter Schneeball	*Viburnum opulus* 'Roseum'	101
Weißbunter Pagoden-Hartriegel	*Cornus controversa* 'Variegata'	79	Japanischer Schneeball	*Viburnum plicatum* 'Watanabe'	102
Chinesischer Blumen-Hartriegel	*Cornus kousa* var. *chinensis*	79	Glockenstrauch	*Weigela*-Sorten	102
Paradiesischer Blumen-Hartriegel	*Cornus nuttallii*	80	**Laubbäume**		
Roter Perückenstrauch	*Cotinus coggygria* 'Royal Purple'	81	Amberbaum	*Liquidambar styraciflua*	107
Fächermispel	*Cotoneaster horizontalis*	81	Kugel-Sumpfeiche	*Quercus palustris* 'Green Dwarf'	109
Prachtglocke	*Enkianthus campanulatus*	84	Essbare Eberesche	*Sorbus aucuparia* 'Edulis'	111
Niedriger Korkflügelstrauch	*Euonymus alatus* 'Compactus'	84	**Rhododendren**		
Reichfruchtendes Pfaffenhütchen	*Euonymus europaeus* 'Red Cascade'	84	Großblumige Azaleen	*Rhododendron*-Sorten	126
Niedriger Federbuschstrauch	*Fothergilla gardenii*	85	**Klettergehölze**		
Zaubernuss	*Hamamelis*-Sorten	86	Mauerwein	*Parthenocissus quinquefolia* 'Engelmannii'	135
Rotlaubige Fasanenspiere	*Physocarpus opulifolius* 'Diabolo'	92	Wilder Wein	*Parthenocissus tricuspidata* 'Veitchii'	135
			Scharlach-Wein	*Vitis coignetiae*	135

Schattentolerante Gehölze

Deutscher Name	Botanischer Name	Blüte	Höhe	Seite
Laubsträucher				
Teppich-Hartriegel	*Cornus canadensis*	rahmweiß	10 bis 20 cm	79
Kleinblumiger Johannisstrauch	*Hypericum* 'Hidcote'	goldgelb	100 bis 150 cm	88
Gefüllter Ranunkelstrauch	*Kerria japonica* 'Pleniflora'	gelb, nelkenähnlich	150 bis 200 cm	88
Frischgrünes Geißblatt	*Lonicera nitida* 'Maigrün'	cremeweiß	20 bis 40 cm	89
Fasanenspiere	*Physocarpus*-Sorten	weißrosa, Doldentrauben	60 bis 150 cm	91
Alpenbeere	*Ribes alpinum* 'Schmidt'	gelblichgrün, Traube	100 bis 150 cm	95
Perlenbeere	*Symphoricarpus* × *doorenbosii*-Sorten	weißrosa, Traube	60 bis 100 cm	99
Laubbäume				
Rot-Buche	*Fagus sylvatica*		über 700 cm	105
Eßbare Eberesche	*Sorbus aucuparia* 'Edulis'	weiß, Trugdolde	500 bis 700 cm	111
Immergrüne Laubgehölze				
zahlreiche Arten und Sorten	*Aucuba* bis *Vinca*	je nach Art/Sorte	variabel	113
Rhododendren				
Rhododendron	*Rhododendron*-Sorten	je nach Sorte rosa, weiß, violett, rot, gelb, Mai bis Juni, Duft	10 bos 200 cm	123
Bambusse				
Hoher Wald-Bambus	*Sasa kurilensis*		200 bis 300 cm	128
Klettergehölze				
Baumwürger	*Celastrus orbiculatus*		500 bis 700 cm	130
Efeu	*Hedera helix*-Sorten	unscheinbar	200 bis 500 cm	133
Kletter-Hortensie	*Hydrangea anomala* ssp. *petiolaris*	weiß, Schirmrispe	300 bis 500 cm	133
Immergrüne Geißschlinge	*Lonicera henryi*	gelbrot, klein	200 bis 300 cm	134
Mauerwein	*Parthenocissus quinquefolia* 'Engelmannii'	weiß, Rispe	500 bis 700 cm	135
Nadelsträucher				
Niedere Balsam-Tanne	*Abies balsamea* 'Piccolo'		40 bis 60 cm	140
Muschelzypresse	*Chamaecyparis obtusa* 'Nana Gracilis'		40 bis 60 cm	141
Japanische Schirmtanne	*Sciadopitys verticillata*		200 bis 300 cm	147
Eibe	*Taxus*-Sorten		10 bis 100 cm	147
Lebensbaum	*Thuja occidentalis*-Sorten		20 bis 200 cm	149
Hemlock	*Tsuga*-Sorten		40 bis 200 cm	149
Nadelbäume				
Gemeine Eibe	*Taxus baccata*		500 bis 700 cm	153
Brabant-Lebensbaum	*Thuja occidentalis* 'Brabant'		500 bis 700 cm	153

Gehölze mit besonderen Triebformen und -farben

Deutscher Name	Botanischer Name	Rinde/Halm/Triebe	Höhe	Seite
● Gehölze mit besonderen Triebformen				
Laubsträucher				
Korkenzieher-Hasel	*Corylus avellana* 'Contorta'	gedreht	100 bis 150 cm	81
Fächermispel	*Cotoneaster horizontalis*	fischgrätenartig	60 bis 100 cm	81
Japanische Drachen-Weide	*Salix udensis* 'Sekka'	verbändert	150 bis 200 cm	96
Feinlaubige Ulme	*Ulmus minor* 'Jacqueline Hillier'	gewunden	100 bis 150 cm	101

Fortsetzung auf der nächsten Seite ->

Gehölze mit besonderen Triebformen und -farben (Fortsetzung)				
Deutscher Name	**Botanischer Name**	**Rinde/Halm/Triebe**	**Höhe**	**Seite**
Laubbäume				
Korkenzieher-Akazie	*Robinia pseudoacacia* 'Tortuosa'	gedreht	500 bis 700 cm	110
Korkenzieher-Weide	*Salix babylonica* 'Tortuosa'	gedreht	500 bis 700 cm	111
Nadelbäume				
Korkenzieher-Lärche	*Larix kaempferi* 'Diana'	spiralig gewunden	500 bis 700 cm	152
● Gehölze mit Dornen und Stacheln				
Laubsträucher				
Stachel-Aralie	*Aralia elata*	Triebdornen	200 bis 300 cm	74
Hecken-Berberitzen	*Berberis thunbergii* und Sorten	bedornt	40 bis 200 cm	74
Zierquitte	*Chaenomeles*-Sorten	Kurzdornen	60 bis 100 cm	77
Weiß-Dorn	*Crataegus monogyna*	bedornt	200 bis 300 cm	82
Stein-Ginster	*Genista lydia*	Zweigspitzen leicht bewehrt	20 bis 40 cm	86
Frucht-Sanddorn	*Hippophae rhamnoides*-Sorten	bedornt	150 bis 200 cm	87
Schlehe	*Prunus spinosa*	Triebdornen	150 bis 200 cm	93
Hunds-Rose	*Rosa canina*	bestachelt	150 bis 200 cm	95
Kartoffel-Rose	*Rosa rugosa*	borstig	100 bis 150 cm	95
Laubbäume				
Rot-Dorn	*Crataegus laevigata* 'Paul's Scarlet'	Kurzdornen	300 bis 500 cm	105
Gold-Akazie	*Robinia pseudoacacia* 'Frisia'	weinrote Dornen	über 700 cm	109
Immergrüne Laubgehölze				
Berberitzen	*Berberis*-Sorten	bedornt	40 bis 150 cm	113
Feuerdorn	*Pyracantha*-Sorten	Kurzdornen	150 bis 200 cm	121
Rosen				
Rosen	*Rosa*-Sorten	bestachelt	30 bis 500 cm	137
● Gehölze mit Rindenkorkleisten				
Laubsträucher				
Niedriger Korkflügelstrauch	*Euonymus alatus* 'Compactus'	mit Korkleisten	60 bis 100 cm	84
Laubbäume				
Feld-Ahorn	*Acer campestre*	mit Korkleisten	500 bis 700 cm	103
Amberbaum	*Liquidambar styraciflua*	mit Korkleisten	500 bis 700 cm	107
● Gehölze mit besonderen Triebfarben				
Laubsträucher				
Weißbunter Purpur-Hartriegel	*Cornus alba* 'Sibirica Variegata'	Rinde rötlich	150 bis 200 cm	78
Gelbbunter Purpur-Hartriegel	*Cornus alba* 'Spaethii'	Rinde rötlich	100 bis 150 cm	79
Ginster	*Cytisus-*, *Genista*-Sorten	Rinde grün	100 bis 150 cm	82, 86
Gefüllter Ranunkelstrauch	*Kerria japonica* 'Pleniflora'	Rinde grün	150 bis 200 cm	88
Klettergehölze				
Gelber Winterjasmin	*Jasminum nudiflorum*	Rinde grün	200 bis 300 cm	133
Bambusse				
Schirm-Bambus	*Fargesia murieliae* 'Phönix'	Halm gelbgrün	100 bis 150 cm	127
Schwarzer Bambus	*Phyllostachys nigra*	Halm schwarz, glänzend	300 bis 400 cm	128
Hoher Bambus	*Phyllostachys viridiglaucescens*	Halm grün	500 bis 600 cm	128
Pfeil-Bambus	*Pseudosasa japonica*	Halm dunkelgrün	200 bis 300 cm	128

Gehölze mit architektonischen Wuchsformen				
Deutscher Name	**Botanischer Name**	**Höhe**	**Wuchsform**	**Seite**
● Gehölze mit ausgeprägtem Hängewuchs				
Laubsträucher				
Hänge-Buddleje	*Buddleja alternifolia*	200 bis 300 cm	buschig überhängend	75
Hängende Weiße Maulbeere	*Morus alba* 'Pendula'	300 bis 500, variabel	Triebe steil abwärts fallend	90
Hängende Kätzchen-Weide	*Salix caprea* 'Pendula'	Zierstämmchen, Kronenhöhe variabel	überhängend	96
Weißbunte Hänge-Weide	*Salix integra* 'Hakuro Nishiki'	Zierstämmchen	überhängend	96
Laubbäume				
Echte Hänge-Birke	*Betula pendula* 'Youngii'	500 bis 700 cm	Kronentriebe herabhängend	104
Schwarzrote Hänge-Buche	*Fagus sylvatica* 'Purpurea Pendula'	500 bis 700 cm	eiförmige Krone, Triebe hängend	106
Hänge-Weide	*Salix alba* 'Tristis'	über 700 cm	weitausladende Krone, Triebe hängend	110
Kaskaden-Schnurbaum	*Sophora japonica* 'Pendula'	300 bis 500 cm	ungleichmäßige Krone, Triebe hängend	111
Nadelbäume				
Hängende Blau-Zeder	*Cedrus atlantica* 'Glauca Pendula'	300 bis 500 cm, variabel	hängend	150
Mähnenzypresse	*Chamaecyparis nootkatensis* 'Pendula'	500 bis 700 cm	breit kegelförmig, Zweigspitzen betont hängend	151
Rosenstämme				
Kletterrosen als Kaskadenstämme (Trauerstämme)	*Rosa*-Sorten	140 bis 180 cm	überhängend	139
● Gehölze mit schmal säulenförmigem Wuchs				
Laubbäume				
Japanische Blütenkirsche	*Prunus* 'Amanogawa'	300 bis 500 cm	streng säulenförmig	109
Gold-Ulme	*Ulmus × hollandica* 'Wredei'	300 bis 500 cm	säulenförmige Krone	112
Nadelsträucher				
Blaue Kegelzypresse	*Chamaecyparis lawsoniana* 'Ellwoodii'	100 bis 150 cm	kegelförmig	140
Irischer Säulen-Wacholder	*Juniperus communis* 'Hibernica'	100 bis 150 cm	säulenförmig	141
Raketen-Wacholder	*Juniperus scopulorum* 'Blue Arrow'	100 bis 150 cm	schmal, säulenförmig	143
Gelbe Säulen-Eibe	*Taxus baccata* 'Fastigiata Aureomarginata'	60 bis 100 cm	breit säulenförmig	147
Fruchtende Becher-Eibe	*Taxus media* 'Hicksii'	100 bis 150 cm	breit säulenförmig	148
Smaragd-Lebensbaum	*Thuja occidentalis* 'Smaragd'	150 bis 200 cm	säulenförmig	149
Nadelbäume				
Säulenzypresse	*Chamaecyparis lawsoniana*-Sorten	300 bis 700 cm	säulenförmig	151
Brabant-Lebensbaum	*Thuja occidentalis* 'Brabant'	500 bis 700 cm	schmal kegelförmig	153

Zum Formschnitt geeignete Gehölze

Deutscher Name	Botanischer Name	Formgehölz für ...	Nadeln/Laub (Größe)	Seite
Laubsträucher				
Hängende Felsenbirne	*Amelanchier laevis* 'Ballerina'	besondere Hecken	oval, bis 10 cm	74
Kornelkirsche	*Cornus mas*	besondere Hecken, geometrische Skulpturen	oval, bis 10 cm	80
Schwarzgrüner Liguster	*Ligustrum vulgare* 'Atrovirens'	geometrische Skulpturen, formierte Gehölzflächen	wintergrün, lanzettlich, bis 6 cm	89
Schlehe	*Prunus spinosa*	geometrische Skulpturen	eiförmig, bis 5 cm	93
Winter-Schneeball	*Viburnum × bodnantense* 'Dawn'	besondere Hecken, geometrische Skulpturen	eiförmig, bis 10 cm	101
Laubbäume				
Feld-Ahorn	*Acer campestre*	große Spaliere, Baumhecken	drei- bis fünflappig, bis 10 cm	103
Hainbuche	*Carpinus betulus*	große Spaliere, Baumhecken	elliptisch, bis 10 cm	105
Rot-Dorn	*Crataegus laevigata* 'Paul's Scarlet'	Baumhecken, bizarre Baumskulpturen, geometrische Skulpturen	gelappt, bis 5 cm	105
Schwarzrote Hänge-Buche	*Fagus sylvatica* 'Purpurea Pendula'	Kugeln	schwarzrot, oval, bis 10 cm	106
Immergrüne Laubgehölze				
Hoher Buchsbaum	*Buxus sempervirens* var. *arborescens*	formierte Gehölzflächen, Skulpturen	eiförmig, bis 2 cm, giftig	114
Fruchtende Kriechmispel	*Cotoneaster dammeri* 'Coral Beauty'	formierte Gehölzflächen	oval, bis 2 cm	115
Fruchtende Garten-Hülse	*Ilex aquifolium* 'I. C. van Tol'	geometrische Skulpturen	eiförmig, kaum dornig, bis 8 cm	117
Gelber Berg-Ilex	*Ilex crenata* 'Golden Gem'	formierte Gehölzflächen	gelb, oval, bis 2 cm	117
Strauch-Hülse	*Ilex meserveae* 'Blue Prince'	besondere Hecken, geometrische Skulpturen	oval, bis 5 cm	117
Fruchtende Strauch-Hülse	*Ilex meserveae* 'Blue Princess'	besondere Hecken, geometrische Skulpturen	oval, dornig, bis 5 cm	118
Lorbeerkirsche	*Prunus laurocerasus*-Sorten	besondere Hecken, geometrische Skulpturen	länglich, glänzend, bis 10 cm	121
Toskanischer Schneeball	*Viburnum tinus*	Pyramide, Kugel	oval, bis 10 cm	122
Klettergehölze				
Kletter-Hortensie	*Hydrangea anomala* ssp. *petiolaris*	große Spaliere	eiförmig, bis 10 cm	133
Nadelsträucher				
Krummholz-Kiefer	*Pinus mugo* ssp. *mugo*	bizarre Baumskulpturen	bis 5 cm	145
Blaue Mädchen-Kiefer	*Pinus parviflora* 'Glauca'	bizarre Baumskulpturen	bläulich, weich, bis 10 cm	146
Silber-Kiefer	*Pinus sylvestris* 'Watereri'	bizarre Baumskulpturen	bläulich, bis 7 cm	147
Nadelbäume				
Gemeine Eibe	*Taxus baccata*	geometrische Skulpturen, formierte Gehölzflächen	schwarzgrün, bis 3 cm, giftig	153

Als Hausbaum geeignete Gehölze

Deutscher Name	Botanischer Name	Blüte	Krone	Seite
Laubbäume				
Kugel-Ahorn	*Acer platanoides* 'Globosum'	gelbgrün, April	kugelförmig	104
Kugel-Trompetenbaum	*Catalpa bignonioides* 'Nana'	unscheinbar	kugelig	105
Rot-Dorn	*Crataegus laevigata* 'Paul's Scarlet'	rot, Mai bis Juni	rundlich	105
Kugel-Esche	*Fraxinus excelsior* 'Nana'	unscheinbar	schirmförmig	106
Gold-Hülse	*Gleditsia triacanthos* 'Sunburst'	weißlich, Juni, Duft	rundlich	106
Kugel-Amberbaum	*Liquidambar* 'Gumball'	unscheinbar	kugelig	107
Zier-Apfel	*Malus*-Sorten	je nach Sorte weiß, rosa, rot, Mai, Duft	schmal bis breit ausladend	108
Japanische Blüten-Kirsche	*Prunus*-Sorten	je nach Sorte weiß, rosa, April bis Mai	je nach Sorte säulen-, trichterförmig oder überhängend	108
Kugel-Sumpfeiche	*Quercus palustris* 'Green Dwarf'	unscheinbar	kugelig	109
Kugel-Akazie	*Robinia pseudoacacia* 'Umbraculifera'	unscheinbar	kugelrund	110
Nadelbaum				
Kugel-Fächerblattbaum	*Ginkgo* 'Mareiken'	unscheinbar	kugelig	152

Als Zierstamm geeignete Gehölze

Deutscher Name	Botanischer Name	Blüte	Krone	Seite
Laubsträucher				
Rosabunter Eschen-Ahorn	*Acer negundo* 'Flamingo'	unscheinbar	buschig aufrecht	73
Hängende Felsenbirne	*Amelanchier laevis* 'Ballerina'	weiß, April bis Mai	bogig überhängend	74
Edel-Ginster	*Cytisus*-Sorten	je nach Sorte rot, gelb, oft mehrfarbig, Mai bis Juni	buschig	82
Grün blühende Rispen-Hortensie	*Hydrangea paniculata* 'Limelight'	grünweiß, Juli bis September	aufrecht buschig	88
Großblumige Stern-Magnolie	*Magnolia loebneri*-Sorten	weiß oder rosa, April bis Mai, Duft	breitbuschig	89
Sommer-Magnolie	*Magnolia sieboldii*	weiß, Juni bis Juli, Duft	trichterförmig	90
Gefüllte Stern-Magnolie	*Magnolia stellata* 'Royal Star'	weiß, März bis April, Duft	breitbuschig	90
Hängende Weiße Maulbeere	*Morus alba* 'Pendula'	gelb, Mai bis Juni	Triebe steil abwärts fallend	90
Reichblütige Kurilen-Kirsche	*Prunus nipponica* 'Brillant'	rosaweiß, Mai	trichterförmig	93
Mandelbäumchen	*Prunus triloba*	rosa, April bis Mai	aufrecht buschig	94
Hängende Kätzchen-Weide	*Salix caprea* 'Pendula'	gelb, März bis April	überhängend	96
Weißbunte Hänge-Weide	*Salix integra* 'Hakuro Nishiki'	unscheinbar	überhängend	96
Zierlicher Duft-Flieder	*Syringa meyeri* 'Palibin'	violett, Mai bis Juni, Duft	breitbuschig	99
Herbst-Flieder	*Syringa microphylla* 'Superba'	rosa, Mai, Duft	bogig überhängend	100
Edel-Flieder	*Syringa vulgaris*-Sorten	je nach Sorte rot, weiß, rosa, violett, Mai, Duft	trichterförmig	100
Feinlaubige Ulme	*Ulmus minor* 'Jacqueline Hillier'	unscheinbar	breitbuschig	101
Japanischer Schneeball	*Viburnum plicatum* 'Watanabe'	weiß, Juli bis August	breitbuschig	102
Laubbäume				
Echte Hänge-Birke	*Betula pendula* 'Youngii'	unscheinbar	Kronentriebe herabhängend	104
Edel-Goldregen	*Laburnum watereri* 'Vossii'	tiefgelb, Mai, Duft	trichterförmig	107

Fortsetzung auf der nächsten Seite ->

Als Zierstamm geeignete Gehölze (Fortsetzung)

Deutscher Name	Botanischer Name	Blüte	Krone	Seite
Tulpen-Magnolie	*Magnolia soulangiana*	weißrosa, April bis Mai, Duft	breitausladend	107
Japanische Blüten-Kirsche	*Prunus*-Sorten, schwachwachsend	je nach Sorte weiß, rosa, April bis Mai	je nach Sorte säulen-, trichterförmig	108
Lauben-Ulme	*Ulmus glabra* 'Pendula'	bräunlich, März bis April	laubenartige Krone, Hängeform	112
Immergrüne Laubgehölze				
Fruchtende Kriechmispel	*Cotoneaster dammeri* 'Coral Beauty'	weiß, Mai bis Juni	überhängend	115
Kriechspindel	*Euonymus fortunei*-Sorten	unscheinbar	buschig aufrecht	116
Rhododendren				
Großblumiger Rhododendron	*Rhododendron*-Sorten	je nach Sorte rosa, weiß, violett, rot, gelb, Mai bis Juni, teils Duft	breitbuschig, halbkugelig, locker	124
Klettergehölze				
Rote Klettertrompete	*Campsis* 'Mme. Galen'	orange, Juli bis September	überhängend	130
Rosen				
Rosen	*Rosa*-Sorten	je nach Sorte rot, rosa, gelb, weiß, Juni bis Oktober, Duft	aufrecht bis überhängend	137
Nadelsträucher				
Blauer Teppich-Wacholder	*Juniperus horizontalis* 'Wiltonii'	unscheinbar	niederliegend	142
Kissen-Lärche	*Larix kaempferi* 'Blue Ball'	unscheinbar	kugelförmig	144
Kugel-Kiefer	Pinus nigra 'Brepo'	unscheinbar	kugelförmig	146
Nadelbaum				
Korkenzieher-Lärche	*Larix kaempferi* 'Diana'	unscheinbar	kegelförmig bizarr	152

Als Hecken geeignete Gehölze

Deutscher Name	Botanischer Name	Laub/Nadeln	Schnitthöhe	Seite
● Gehölze für regelmäßig geschnittene Hecken				
Laubsträucher				
Grüne Hecken-Berberitze	*Berberis thunbergii*	eiförmig, bis 3 cm	50 bis 80 cm	74
Rote Hecken-Berberitze	*Berberis thunbergii* 'Atropurpurea'	rot, eiförmig, bis 3 cm	50 bis 80 cm	75
Kleine Blut-Berberitze	*Berberis thunbergii* 'Atropurpurea Nana'	rot, eiförmig, bis 2 cm	20 bis 40 cm, Einfassung	75
Weiß-Dorn	*Crataegus monogyna*	gelappt, bis 4 cm	80 bis 200 cm	82
Schwarzgrüner Liguster	*Ligustrum vulgare* 'Atrovirens'	wintergrün, lanzettlich, bis 6 cm	100 bis 200 cm	89
Alpenbeere	*Ribes alpinum* 'Schmidt'	gelappt, bis 5 cm	50 bis 120 cm	95
Laubbäume				
Feld-Ahorn	*Acer campestze*	3- bis 5lappig, bis 10 cm	150 bis 300 cm	103
Hainbuche	*Carpinus betulus*	elliptisch, bis 10 cm	100 bis 300 cm	105
Rot-Buche	*Fagus sylvatica*	oval, bis 10 cm	150 bis 300 cm	105

Fortsetzung auf der nächsten Seite ->

Als Hecken geeignete Gehölze (Fortsetzung)

Deutscher Name	Botanischer Name	Laub/Nadeln	Schnittöhe	Seite
Immergrüne Laubgehölze				
Grüne Polster-Berberitze	*Berberis buxifolia* 'Nana'	oval, bis 2 cm	20 bis 40 cm, Einfassung	113
Einfassungs-Buchs	*Buxus sempervirens* 'Suffruticosa'	eiförmig, bis 2 cm, giftig	15 bis 40 cm, Einfassung	114
Hoher Buchsbaum	*Buxus sempervirens* var. *arborescens*	eiförmig, bis 2 cm, giftig	80 bis 120 cm	114
Strauch-Efeu	*Hedera helix* 'Arborescens'	herzförmig, bis 10 cm	50 bis 80 cm	116
Fruchtende Gartenhülse	*Ilex aquifolium* 'I. C. van Tol'	eiförmig, kaum dornig, bis 8 cm	100 bis 250 cm	117
Strauch-Hülse	*Ilex meserveae* 'Blue Prince'	oval, bis 5 cm	80 bis 150 cm	117
Fruchtende Strauch-Hülse	*Ilex meserveae* 'Blue Princess'	oval, dornig, bis 5 cm	80 bis 120 cm	118
Niedrige Mahonie	*Mahonia aquifolium* 'Apollo'	gefiedert, über 8 cm	40 bis 50 cm	119
Nadelsträucher				
Krummholz-Kiefer	*Pinus mugo* ssp. *mughus*	bis 5 cm	60 bis 100 cm	145
Smaragd-Lebensbaum	*Thuja occidentalis* 'Smaragd'	schuppenförmig, dicht angeordnet, giftig	60 bis 250 cm	149
Nadelbäume				
Blaue Säulenzypresse	*Chamaecyparis lawsoniana* 'Columnaris'	bläulich, schuppenförmig	125 bis 300 cm	151
Gelbe Baumzypresse	× *Cupressocyparis leylandii* 'Castlewellan Gold	gelb, später vergrünend, schuppenförmig	200 bis 300 cm	151
Gemeine Eibe	*Taxus baccata*	schwarzgrün, bis 3 cm, giftig	100 bis 200 cm	153
Brabant-Lebensbaum	*Thuja occidentalis* 'Brabant'	schuppenförmig, giftig	60 bis 250 cm	153
● Gehölze für lockere Hecken				
Laubsträucher				
Maiblumenstrauch	*Deutzia gracilis*	oval, bis 6 cm	bis 50 cm	83
Hunds-Rose	*Rosa canina*	gefiedert, bis 12 cm	bis 150 cm	95
Braut-Spiere	*Spiraea arguta*	lanzettlich, bis 4 cm	bis 130 cm	97
Weiße Rispen-Spiere	*Spiraea cinerea* 'Grefsheim'	lanzettlich, bis 4 cm	bis 100 cm	97
Kissen-Spiere	*Spiraea japonica*-Sorten	grün oder buntlaubig, lanzettlich, bis 7 cm	bis 50 cm, auch für lockere Einfassungen	98
Pracht-Spiere	*Spiraea vanhouttei*	oval, bis 4 cm	bis 150 cm	98
Perlenbeere	*Symphoricarpus* × *doorenbosii*-Sorten	eiförmig, bis 4 cm	bis 60 cm	99
Immergrüne Laubgehölze				
Immergrüne Kissen-Berberitze	*Berberis candidula*	elliptisch, bis 3 cm	bis 70 cm	114
Rhododendren				
Großblumiger Rhododendron	*Rhododendron*-Sorten	länglich eiförmig, immergrün, bis 20 cm	bis 200 cm	124
Rosen				
Beetrosen	*Rosa*-Sorten	gefiedert, über 10 cm	bis 60 cm	137
Strauchrosen	*Rosa*-Sorten	gefiedert, über 10 cm	bis 150 cm	138
Nadelsträucher				
Fruchtende Becher-Eibe	*Taxus media* 'Hicksii'	bis 3 cm, giftig	bis 150 cm	148

Bodendeckende Gehölze

Deutscher Name	Botanischer Name	Blüte	Höhe	Wuchsform	Seite
Laubsträucher					
Kleine Blut-Berberitze	*Berberis thunbergii* 'Atropurpurea Nana'	primelgelb, Mai	40 bis 60 cm	buschig	75
Teppich-Hartriegel	*Cornus canadensis*	rahmweiß, Juni	10 bis 20 cm	polsterförmig	79
Fächermispel	*Cotoneaster horizontalis*	unscheinbar	60 bis 100 cm	überhängend	81
Stein-Ginster	*Genista lydia*	gelb, Mai bis Juni	20 bis 40 cm	niederliegend	86
Kleinblumiger Johannisstrauch	*Hypericum* 'Hidcote'	goldgelb, Juni bis Oktober	100 bis 150 cm	breitbuschig	88
Frischgrünes Geißblatt	*Lonicera nitida* 'Maigrün'	cremeweiß, Mai	20 bis 40 cm	niederliegend	89
Fingerstrauch	*Potentilla fruticosa*-Sorten	je nach Sorte gelb, weiß, rosa, rot, Mai bis November	40 bis 60 cm	breitbuschig bis niederliegend	92
Kissen-Spiere	*Spiraea japonica*-Sorten	je nach Sorte weiß, rosa, rot, Juni bis August	bis 80 cm, je nach Sorte	buschig	98
Niedrige Kranzspiere	*Stephanandra incisa* 'Crispa'	weiß, Juni bis Juli	40 bis 60 cm	niederliegend	99
Perlenbeere	*Symphoricarpus* × *doorenbosii*-Sorten	weißrosa, Juni bis August	60 bis 100 cm	rundlich	99
Immergrüne Laubgehölze					
Grüne Polster-Berberitze	*Berberis buxifolia* 'Nana'	orangegelb, April bis Mai	40 bis 60 cm	buschig	113
Sommer-Heide	*Calluna vulgaris*-Sorten	je nach Sorte violettrot, rosa, weiß, August bis Dezember	10 bis 20 cm	polsterförmig	115
Fruchtende Kriechmispel	*Cotoneaster dammeri* 'Coral Beauty'	weiß, Mai bis Juni	20 bis 40 cm	niederliegend	115
Winter-Heide/Schnee-Heide	*Erica carnea*-Sorten	je nach Sorte rosa, violett, rot, weiß, Januar bis April	20 bis 40 cm	polsterförmig	116
Kriechspindel	*Euonymus fortunei*-Sorten		bis 60 cm, je nach Sorte	niederliegend bis aufrecht	116
Rote Teppichbeere	*Gaultheria procumbens*	weißrosa, Juli bis August	bis 10 cm	polsterförmig, mattenbildend	116
Niedriges Schattengrün	*Pachysandra terminalis* 'Green Carpet®'	weiß, April bis Mai	10 bis 20 cm	mattenbildend	119
Teppich-Lorbeerkirsche	*Prunus laurocerasus* 'Mount Vernon'		10 bis 20 cm	niederliegend	121
Immergrüner Kissen-Schneeball	*Viburnum davidii*	weißrosa, Juni	20 bis 40 cm	polsterförmig	122
Kleinblättriges Fadengrün	*Vinca minor*	blau, April bis Mai	bis 10 cm	niederliegend	122
Klettergehölze					
Italienische Waldrebe	*Clematis viticella* 'Kermesina'	weinrot, Juli bis August	10 bis 20 cm als Bodendecker	niederliegend	132
Heimischer Efeu	*Hedera helix*	unscheinbar, September bis Oktober	20 bis 40 cm als Bodendecker	flächendeckend, Haftwurzeln	133
Kletter-Hortensie	*Hydrangea anomala* ssp. *petiolaris*	weiß, Juni bis Juli, Duft	40 bis 60 cm als Bodendecker	flächendeckend, Haftwurzeln	133
Rosen					
Flächenrosen	*Rosa*-Sorten	je nach Sorte rot, rosa, gelb, weiß, Juni bis Oktober	40 bis 100 cm	buschig	137

Fortsetzung auf der nächsten Seite ->

Bodendeckende Gehölze (Fortsetzung)

Deutscher Name	Botanischer Name	Blüte	Höhe	Wuchsform	Seite
Nadelsträucher					
Kriech-Wacholder	*Juniperus communis* 'Repanda'		10 bis 20 cm	polsterförmig, niederliegend	142
Blauer Teppich-Wacholder	*Juniperus horizontalis* 'Wiltonii'		bis 10 cm	niederliegend	142
Grüner Strauch-Wacholder	*Juniperus × media* 'Mint Julep'		40 bis 60 cm	trichterförmig	142
Gelber Strauch-Wacholder	*Juniperus × media* 'Old Gold'		40 bis 60 cm	breitbuschig bis ausgebreitet	142
Stein-Wacholder	*Juniperus procumbens* 'Nana'		bis 10 cm	niederliegend, polsterförmig	143
Tamarisken-Wacholder	*Juniperus sabina* 'Tamariscifolia'		20 bis 40 cm	niederliegend	143
Blauer Kissen-Wacholder	*Juniperus squamata* 'Blue Carpet'		20 bis 40 cm	niederliegend	143
Fächerwacholder	*Microbiota decussata*		10 bis 20 cm	polsterförmig, überhängend	144
Tafel-Eibe	*Taxus baccata* 'Repandens'		10 bis 20 cm	niederliegend	147
Japanische Zwerg-Eibe	*Taxus cuspidata* 'Nana'		40 bis 60 cm	breitbuschig, unregelmäßig	148

Gehölze für sandige Böden

Deutscher Name	Botanischer Name	Seite
Laubsträucher		
Feuer-Ahorn	*Acer ginnala*	72
Rosabunter Eschen-Ahorn	*Acer negundo* 'Flamingo'	73
Hängende Felsenbirne	*Amelanchier laevis* 'Ballerina'	74
Hecken-Berberitzen	*Berberis thunbergii* und Sorten	74
Hänge-Buddleje	*Buddleja alternifolia*	75
Säckelblume	*Ceanothus*-Sorten	77
Zierquitte	*Chaenomeles*-Sorten	77
Kornelkirsche	*Cornus mas*	80
Roter Perückenstrauch	*Cotinus coggygria* 'Royal Purple'	81
Edel-Ginster	*Cytisus*-Sorten	82
Stein-Ginster	*Genista lydia*	86
Frucht-Sanddorn	*Hippophae rhamnoides*-Sorten	87
Schwarzgrüner Liguster	*Ligustrum vulgare* 'Atrovirens'	89
Blauraute	*Perovskia abrotanoides*	91
Fasanenspiere	*Physocarpus opulifolius*-Sorten	91
Geschlitzter Essigbaum	*Rhus typhina* 'Dissecta'	94
Weide	*Salix*-Sorten	96
Zierlicher Duft-Flieder	*Syringa meyeri* 'Palibin'	99
Rosa Frühlings-Tamariske	*Tamarix parviflora*	100
Laubbäume		
Ahorn	*Acer*-Sorten	103
Echte Hänge-Birke	*Betula pendula* 'Youngii'	104
Gold-Hülse	*Gleditsia triacanthos* 'Sunburst'	106
Weide	*Salix*-Sorten	110
Kaskaden-Schnurbaum	*Sophora japonica* 'Pendula'	111

Deutscher Name	Botanischer Name	Seite
Immergrüne Laubgehölze		
Sommer-Heide	*Calluna vulgaris*-Sorten	115
Buntlaubige Ölweide	*Elaeagnus pungens* 'Maculata'	115
Bambus		
Schwarzer Bambus	*Phyllostachys nigra*	128
Hoher Bambus	*Phyllostachys viridiglaucescens*	128
Pfeil-Bambus	*Pseudosasa japonica*	128
Klettergehölze		
Klettergurke	*Akebia quinata*	129
Pfeifenwinde	*Aristolochia macrophylla*	130
Baumwürger	*Celastrus orbiculatus*	130
Schling-Knöterich	*Fallopia aubertii*	132
Gelber Winterjasmin	*Jasminum nudiflorum*	133
Mauerwein	*Parthenocissus quinquefolia* 'Engelmannii'	135
Chinesischer Blauregen	*Wisteria sinensis*	136
Nadelsträucher		
Wacholder	*Juniperus*-Sorten	141
Kiefern	*Pinus*-Sorten	145
Nadelbaum		
Panzer-Kiefer	*Pinus* leucodermis	153

Schnell wachsende Gehölze

Deutscher Name	Botanischer Name	Blüte	Höhe	Seite
Laubsträucher				
Feuer-Ahorn	*Acer ginnala*	gelblichweiß, Mai, Duft	300 bis 500 cm	72
Rosabunter Eschen-Ahorn	*Acer negundo* 'Flamingo'		200 bis 300 cm	73
Hänge-Buddleje	*Buddleja alternifolia*	lila, Juni, Duft	200 bis 300 cm	75
Schmetterlingsstrauch	*Buddleja davidii*-Sorten	je nach Sorte weiß, rosa, rot, violett, Juli bis Oktober, Duft	200 bis 300 cm	76
Purpur-Hasel	*Corylus maxima* 'Purpurea'	rot, März bis April	150 bis 200 cm	81
Goldglöckchen	*Forsythia × intermedia*-Sorten	gelb, März bis April	250 cm, je nach Sorte	85
Gefüllter Ranunkelstrauch	*Kerria japonica* 'Pleniflora'	gelb, April bis Mai	150 bis 200 cm	88
Schwarzgrüner Liguster	*Ligustrum vulgare* 'Atrovirens'	cremeweiß, Juni bis Juli, Duft	100 bis 150 cm	89
Glockenstrauch	*Weigela*-Sorten	je nach Sorte rot, weiß, rosa, Juni bis August	250 cm, je nach Sorte	102
Laubbäume				
Säulen-Ahorn	*Acer platanoides* 'Columnare'	gelbgrün, April	über 700 cm	103
Gold-Hülse	*Gleditsia triacanthos* 'Sunburst'	weißlich, Juni, Duft	500 bis 700 cm	106
Amberbaum	*Liquidambar styraciflua*		500 bis 700 cm	107
Gold-Akazie	*Robinia pseudoacacia* 'Frisia'	weiß, Mai bis Juni, Duft	über 700 cm	109
Korkenzieher-Akazie	*Robinia pseudoacacia* 'Tortuosa'	selten	500 bis 700 cm	110
Hänge-Weide	*Salix alba* 'Tristis'	gelb, April	über 700 cm	110
Eßbare Eberesche	*Sorbus aucuparia* 'Edulis'	weiß, Mai	500 bis 700 cm	111
Immergrüne Laubgehölze				
Gold-Liguster	*Ligustrum ovalifolium* 'Aureum'	weiß, Juni bis Juli, Duft	60 bis 100 cm	119
Bambusse				
Bambus	*Bambus*-Sorten		100 bis 600 cm	127
Klettergehölze				
Klettergurke	*Akebia quinata*	violettrosa, Mai, Vanille-Duft	300 bis 500 cm	129
Pfeifenwinde	*Aristolochia macrophylla*	gelbrot, Juni bis August	500 bis 700 cm	130
Rote Klettertrompete	*Campsis* 'Mme. Galen'	orange, Juli bis September	300 bis 500 cm	130
Baumwürger	*Celastrus orbiculatus*		500 bis 700 cm	130
Waldrebe	*Clematis*-Sorten	je nach Sorte rot, weiß, rosa, Juni bis September	200 bis 700 cm	132
Schling-Knöterich	*Fallopia aubertii*	weiß, August bis Oktober	500 bis 700 cm	132
Geißschlinge	*Lonicera*-Sorten	je nach Sorte , Juni bis Oktober, Duft	200 bis 500 cm	134
Mauerwein	*Parthenocissus quinquefolia* 'Engelmannii'	weiß, Juli bis August	500 bis 700 cm	135
Wilder Wein	*Parthenocissus tricuspidata* 'Veitchii'	gelblichgrün, Juni bis Juli	500 bis 700 cm	135
Scharlach-Wein	*Vitis coignetiae*	rostrot-filzig	300 bis 500 cm	135
Chinesischer Blauregen	*Wisteria sinensis*	lilablau, Mai bis Juni, Duft	300 bis 500 cm	136
Rosen				
Flächen-, Strauch- und Kletterrosen	*Rosa*-Sorten	je nach Sorte rot, rosa, gelb, weiß, Juni bis Oktober	60 bis 500 cm	137
Nadelbäume				
Gelbe Baumzypresse	*× Cupressocyparis leylandii* 'Castlewellan Gold		500 bis 700 cm	151

In diesem Kapitel möchten wir Ihnen die schönsten Gehölze für Garten und Terrasse vorstellen. Dazu einige Hinweise:

Gruppenordnung: Die Arten bzw. Sorten sind nach folgenden gängigen Gruppen geordnet:

- Laubsträucher
- Laubbäume
- Immergrüne Laubgehölze
- Rhododendren
- Bambusse
- Klettergehölze
- Rosen
- Nadelsträucher
- Nadelbäume

Diese Ordnung gibt bereits erste Hinweise auf Eigenschaften und Verwendungsmöglichkeiten der Gehölze. Innerhalb jeder Gruppe sind die Gehölze alphabetisch nach ihrem botanischen Namen geordnet; ältere, offiziell nicht mehr gültige, aber dennoch gebräuchliche Synonyme sind in Klammern angegeben.

Jede genannte Art bzw. Sorte ist für unsere Klimaverhältnisse geeignet und wird konsequent nach einem einheitlichen Schema vorgestellt:

Charakter: Der den besonderen Wert eines Gehölzes ausmachende Charakter wird hier beschrieben. Die Beschreibung ist als Gegenpol zu den nüchternen Profildaten wie Wuchshöhe, Blütezeit und Fruchtform zu verstehen. Dennoch bleibt jede Bewertung dieser Art natürlich subjektiv.

Standort: Alle Angaben zu Lichtverhältnissen sind nicht als absolutes Dogma zu verstehen, sondern auf den jeweiligen Idealanspruch des Gehölzes bezogen. Die Lichttoleranz aller Gartenpflanzen kann nämlich standortbedingt erheblich schwanken. Viele Gehölze sind beispielsweise auf bodenfeuchten Standorten wesentlich sonnentoleranter als auf trockenen Pflanzstellen.

Wuchsform: Die Angaben geben Hinweise auf den Wuchscharakter, etwa ob die Triebe locker überhängen oder sich kompakt bündeln.

Höhe: Die Angaben zur Wuchshöhe bezeichnen nicht die Endhöhen uralter Gehölzmethusalems, sondern beziehen sich auf ein Pflanzenalter nach 5 bis 15 Wachstumsjahren eines Gehölzes ab dem Kauf in einer gängigen Größe. Auf welches Alter sich die Angaben beziehen, ist vor der jeweiligen Gruppe vermerkt.

Blütezeit/Blüte: Blütenfarben werden erwähnt, wenn sie einen Zierwert haben. Sie wurden der Übersichtlichkeit wegen auf Grundfarben reduziert. Neben der Blütenfarbe wird auch – außer bei Einzelblüten – die Art des Blütenstands angegeben, also z. B. Traube oder Kätzchen. Blühzeiten können regional, aber auch jahrgangsweise erheblich schwanken. Die genannten Angaben sind durchschnittliche, bundesweite Erfahrungswerte.

Duft: Duft wird nur erwähnt, wenn er deutlich wahrnehmbar ist.

Frucht/Zapfen: Ist beschrieben, wenn ein Schmuckwert vorliegt. Unscheinbare Früchte und Zapfen bleiben unerwähnt.

Rinde/Triebe: Werden nur erwähnt, wenn sie einen Schmuckwert darstellen (siehe auch Seite 41).

Laub/Nadeln: Hier werden Angaben zu Form, Farbe (wenn von Grün abweichend) und Größe gegeben.

Herbstfärbung: Wird mit Farbangabe erwähnt, wenn von besonderem Zierwert.

Hecke – Schnitthöhe: Bietet Hinweise bei heckengeeigneten Gehölzen auf übliche bzw. erreichbare Schnitthöhen.

Verwendung: Enthält Hinweise darauf,

- für welche Gartenstile (Auswahl) das Gehölz üblicherweise verwendet werden kann (z. B. Stein-, Heide-, Japan-, Dach-, Bauerngarten),

2 Die schönsten Ziergehölze im Porträt

- ob eine bestimmte Wuchsform eine besondere Verwendung ermöglicht (z. B. als Bodendecker, Formgehölz),
- ob ein besonderer ökologischer Nutzen vorliegt (Wildfrucht, heimische Art, Vogelschutz bzw. -nährgehölz, Bienenweide, Schnittgehölz),
- ob weitere besondere Eigenschaften den Gartenwert des Gehölzes für den Pflanzenfreund erhöhen (schnellwachsend, für Sandböden, Grabstellen, Schattenlagen geeignet, in Teichnähe passend, frosthartes Kübelgehölz).

Pflegetipps: Hier werden meist Hinweise zur Schnittverträglichkeit und dem Einfluss auf Blühverhalten und die Blütenfülle genannt. Das Regenerationsvermögen von Gehölzen nimmt z. B. mit dem Lichtangebot ab, und viele Gehölze bestocken (verzweigen) sich unter Schattendruck nur unzureichend. Daneben werden besondere artspezifische Praxistipps gegeben.

Sortenauswahl: Bei besonders sortenreichen Gruppen schließt sich eine Sortenauswahl an. Sie erhebt keinen Anspruch auf Vollständigkeit, umfasst jedoch weitestgehend alle bewährten, im Fachhandel verfügbaren **Sorten.**

Laubsträucher

– sommerliche Farbenspender und winterliche Strukturgehölze in einem

Laubsträucher geben unseren Gärten Struktur, sie haben viele Gesichter. Wenn es Frühling wird, erwachen die Gehölze mit ihrem Austrieb. Es folgen die bekannten Blühmonate April und Mai, in denen zahllose Laubsträucher den Farbpinsel schwingen. Nach diesem Blütenfeuerwerk beruhigt sich der erste Farbenrausch ein wenig. Der Sommer gehört den Duft- und buntlaubigen Gehölzen mit ihren vielfältigen Nuancen. Im Herbst verabschieden sich viele Sträucher mit einer bunten Laubfärbung. Besondere Kostbarkeiten sind die Winterblüher, die Farbe in das winterliche Weiß bringen. Mit Reif überzogen, bezaubert zudem die malerisch gewundene oder mit Korkleisten umrandete Triebform vieler Straucharten.

Botanisch betrachtet, sind Laubsträucher strauchartig wachsende, laubabwerfende Gehölze. Sträucher wachsen im Gegensatz zu Bäumen mehrstämmig, bleiben auch im Alter relativ niedrig und bilden keine deutliche Trennung in Stamm und Krone aus. Sie unterstreichen durch eine oder mehrere besondere Eigenschaften ihren Gartenwert. Diese Eigenschaften können eine hübsche Blüte, zierende Belaubung und Früchte, aber auch Schnittverträglichkeit (Hecken), flächendeckende Wuchsform (Bodendecker) oder ein besonderer ökologischer Wert (u. a. Wildsträucher) sein. Höher werdende Arten mit baumartigem Wuchs finden Sie bei den Laubbäumen.

Anhand der Laub- oder Wuchsform eines Gehölzes können Sie bereits Rückschlüsse auf Licht- und Standortbedürfnisse ziehen. Derb-ledrige oder/und kleine Blätter lassen auf Hitzeverträglichkeit schließen, geschlitztes oder gefiedertes Laub ist häufig sehr windangepasst, ältere Gehölze, die bis ins Innere belaubt sind, gelten als schattentolerant, nur an den Außenseiten belaubte Sträucher oder Bäume signalisieren Sonnenhunger, rotes Laub toleriert ebenfalls viel Sonne, bläulich-silbriges Laub weist auf eine hohe Trockenheitstoleranz hin, viel Bodenfeuchte wünschen frischgrüne Gehölze, während gelbblättrige Laubgehölze bei ungleichmäßigem Bodenfeuchteangebot zum Verbrennen neigen, usw.

Angaben zur Wuchshöhe bezeichnen bei den Laubsträuchern die Höhe des Gehölzes nach fünf Jahren im Garten auf durchschnittlichen Standorten. Ausgangspflanzen waren dabei mehrjährige Sträucher, die in einer gängigen Pflanzgröße gekauft wurden.

Schneeforsythie
Abeliophyllum distichum

Charakter: Koreanisches Gartenjuwel, das den Vorfrühling eröffnet. Die weißen Blüten duften intensiv nach Mandeln und ähneln Forsythienblüten.

Standort: sonnig bis halbschattig

Wuchsform: breit buschig

Höhe: 150 bis 200 cm

Blüte: weiß, Traube

Blütezeit: März bis April

Duft: Mandelduft

Laub: eiförmig, bis 8 cm

Verwendung: Japangarten, Blütentriebe für Schnitt und zum Antreiben.

Pflegetipp: Geschützte Lage, junge Sträucher im Winter mit Laubschicht schützen.

Feuer-Ahorn
Acer ginnala

Charakter: Herbstlicher Feuerkopf, der das Gartenjahr mit leuchtend rotem Herbstlaub verabschiedet. Robuster Lärmschlucker an Straßen und Böschungen.

Standort: sonnig bis schattig

Wuchsform: buschig, ausladend

Höhe: 300 bis 500 cm

Blüte: gelblichweiß, Rispe

Blütezeit: Mai

Duft: wohlriechend

Frucht: geflügelt, leuchtend rot

Laub: dreilappig, bis 8 cm

Herbstfärbung: rot

Verwendung: Windschutz, Vogelschutzgehölz, Vogelnährgehölz, schnellwüchsiges Gehölz, für Sandböden, Dachgarten.

Pflegetipp: In der Jugend gut schnittverträglich, mit zunehmendem Alter auf radikale Verjüngungsschnitte verzichten.

Japanischer Feuer-Ahorn

Acer japonicum 'Aconitifolium'

Charakter: Ausgesprochener Solist mit asiatischer Aura. Das tief und mehrfach geschlitzte Laub entflammt im Herbst feurigrot und kommt in Einzelstellung, etwa auf einer Rasenfläche, angemessen zur Geltung.

Standort: sonnig bis halbschattig

Wuchsform: bogig überhängend

Höhe: 100 bis 150 cm

Blüte: purpur/gelb, Traube

Blütezeit: April bis Mai

Frucht: geflügelt

Laub: geschlitzt, bis 15 cm

Herbstfärbung: rot

Verwendung: Heidegarten, Japangarten, Bienenweide.

Japanischer Feuer-Ahorn

Rosabunter Eschen-Ahorn

Pflegetipp: Unterpflanzung mit wuchszahmen Stauden schützt die flachen Wurzeln vor Erwärmung.

Rosabunter Eschen-Ahorn

Acer negundo 'Flamingo'

Charakter: Bodentoleranter Strauch oder kleiner Baum, der mit seinem flamingorosafarbenen Laubaustrieb die Blicke im Frühjahr auf sich zieht. Idealer »Sonnenschirm« für schattensuchende Rhododendren.

Standort: sonnig

Wuchsform: buschig, ungeschnitten kleiner Baum

Höhe: 200 bis 300 cm

Laub: weißrosa gerandet, gefiedert, über 20 cm, Austrieb rosa

Verwendung: schnellwüchsiges Gehölz, für Sandböden, als Zierstamm angeboten, in Teichnähe, frosthartes Kübelgehölz.

Pflegetipp: Rückschnitt im mehrjährigen Turnus fördert dekorativen Austrieb. Triebe mit reingrünen Blättern (= Rückmutation) entfernen.

Fächer-Ahorn

Acer palmatum-Sorten

Charakter: Japanische Kostbarkeiten mit ornamentalen Laubstrukturen für feingliedrige Gartenarrangements auf kleinstem, lichtschattigem Raum.

Standort: sonnig bis halbschattig

Wuchsform: trichterförmig, aufrecht, viele Sorten auch betont überhängend

Höhe: bis 100 cm, einige Sorten 200 bis 300 cm

Laub: grün oder rot, gelappt bzw. geschlitzt, bis 10 cm

Verwendung: Heidegarten, Steingarten, Japangarten.

Pflegetipp: Unterpflanzung mit wuchszahmen Stauden und Bodendeckern schützt die flachen Wurzeln vor Erwärmung.

Sortenauswahl (Laubfarbe, Höhe): 'Atropurpureum' (rot, bis 300 cm), 'Bloodgood' (rot, bis 200 cm), 'Dissectum' (grün, Herbstlaub gelborange, bis 100 cm), 'Dissectum Garnet' (rot, bis 100 cm), 'Osakazuki' (grün, Herbstlaub rot, bis 150 cm), 'Sangokaku' (grün, Herbstlaub gelbrot, Rinde leuchtend rot, bis 200 cm).

Fächer-Ahorn 'Sangokaku'

Gold-Ahorn

Gold-Ahorn

Acer shirasawanum 'Aureum'
(Syn.: *A. japonicum* 'Aureum')

Charakter: Wertvollster Gelblauber mit asiatischer Ausstrahlung. Einzelstücke sind unbezahlbare Goldschätze, die durch ihren langsamen Wuchs Jahrzehnte im Rahmen bleiben.

Standort: halbschattig

Wuchsform: buschig bis trichterförmig

Höhe: 60 bis 100 cm

Blüte: creme, Doldentraube

Blütezeit: Mai bis Juni

Frucht: geflügelt, rot

Laub: gelb, gelappt, bis 13 cm

Herbstfärbung: gelbrot

Verwendung: Japangarten, in Teichnähe.

Pflegetipp: in vollsonniger Lage Blattverbrennungen möglich.

Hängende Felsenbirne

Amelanchier laevis 'Ballerina'

Charakter: Malerisch wachsende Veredlung der Felsenbirne mit sehr großen Blütentrauben und Früchten. Der multifunktionale Strauch trägt ab Juli genießbare Beeren in großer Fülle.

Standort: sonnig bis halbschattig

Wuchsform: bogig überhängend

Höhe: 200 bis 300 cm

Blüte: weiß, Traube

Blütezeit: April bis Mai

Frucht: schwarzrot

Laub: oval, bis 10 cm

Herbstfärbung: gelbrot

Verwendung: Wildobst (früherer Korinthenersatz), Heidegarten, Vogelnährgehölz, Bienenweide, Blütentriebe zum Vasenschnitt, Formgehölz, für Sandböden, als Zierstamm angeboten, Dachgarten, in Teichnähe, frosthartes Kübelgehölz.

Pflegetipp: Rückschnitt nicht empfehlenswert, Auslichten im mehrjährigen Rhythmus vollkommen ausreichend. Veredelte Pflanze, Wildtriebe sofort entfernen.

Stachel-Aralie

Aralia elata

Charakter: Mehrstämmig wachsender Großstrauch mit bizarrem Wuchs für besondere Gartenplätze. Sein alter Name »des Teufels Krückstock« bezeichnet treffend die dicken, stacheligen, unheimlich wirkenden Grundtriebe. Mephisto lässt grüßen.

Standort: sonnig

Wuchsform: bizarr, mehrstämmig, locker

Höhe: 200 bis 300 cm

Blüte: cremeweiß, Trugdolde

Blütezeit: August bis September

Frucht: schwarz, Samen giftig

Trieb: Triebdornen

Laub: doppelt gefiedert, bis 70 cm

Herbstfärbung: gelb, auch rot

Verwendung: Japangarten, Bienenweide.

Pflegetipp: Verjüngungsschnitt bis auf 50 cm möglich, nimmt dem bizarren Wuchs jedoch seine Ausstrahlung und kann unerwünschte Ausläuferbildung fördern.

Grüne Hecken-Berberitze

Berberis thunbergii

Charakter: Ungewöhnlich robustes und anspruchsloses Gehölz, belastbarer Schwerarbeiter für raueste Standorte. Dank bester Schnittfestigkeit bewährter Heckenstrauch.

Grüne Hecken-Berberitze

Standort: sonnig bis halbschattig

Wuchsform: buschig

Höhe: 150 bis 200 cm

Blüte: primelgelb, Traube

Blütezeit: Mai

Frucht: rot

Trieb: bedornt

Laub: eiförmig, bis 3 cm

Hecke – Schnitthöhe: 50 bis 80 cm

Verwendung: Wildobst, Vogelschutzgehölz, Vogelnährgehölz, Bienenweide, für Sandböden, Dachgarten, frosthartes Kübelgehölz.

Pflegetipp: Sehr gut schnittverträglich, starke Langtriebe bereits im Sommer einkürzen.

Kleine Blut-Berberitze

Rote Hecken-Berberitze

Berberis thunbergii 'Atropurpurea'

Charakter: Robustester rotlaubiger Strauch, gefärbtes Pendant zur Grünen Hecken-Berberitze. Problemloser Heckenstar, außergewöhnlich schnitt- und windfest.

Standort: sonnig bis halbschattig

Wuchsform: buschig

Höhe: 150 bis 200 cm

Blüte: primelgelb, Traube

Blütezeit: Mai

Frucht: rot

Trieb: bedornt

Laub: rot, eiförmig, bis 3 cm

Hecke – Schnitthöhe: 50 bis 80 cm

Verwendung: Wildobst, Vogelschutzgehölz, Vogelnährgehölz, Bienenweide, für Sandböden, Dachgarten, frosthartes Kübelgehölz.

Pflegetipp: Sehr gut schnittverträglich.

Kleine Blut-Berberitze

Berberis thunbergii 'Atropurpurea Nana'

Charakter: Lady in Red, kleine Schwester der beiden mannshohen Hecken-Berberitzen. Robuste, wehrhafte, hundesichere Alternative für farbige Einfassungen und attraktive Flächenbegrünung.

Standort: sonnig bis halbschattig

Wuchsform: buschig

Höhe: 40 bis 60 cm

Blüte: primelgelb, Traube

Blütezeit: Mai

Trieb: bedornt

Laub: rot, eiförmig, bis 2 cm

Hecke – Schnitthöhe: 20 bis 40 cm

Verwendung: Bodendecker, Heidegarten, Steingarten, Bienenweide, für Sandböden, für Grabstellen, frosthartes Kübelgehölz, Minigärten.

Pflegetipp: Gut schnittverträglich.

Hänge-Buddleje

Buddleja alternifolia

Charakter: Faszinierender Prunkstrauch, der sich mit seinen überhängenden Trieben insbesondere auf erhöhten Standorten wirkungsvoll in Szene setzt. In der Sommerhitze schimmern die Blätter silbergrau.

Standort: sonnig

Wuchsform: buschig

Höhe: 200 bis 300 cm

Blüte: lila, Büschel

Blütezeit: Juni

Duft: intensiv

Laub: lanzettlich, bis 10 cm

Verwendung: Steingarten, Japangarten, Bienenweide, schnellwüchsiges Gehölz, für Sandböden, Dachgarten.

Pflegetipp: Auf Rückschnitt verzichten, alte Sträucher können jedoch ausgelichtet werden.

Hänge-Buddleje

Schmetterlingsstrauch
Buddleja davidii-Sorten

Charakter: Schmetterlingsmagnet, der sehr stark von Faltern aller Art frequentiert wird. Der Sonnenanbeter weiß aber auch Gartenfreunde mit seinem duftigen Blütenreichtum in den Bann zu ziehen.
Standort: sonnig
Wuchsform: trichterförmig
Höhe: 200 bis 300 cm
Blüte: je nach Sorte weiß, rosa, rot, violett, Rispen bis 50 cm
Blütezeit: Juli bis Oktober
Duft: angenehm, zum Teil herb-aromatisch
Laub: lanzettlich, bis 20 cm
Verwendung: Bienenweide, Blütentriebe für Schnitt, schnellwüchsiges Gehölz, Dachgarten.
Pflegetipp: Radikaler Frühjahrsschnitt sichert sommerliche Blütenfülle. Auf nährstoffarmen Standorten bessere Ausreife des Holzes. Wurzelbereich junger Pflanzen im Winter mit Laub- oder Reisigdecke schützen.

Schmetterlingsstrauch

Sortenauswahl (Blüte, Duft): 'Black Knight' (violett, leicht), 'Border Beauty' (rotviolett, intensiv), 'Empire Blue' (blau, intensiv), 'Fascination' (rosa, leicht), 'Nanho Blue' (blau, intensiv), 'Nanho Purple' (violett, intensiv), 'Niobe' (rotviolett, leicht), 'Peace' (weiß, leicht), 'Pink Delight' (rosa, intensiv), 'Purple Prince' (violett, intensiv), 'Royal Red' (rotviolett, leicht), 'Summer Beauty' (rosa, intensiv).

Liebesperlenstrauch
Callicarpa bodinieri var. *giraldii*

Charakter: Das Besondere am Liebesperlenstrauch ist seine lilafarbene Fruchtzierde, die im Herbst als herrlicher Vasenschmuck auch im Wohnbereich die Sinne beflügelt.

Liebesperlenstrauch

Standort: sonnig bis halbschattig
Wuchsform: buschig
Höhe: 100 bis 150 cm
Blüte: violett, Trugdolde
Blütezeit: Juli bis August
Frucht: lila
Laub: oval, bis 12 cm
Herbstfärbung: gelb
Verwendung: Japangarten, Vogelnährgehölz, Fruchttriebe für Schnitt.
Pflegetipp: Deutlich reicherer Fruchtansatz, wenn in Gruppen gepflanzt. Winterschutz für junge Pflanzen ratsam. Radikaler Rückschnitt verunstaltet die natürliche Schönheit des Strauches.

Echter Gewürzstrauch
Calycanthus floridus

Charakter: Diesen ungewöhnlichen Strauch schmücken süßlich und aromatisch duftende Blüten, die wie dunkelrote Broschen zwischen dem Laubwerk sitzen.
Standort: sonnig bis halbschattig
Wuchsform: buschig
Höhe: 150 bis 200 cm
Blüte: rotbraun
Blütezeit: Juni bis Juli
Duft: gewürzähnlicher Duft
Frucht: giftig, sehr selten
Laub: elliptisch, glänzend, über 12 cm
Herbstfärbung: gelb
Verwendung: Duftgarten, auch im Kübel
Pflegetipp: Junge Pflanze im Winter mit Laubschicht schützen.

Bartblume
Caryopteris-Sorten

Charakter: Hummel-Tummelplatz im blütenarmen Spätsommer. Erleben Sie Ihr blaues Gartenwunder mit diesem Sofortblüher, der neben Rosen, Gräsern und graulaubigen Stauden schon im ersten Jahr bestens zur Wirkung kommt.

Standort: sonnig
Wuchsform: buschig, vieltriebig
Höhe: 60 bis 100 cm
Blüte: blau, Büschel, am diesjährigen Holz
Blütezeit: August bis Oktober
Laub: auf der Unterseite silbrig schimmernd, bis 8 cm
Verwendung: Heidegarten, Steingarten, Bienenweide, Blütentriebe für Schnitt, Dachgarten.
Pflegetipp: Winterschutz an der Basis, regelmäßiger kräftiger Frühjahrsschnitt steigert die Blütenfülle.
Sortenauswahl: 'Heavenly Blue' (blau), 'Kew Blue' (dunkelblau), 'Grand Blue' (blau, Laub glänzend).

Bartblume 'Grand Blue'

Säckelblume

Ceanothus-Sorten

Charakter: Unermüdlich füllt dieser wärmeliebende Schmuckstrauch die blütenarme Zeit vom Juli bis zum Frost. Wählen Sie auf

Säckelblume

Grund der Frostempfindlichkeit einen geschützten Standort.
Standort: sonnig
Wuchsform: buschig
Höhe: 60 bis 100 cm
Blüte: je nach Sorte rosa oder blau, Rispen
Blütezeit: Juli bis Oktober
Laub: eilänglich, bis 8 cm
Verwendung: Vor schützenden Mauern, in Schrebergärten, für Sandböden.
Pflegetipp: Winterschutz im Wurzelbereich, regelmäßiger kräftiger Frühjahrsschnitt steigert Blütenfülle.
Sortenauswahl: 'Gloire de Versailles' (blauviolett), 'Marie Simon' (lachsrosa), 'Topaze' (himmelblau).

Herzbaum

Cercis siliquastrum

Charakter: Aus diesem Blütenstrauch drängen die Blüten im Frühjahr förmlich hervor. Sogar aus dicken Ästen und alten Stämmen sprießt die rosaviolette Farbenpracht, die sich zu einem spektakulären Blütenschleier verdichtet.
Standort: sonnig
Wuchsform: trichterförmig, wird in milden Regionen auch zum kleinen Baum
Höhe: 200 bis 300 cm
Blüte: rosaviolett, Traube, essbar (Salatzutat)
Blütezeit: April bis Mai
Frucht: rotbraun, Hülse, bleibt den Winter über haften
Laub: herzförmig, bis 12 cm
Verwendung: Japangarten, Bienenweide.
Pflegetipp: Geschützter Standort, Südlage, verträgt stärkeren Rückschnitt.

Zierquitte

Chaenomeles-Sorten

Charakter: Vereint Zierde und Nutzen auf besonders »essthetische« Art und Weise: Weithin leuchtenden Blütenschalen entspringen duftende Früchte, die sich bestens als inhaltsreiches Küchenobst eignen.
Standort: sonnig bis halbschattig
Wuchsform: breit ausladend
Höhe: 60 bis 100 cm

Zierquitte

Blüte: je nach Sorte rot, weiß, rosa
Blütezeit: April bis Mai
Frucht: gelbgrün
Trieb: Kurzdornen
Laub: oval, ledrig, bis 5 cm
Verwendung: Wildobst, Heidegarten, Vogelschutzgehölz, Vogelnährgehölz, Bienenweide, Blütentriebe zum Vasenschnitt, für Sandböden, Dachgarten, frosthartes Kübelgehölz.
Pflegetipp: Nicht im Wurzelbereich graben, Verjüngung mit zunehmendem Alter weniger erfolgversprechend. Bildet auch ohne Schnitt reichlich Blütentriebe.
Sortenauswahl: 'Cido' (orangerot, besonders vitaminreiche »Nordischer Zitronenbaum«), 'Crimson and Glory' (dunkelrot), 'Nivalis' (weiß), 'Elly Mossel' (orangerot, sommerliche Nachblüte), 'Firedance' (rot), 'Nicoline' (dunkelrot).

Rosen-Ginster

Chamaecytisus purpur eus
(Syn.: *Cytisus purpureus)*

Charakter: Kaum kniehohes Blütenkissen in ungewöhnlichem Purpur. Die großen Blüten erscheinen in einer derartigen Fülle, dass sich die feinen Triebe der hübschen Last ergeben und zu Boden legen.
Standort: sonnig
Wuchsform: buschig
Höhe: 40 bis 60 cm
Blüte: rosarot
Blütezeit: Juni bis Juli
Laub: dreiteilig, bis 2 cm
Verwendung: Heidegarten, Steingarten, Bienenweide, für Grabstellen, Dachgarten.
Pflegetipp: Vor Wildfraß (Kaninchen) schützen.

Winterblüte

Winterblüte

Chimonanthus praecox

Charakter: Chinesische Kostbarkeit, die den Gartenfreund mitten im Winter erfreut. Stark duftende Glockenblüten öffnen sich bereits ab Dezember und bleiben wochenlang attraktiv.
Standort: sonnig
Wuchsform: rundlich, buschig
Höhe: 200 bis 300 cm
Blüte: hellgelb
Blütezeit: Dezember bis Februar
Duft: intensiv, nach Vanille
Laub: oval, bis 15 cm
Verwendung: Vorgarten, Duftgarten, Blütentriebe zum Vasenschnitt (Weihnachten).
Pflegetipp: Als Spalier an geschützter Mauer in Fensternähe.

Weißbunter Purpur-Hartriegel

Cornus alba 'Sibirica Variegata'

Charakter: Strahlend weißes Laub, leuchtend rote Rinde, enorme Frosthärte und Robustheit, Vogel- und Sichtschutzgehölz – ein echtes Multitalent.
Standort: sonnig bis schattig
Wuchsform: breit buschig
Höhe: 150 bis 200 cm
Blüte: cremefarben, Trugdolde
Blütezeit: Mai bis Juni
Frucht: weißlich bis hellblau
Rinde: rötlich
Laub: weißbunt, oval, bis 8 cm
Herbstfärbung: rotorange

Weißbunter Purpur-Hartriegel ...

... und dessen Fruchtschmuck

Verwendung: Vogelschutzgehölz, Vogelnährgehölz, Bienenweide, Dekortriebe zum Schnitt, in Teichnähe, frosthartes Kübelgehölz.

Pflegetipp: Rückschnitt im mehrjährigen Turnus fördert leuchtend rotrindige Jungtriebe, jedoch sind radikale Verjüngungsschnitte mit zunehmendem Alter weniger erfolgversprechend.

Teppich-Hartriegel

Gelbbunter Purpur-Hartriegel

Cornus alba 'Spaethii'

Charakter: Gelbbunter Bruder des Weißbunten Purpur-Hartriegel. Vitaler Allrounder, der das Thema »buntlaubiger Garten« kontrastreich erweitert.

Standort: sonnig bis schattig

Wuchsform: breit buschig

Höhe: 100 bis 150 cm

Blüte: cremefarben, Trugdolde

Blütezeit: Mai bis Juni

Frucht: weißlich bis hellblau

Rinde: rötlich

Laub: gelbbunt, oval, bis 8 cm

Herbstfärbung: rotorange

Verwendung: Vogelschutzgehölz, Vogelnährgehölz, Bienenweide, Dekortriebe für Schnitt, in Teichnähe, frosthartes Kübelgehölz.

Pflegetipp: siehe Weißbunter Purpur-Hartriegel.

Teppich-Hartriegel

Cornus canadensis

Charakter: Zunächst weißblühendes, dann rotfrüchtiges Flächenwunder, das selbst im vollen Schatten kahle Bodenstellen mit seinem grünen Blattwerk attraktiv überzieht. Ideal zu Rhododendren, immergrünen Gehölzen und zur Unterpflanzung lichter Gehölze.

Standort: sonnig bis schattig

Wuchsform: polsterförmig

Höhe: 10 bis 20 cm

Blüte: rahmweiß

Blütezeit: Juni

Frucht: rot, zu mehreren

Laub: oval, bis 5 cm

Verwendung: Bodendecker, Heidegarten, für Grabstellen, toleriert Vollschatten.

Weißbunter Pagoden-Hartriegel

Cornus controversa 'Variegata'

Charakter: Wertvollstes weißbuntes Strukturgehölz, das würdevoll, stilsicher und edel an geschützten Gartenplätzen seine etagenartigen, fast waagerechten Triebschwingen entfaltet.

Standort: sonnig bis halbschattig

Wuchsform: breit ausladend, Triebe in Etagen

Höhe: 150 bis 200 cm

Blüte: weiß, Schirmrispe

Blütezeit: Juni

Frucht: blauschwarz

Laub: weißbunt, oval, bis 16 cm

Herbstfärbung: rot

Verwendung: Heidegarten, Japangarten, in Teichnähe.

Pflegetipp: Unbedingt geschützter Standort, Rückschnitt möglich, verunstaltet jedoch die malerische Wuchsform und natürliche Schönheit des Strauches.

Chinesischer Blumen-Hartriegel

Cornus kousa var. *chinensis*

Charakter: Wer seinem Garten fernöstliches Flair verleihen möchte, liegt mit diesem chinesischen Aristokraten richtig. Nach der imposanten Blüte zieren himbeerartige, rosafarbene Früchte den pittoresken Edelstrauch.

Chinesischer Blumen-Hartriegel

Standort: sonnig bis halbschattig
Wuchsform: trichterförmig
Höhe: 200 bis 300 cm
Blüte: weiß, sternförmige Hochblätter
Blütezeit: Mai
Frucht: rosa
Laub: oval, bis 10 cm
Herbstfärbung: gelbrot
Verwendung: Heidegarten, Japangarten, in Teichnähe.
Pflegetipp: Geschützter Standort; Rückschnitt möglich, verunstaltet jedoch die malerische Wuchsschönheit.

Kornelkirsche

Cornus mas

Charakter: Ökologisch fleißigstes und umtriebigstes Mitglied der *Cornus*-Familie. Der vielseitige Wildobst-Spender fällt bereits im Vorfrühling durch erstes Blütengelb angenehm auf und beschließt das Gartenjahr mit einer auffälligen Herbstbelaubung.

Standort: sonnig bis schattig
Wuchsform: breit buschig
Höhe: 200 bis 300 cm
Blüte: gelb, Dolde
Blütezeit: März bis April
Frucht: rot, bis 2 cm
Laub: oval, bis 10 cm
Herbstfärbung: gelborange
Verwendung: Wildobst, heimisches Gehölz, Vogelschutzgehölz, frühe Bienenweide, Blütentriebe für Schnitt, Formgehölz, für Sandböden, Bauerngarten.
Pflegetipp: Sehr gut schnittverträglich, selbst aus altem Holz gut nachtreibend.

Paradiesischer Blumen-Hartriegel

Cornus nuttallii

Charakter: Schönster Blumen-Hartriegel für paradiesische Gärten. Beste Herbstfärbung, größte *Cornus*-Blüte – dies sind nur zwei der vielen Superlative, die dieses Prachtgehölz für luftfeuchte Gartenlagen in sich vereint. Wer nur Platz für einen einzigen Blütensolitär hat, sollte hier zugreifen.

Standort: sonnig bis halbschattig
Wuchsform: breit buschig
Höhe: 200 bis 300 cm
Blüte: cremeweiß, sternförmige Hochblätter
Blütezeit: Mai
Frucht: rot
Laub: eiförmig, bis 12 cm
Herbstfärbung: gelbrot
Verwendung: Heidegarten, in Teichnähe.
Pflegetipp: Junge Pflanzen etwas heikel und schutzbedürftig, später problemlos und frosthart.

Niedrige Glockenhasel

Corylopsis pauciflora

Charakter: Frühlingsblühender Kleinstrauch, der den grauen Winter schnell vergessen macht. Das feingliedrige Kleinod muntert selbst kleinste Gartenpartien auf. Besonders schön in kleinen Gruppen, eingebettet in blaublühende Blumenzwiebel.

Standort: sonnig bis halbschattig
Wuchsform: buschig
Höhe: 60 bis 100 cm
Blüte: gelb, Ähre
Blütezeit: März bis April
Duft: leicht, nach Primeln
Laub: oval, bis 7 cm
Herbstfärbung: gelb
Verwendung: Heidegarten, Steingarten, Japangarten, Blütentriebe für Schnitt (Weihnachten), für Grabstellen.
Pflegetipp: Geschützter Standort, nicht im Wurzelbereich graben, Boden in den ersten drei Jahren offen halten.

Niedrige Glockenhasel

Korkenzieher-Hasel

Corylus avellana 'Contorta'

Charakter: Imposanter Dekorstrauch mit »Dauerwelle«. Die gedrehten Triebe sind nicht nur im Garten ein winterlicher Schmuck, sondern auch als Vasenzierde zur Advents- und Osterzeit begehrt.

Standort: sonnig bis halbschattig

Wuchsform: breit buschig

Höhe: 100 bis 150 cm

Blüte: gelb, Kätzchen

Blütezeit: März bis April

Frucht: kleine Haselnuss, essbar

Trieb: gedreht

Laub: eiförmig, bis 10 cm

Herbstfärbung: gelb

Verwendung: Bienenweide, Blüten- und Dekortriebe für Schnitt.

Pflegetipp: Verträgt radikalen Verjüngungsschnitt vor dem Austrieb selbst bis in alte Holzpartien. Häufig Wildtriebe (ohne Drehwuchs), diese umgehend entfernen.

Purpur-Hasel

Corylus maxima 'Purpurea'

Charakter: Rotlaubiges (!) Wildobst, das selbst im Schatten nichts von seiner Farbintensität einbüßt und eine dunkle Kulisse für kontrastreiche Vorpflanzungen bietet. Blütenkätzchen im Frühjahr ebenfalls rotgefärbt.

Standort: sonnig bis halbschattig

Wuchsform: buschig aufrecht

Höhe: 150 bis 200 cm

Blüte: rot, Kätzchen

Blütezeit: März bis April

Frucht: rotbraun, Nuss, essbar

Laub: schwarzrot, eiförmig, bis 15 cm

Verwendung: Wildobst, Vogelschutzgehölz, Bienenweide, Blütentriebe zum Vasenschnitt, schnellwüchsiges Gehölz.

Pflegetipp: Regelmäßiger Schnitt nicht notwendig. Verträgt jedoch radikalen Verjüngungsschnitt vor dem Austrieb selbst bis in alte Holzpartien.

Roter Perückenstrauch

Cotinus coggygria 'Royal Purple'

Charakter: Roter Feuerkopf, der selbst auf trockensten Gartenstandorten nicht versagt. Sein deutscher Name bezieht sich auf die haarschopfartigen Blütenstände aus zahllosen Einzelblüten, die sich zum Herbst rötlich verfärben und wie ein Schleier über dem Strauch liegen.

Roter Perückenstrauch

Standort: sonnig

Wuchsform: breit buschig

Höhe: 150 bis 200 cm

Blüte: gelblichrot, Rispe

Blütezeit: Juni bis Juli

Frucht: rosarot, perückenartiger Fruchtstand

Laub: rot, eiförmig, bis 9 cm

Herbstfärbung: gelbrot

Verwendung: Heidegarten, rote Laubtriebe für Schnitt, für Sandböden.

Pflegetipp: Schnitt verunstaltet die Wuchsform, nur nach Frostschäden sinnvoll. Zudem reagieren ältere Sträucher allergisch auf radikale Eingriffe.

Sortenauswahl: 'Golden Spirit' (Laub gelb), 'Young Lady' (Laub grün, früh blühend).

Fächermispel

Cotoneaster horizontalis

Charakter: Fischgrätartige Dekorzweige lenken die Blicke auf sich, insbesondere wenn sie an Wandspalieren einen filigranen Kontrast zu hellen Mauern bilden können. Später im Jahr erscheinen zahlreiche rote Früchte, die zusammen mit der leuchtenden Laubfärbung den nahenden Herbst ankündigen.

Standort: sonnig bis schattig

Wuchsform: überhängend

Höhe: 60 bis 100 cm

Blüte: unscheinbar

Frucht: rot, zahlreich

Trieb: fischgrätenartig

Laub: rund, bis 2 cm

Herbstfärbung: rotorange

Fächermispel

Verwendung: Bodendecker, Steingarten, Vogelschutzgehölz, Bienenweide, Frucht- und Dekortriebe für Schnitt, Dachgarten, für Tröge, Minigärten.
Pflegetipp: Regelmäßiges Auslichten vertragend.

Weiß-Dorn

Crataegus monogyna

Charakter: Nektarreiche Bienentränke, ökologische Nische für zahllose Brüter und Kleinsäuger. Die bedornten Triebe des vitalen Wildobst-Strauches bieten auch als geschnittene Hecke sicheren Schutz.
Standort: sonnig bis halbschattig
Wuchsform: buschig
Höhe: 200 bis 300 cm
Blüte: weiß, Schirmrispe
Blütezeit: Mai bis Juni
Duft: streng
Frucht: dunkelrot
Trieb: bedornt
Laub: gelappt, bis 4 cm
Hecke – Schnitthöhe: 80 bis 200 cm
Verwendung: heimisches Gehölz, Wildobst, Vogelschutzgehölz, Vogelnährgehölz, Bienenweide, Bauerngarten.
Pflegetipp: Sehr schnittverträglich.

Weiß-Dorn

Kissen-Ginster

Cytisus decumbens

Charakter: Unentbehrlich als flachwachsendes Blütenkissen mit der für Ginster typischen Blütenfülle. Schmiegt sich gerne an Steine, die ihm als Wärmespeicher dienen. Absolut frosthart und anspruchlos, ein Muss-Strauch für steinreiche Gartenplätze.
Standort: sonnig
Wuchsform: niederliegend
Höhe: 10 bis 20 cm
Blüte: goldgelb
Blütezeit: Mai bis Juni
Laub: länglich, bis 2 cm
Rinde: grünrindig
Verwendung: Heidegarten, Steingarten, Bienenweide, für Grabstellen.
Pflegetipp: Vor Wildfraß (Kaninchen) schützen.

Schwarzer Ginster

Cytisus nigricans 'Cyni'

Charakter: Blühwunder, Bodenverbesserer und Bienenmagnet in einem. Wer höchste Blütenumsätze pro Gartenquadratmeter sucht, darf hier sattgelbe Gewinnerwartungen hegen.
Standort: sonnig
Wuchsform: buschig
Höhe: 60 bis 100 cm
Blüte: gelb
Blütezeit: Juni bis August
Laub: dreiteilig, bis 3 cm
Verwendung: Heidegarten, Bienenweide.
Pflegetipp: Vor Wildfraß (Kaninchen) schützen.

Kissen-Ginster

Edel-Ginster

Cytisus-Sorten

Charakter: Blütenzauberer für farbenhungrige Gartenfreunde. Kein anderes Blütengehölz liefert noch im Pflanzjahr mehr Blüten frei Haus. Der klassische Mai-Blüher

Edel-Ginster

Laubsträucher
Laubbäume
Immergrüne Laubgehölze
Rhododendren
Bambusse
Klettergehölze
Rosen
Nadelsträucher
Nadelbäume

ist in vielen Sorten erhältlich. Wegen seiner grünrindigen Jungtriebe fast schon ein »immergrünes« Gehölz.

Standort: sonnig

Wuchsform: buschig

Höhe: 100 bis 150 cm

Blüte: je nach Sorte rot, gelb, oft mehrfarbig

Blütezeit: Mai bis Juni

Laub: dreiteilig, bis 2 cm, giftig

Verwendung: Heidegarten, Bienenweide, Blütentriebe zum Vasenschnitt, für Sandböden, als Zierstamm angeboten.

Rinde: grün

Pflegetipp: Jährlicher Rückschnitt nach Blüte fördert nächstjährige Blütenfülle, radikaler Verjüngungsschnitt alter Sträucher nicht empfehlenswert. Vor Wildfraß (Kaninchen) schützen.

Edel-Ginster 'Zeelandia'

Sortenauswahl: 'Allgold' (goldgelb), 'Boskoop Ruby' (karminrot), 'Burkwoodii' (rot, gelb und rosa), 'Dragonfly' (gelbrot), 'Firefly' (gelbrot), 'Luna' (gelb), 'Hollandia' (rubinrot), 'Roter Favorit' (rot), 'Zeelandia' (cremefarben und rosa).

Roter Märzen-Seidelbast

Roter Märzen-Seidelbast

Daphne mezereum 'Rubra Select'

Charakter: Bestauslese aus dem heimischen Seidelbast mit intensiv rosarot gefärbten Duftblüten, die mit ihrer ungewöhnlichen Leuchtkraft schon im Vorfrühling Gartenlaune schaffen. Standard-Steingartenstrauch mit langsamem Wuchs. Die sehr giftigen Früchte unbedingt von Kindern fernhalten bzw. die noch grünen Beeren vom Strauch entfernen.

Standort: sonnig bis halbschattig

Wuchsform: trichterförmig

Höhe: 60 bis 100 cm

Blüte: rosarot

Blütezeit: März bis April

Duft: intensiv

Frucht: rot, stark giftig

Laub: lanzettlich, bis 8 cm, giftig

Herbstfärbung: gelb

Verwendung: Heidegarten, Steingarten, Bienenweide, Blütentriebe zum Vasenschnitt.

Pflegetipp: Radikaler Schnitt ungünstig, wenn überhaupt, dann nur vor der Blüte erfolgversprechend.

Maiblumenstrauch

Deutzia gracilis

Charakter: Filigranste Deutzie, weißzartes Blütenkissen. Der liebliche Zwergstrauch passt vortrefflich zu Stauden.

Standort: sonnig bis halbschattig

Wuchsform: breit buschig

Höhe: 40 bis 60 cm

Blüte: weiß, Rispe

Blütezeit: Mai bis Juni

Laub: oval, bis 6 cm

Hecke: locker, bis 50 cm

Verwendung: Bienenweide, Blütentriebe für Schnitt und Treiberei, Dachgarten, Minigärten.

Pflegetipp: Kräftiger Rückschnitt direkt nach der Blüte fördert die nächstjährige Blütenfülle und -größe.

Maiblumenstrauch

Hoher Sternchenstrauch

Deutzia magnifica

Charakter: Wuchsvitale Deutzie, die mit ihren reinweißen, prall gefüllten Blütenständen den Sommer begrüßt. Ausreichende Bodenfeuchte während der Blüte verlängert die Blütendauer; ansonsten betont anspruchslos.

Standort: sonnig bis halbschattig

Wuchsform: buschig

Höhe: 200 bis 300 cm

Blüte: reinweiß, Doldenrispe

Blütezeit: Juni

Laub: elliptisch, bis 7 cm

Verwendung: Bienenweide, Dachgarten.

Pflegetipp: Regelmäßiges Auslichten im Zweijahres-Rhythmus regt eine fortlaufende Strauchererneuerung an und ist brachialen Radikalverjüngungen vorzuziehen, dennoch ist auch letzteres möglich.

Gefüllter Sternchenstrauch

Deutzia scabra 'Plena'

Charakter: Das Besondere an diesem mannshohen Blütenstrauch sind seine zahlreichen dicht gefüllten, weißen, zartrosa überhauchten Blüten, die zum Sommeranfang im Garten Akzente setzen.

Standort: sonnig bis halbschattig

Wuchsform: aufrecht

Höhe: 200 bis 300 cm

Blüte: weißrosa, gefüllt, Rispe

Blütezeit: Juni bis Juli

Laub: oval, über 14 cm

Verwendung: Bienenweide, Dachgarten.

Pflegetipp: Regelmäßiges Auslichten im Zweijahres-Rhythmus regt eine fortlaufende Strauchererneuerung an und ist brachialen Radikalverjüngungen vorzuziehen; dennoch ist auch letzteres möglich.

Prachtglocke

Enkianthus campanulatus

Charakter: Herrlicher Gartenstrauch mit maiglöckchenartigen Blüten im Wonnemonat. Blüte für Blüte ein Meisterwerk der Natur. Feste Gartengröße mit spektakulärer Herbstfärbung in allen Rhododendron- und Heide-Inszenierungen.

Standort: halbschattig bis schattig

Wuchsform: aufrecht

Höhe: 100 bis 150 cm

Blüte: gelblichrosa, Trugdolde

Blütezeit: Mai bis Juni

Laub: oval, bis 7 cm

Herbstfärbung: gelbrot

Verwendung: Heidegarten, Japangarten, Blütentriebe zum Vasenschnitt.

Pflegetipp: Im Wurzelbereich nicht graben.

Niedriger Korkflügelstrauch

Euonymus alatus 'Compactus'

Charakter: Im Herbst entfacht der Korkflügelstrauch ein grandioses Laubfeuer. Röter kann Herbstlaub nicht mehr glühen. Dazu Korkleisten als Winterzierde – kurzum: ein Dekorstrauch allererster Güte.

Standort: sonnig bis halbschattig

Wuchsform: breit buschig

Höhe: 60 bis 100 cm

Blüte: grünlichgelb, Traube

Blütezeit: Mai bis Juni

Frucht: rot, giftig, Fruchtansatz jedoch gering

Rinde: Korkleisten

Laub: oval, bis 6 cm

Herbstfärbung: rot

Verwendung: Heidegarten, Steingarten, Bienenweide, Dekortriebe zum Schnitt, Dachgarten, frosthartes Kübelgehölz.

Pflegetipp: Niemals im Wurzelbereich graben. Schnitt möglich, verunstaltet aber die natürliche Schönheit des Strauches.

Niedriger Korkflügelstrauch

Reichfruchtendes Pfaffenhütchen

Euonymus europaeus 'Red Cascade'

Charakter: Schönster Frucht-*Euonymus*, beste, besonders großfrüchtige Selektion aus dem heimischen Pfaffenhütchen. Obwohl für den Menschen giftig, stehen die pfaffenhutähnlichen Früchte bei Meisen, Rotkehlchen & Co. hoch im Kurs. Herrliche Herbstfärbung.

Standort: halbschattig bis schattig

Wuchsform: trichterförmig

Höhe: 150 bis 200 cm

Blüte: grünlichgelb

Blütezeit: Mai bis Juni

Frucht: rot, giftig, dekorativ leuchtend

Laub: oval, bis 8 cm

Herbstfärbung: gelbrot

Reichblühende Prunkspiere

Verwendung: Vogelschutzgehölz, Bienenweide, Fruchttriebe für Schnitt, frosthartes Kübelgehölz.

Pflegetipp: Radikaler Rückschnitt möglich, Pflanze treibt willig nach.

Reichblühende Prunkspiere

Exochorda 'The Bride'

Charakter: Diese Prunkspiere mit ihren großen Einzelblüten ist leider immer noch ein Geheimtipp. Wer einmal die reinweißen Blütengardinen gesehen hat, wird sie umgehend im eigenen Garten bewundern wollen. Bester Kontrast zu blau blühenden und silberlaubigen Gehölzen.

Standort: sonnig

Wuchsform: breit buschig

Höhe: 100 bis 150 cm

Blüte: weiß, Traube

Blütezeit: Mai

Laub: eilänglich, bis 5 cm

Verwendung: Vorgarten, Blütentriebe zum Vasenschnitt.

Pflegetipp: Junge Sträucher zur besseren Verzweigung in den ersten Jahren nach der Blüte etwas zurückschneiden. Radikaler Verjüngungsschnitt möglich, mit zunehmendem Alter jedoch wenig erfolgversprechend.

Goldglöckchen

Goldglöckchen

Forsythia × intermedia-Sorten

Charakter: Volkstümlicher Frühlingskünder, der schon von weitem wie ein Goldschatz funkelt. Unglaubliche Blütenfülle in strahlendstem Gelb – dank kleinbleibender Zwergsorten auch für kleinere Gartenbereiche geeignet.

Standort: sonnig bis halbschattig

Wuchsform: trichterförmig

Höhe: je nach Sorte bis 250 cm

Blüte: gelb

Blütezeit: März bis April

Laub: lanzettlich, bis 12 cm

Verwendung: Blütentriebe zum Vasenschnitt, schnellwüchsiges Gehölz.

Pflegetipp: Im zweijährigen Turnus alte Triebe auslichten, aber auch radikaler Verjüngungsschnitt alter Strauchmethusaleme ist möglich – dann folgt allerdings eine Blühpause.

Sortenauswahl: 'Lynwood' (bis 250 cm), 'Mêlée d'Or' (nur bis 80 cm), 'Minigold' (nur bis 100 cm), 'Spectabilis' (bis 250 cm), 'Weekend' (bis 150 cm).

Niedriger Federbuschstrauch

Fothergilla gardenii

Charakter: Kostbares Kennergehölz, dessen flaschenbürstenartige Blütenstände wie Kerzen auf einer Torte stehen. Einmaliges herbstliches Laubfeuerwerk in Gelb, Rot und Grün.

Standort: sonnig bis halbschattig

Wuchsform: buschig

Höhe: 40 bis 60 cm

Blüte: gelblichweiß, Ähre

Blütezeit: April bis Mai

Duft: Honigduft

Laub: länglich, bis 6 cm

Herbstfärbung: gelbrot

Verwendung: Heidegarten, Grabstellen, Minigärten.

Pflegetipp: Nur alte, vergreiste Triebe bodennah entfernen. Verträgt radikale Verjüngung schlecht. Besser: Durch ausreichend tiefes Pflanzen die Grundtriebbildung fördern.

Niedriger Federbuschstrauch

Stein-Ginster

Genista lydia

Charakter: Putziges, flächendeckendes, ginstergelbes Blütenkissen für steinreiche Gartenareale in Südlage. Hitziger Sonnenanbeter, der die Nähe wärmespeichernder Findlinge, Tröge und Mauerkronen als nächtliche Heizkörper schätzt.

Standort: sonnig

Wuchsform: niederliegend

Höhe: 20 bis 40 cm

Blüte: gelb

Blütezeit: Mai bis Juni

Trieb: Zweigspitzen leicht bewehrt

Laub: lanzettlich, bis 2 cm, giftig

Rinde: grün

Verwendung: Bodendecker, über Mauerkronen überhängend, Steingarten, für Sandböden, Grabstellen, Tröge, Minigärten.

Pflegetipp: Jährlicher Rückschnitt nach der Blüte fördert die nächstjährige Blütenfülle; radikaler Verjüngungsschnitt alter Sträucher nicht empfehlenswert. Vor Wildfraß (Kaninchen) schützen.

Zaubernuss

Hamamelis-Sorten und -Arten

Charakter: Wertvoller Winterblüher, der eigentlich in jeden Garten gehört. Kein anderes Gehölz blüht derart dekorativ bei Schnee und Frost. Sinnvoll ist ein Standort in Fensternähe, damit man sich vom warmen Zimmer aus am Zauber der Blüte erfreuen kann.

Standort: sonnig bis halbschattig

Wuchsform: trichterförmig

Höhe: 150 bis 200 cm

Blüte: je nach Sorte Rot, Orange und Gelb

Blütezeit: Dezember bis März

Duft: sortenunterschiedlich ausgeprägt

Laub: eiförmig, bis 12 cm

Herbstfärbung: gelbrot

Verwendung: Heidegarten, Japangarten, Blütentriebe zum Vasenschnitt, frosthartes Kübelgehölz.

Pflegetipp: Schnitt bei jungen Pflanzen gut möglich, starke Eingriffe bei älteren Exemplaren verunstalten jedoch die malerische Wuchsform. Wildtriebe umgehend entfernen. Einzelne Blütentriebe für die Vase können jedoch immer geschnitten werden.

Sorten-/Artenauswahl: 'Feuerzauber' (bronzerot, süßlicher Duft), 'Jelena' (kupferorange, leichter Duft), 'Pallida' (schwefelgelb, starker Duft), 'Westerstede' (primelgelb, Duft), *H. mollis* (gelb, leichter Duft).

Zaubernuss

Garten-Eibisch

Hibiscus-Gartensorten

Charakter: Wärmeliebender Spätsommerblüher, der mit seinen exotischen Malvenblüten mediterranes Flair verbreitet. Der Hummelmagnet deckt in blütenarmer Zeit einen farbenfrohen Blütentisch.

Standort: sonnig

Wuchsform: trichterförmig

Höhe: 100 bis 150 cm

Blüte: je nach Sorte rot, violett, rosa, weiß, bis 14 cm Durchmesser

Blütezeit: Juli bis September

Laub: dreiteilig gelappt, bis 10 cm

Herbstfärbung: gelb

Verwendung: Vorgarten, Wochenendgarten, Bienenweide.

Pflegetipp: Junge Pflanzen im Wurzelbereich mit Laubschicht schützen. Kräftiger Rückschnitt im jährlichen oder mehrjährigen Turnus fördert Blütenfülle und -größe. Radikaler Rückschnitt alter Sträucher möglich.

Garten-Eibisch

Sortenauswahl: 'Ardens' (rotviolett, gefüllt), 'Blue Bird' (blauviolett, einfach), 'Coelestris' (pastellviolett, einfach, sehr frosthart), 'Hamabo' (rosa mit rotem Herz, einfach), 'Helena' (weißrosa, einfach), 'Pink Giant' (rosa, einfach), 'Red Heart' (reinweiß mit rotem Herz, einfach), 'Russian Violett' (lila, einfach), 'Totus Albus' (weiß, einfach), 'Woodbridge' (blaurot mit rotem Fleck, einfach).

Frucht-Sanddorn

Hippophae rhamnoides-Sorten

Charakter: Wildobst-Strauch par excellence, der Leib und Seele zusammenhält. Die großfrüchtigen Sorten des Fitness-Gehölzes bieten vitaminreiche Erträge, die sich als Grundlage für Säfte, Marmeladen und andere Köstlichkeiten eignen.

Standort: sonnig

Wuchsform: trichterförmig

Höhe: 150 bis 200 cm

Blüte: unscheinbar

Blühzeit: März bis Mai

Frucht: orange

Trieb: bedornt

Laub: silbrig, lanzettlich, bis 7 cm

Verwendung: Wildobst, Vogelschutzgehölz, Vogelnährgehölz, Bienenweide, Fruchttriebe zum Vasenschnitt, für Sandböden, frosthartes Kübelgehölz.

Pflegetipp: Verträgt radikalen Rückschnitt. Das Beipflanzen von männlichen Befruchtersorten erhöht die Ernteerträge deutlich.

Sortenauswahl: 'Leikora' (großfrüchtige Selektion), 'Pollmix' (männlicher Pollenspender).

Strauch-Hortensie

Hydrangea arborescens 'Annabelle'

Charakter: Bis zu 25 cm große, weiße Blütenbälle, die für eine ungewöhnlich lange Blühzeit jeden Garten in einen »Ballsaal« verwandeln. Danach dienen die am Strauch abgeblühten Schirmrispen als winterliche Zierde und Vasenschmuck.

Strauch-Hortensie

Standort: sonnig bis halbschattig

Wuchsform: breit buschig

Höhe: 100 bis 150 cm

Blüte: weiß, Schirmrispe

Blütezeit: Juli bis September

Laub: eiförmig, bis 15 cm

Verwendung: Blütentriebe zum Vasenschnitt, Bauerngarten, in Teichnähe.

Pflegetipp: Jährlicher Rückschnitt im Frühjahr. Immer für ausreichende Bodenfeuchte sorgen, da das große Laub sonst während sommerlicher Hitzeperioden rasch schlappt.

Bauern-Hortensien

Hydrangea macrophylla- und *H. serrata*-Sorten

Charakter: Zahllose Blütenkugeln in zarten Farben sorgen für einen »Ball Pompös« im Sommergarten. Im Winter sind die schokoladenbraunen Blütenstände eine besondere Dekoration für drinnen und draußen. »Keine Blume stirbt schöner«, notierte schon Karl Foerster.

Standort: sonnig bis halbschattig

Wuchsform: aufrecht

Höhe: 100 bis 150 cm

Blüte: je nach Sorte blau, rosa, rot, lila, weiß, Trugdolde

Blütezeit: Juni bis September

Laub: elliptisch, bis 15 cm

Verwendung: Heidegarten, Trockenblüten für Winterschnitt, für Grabstellen, Bauerngarten, in Teichnähe.

Pflegetipp: Radikale Verjüngung möglich, dann aber Blühpause. Besser: Rückschnitt lediglich bis auf Kniehöhe, damit ausreichend altes Holz am Strauch bleibt. Ausnahme: Die Neuheit 'Endless Summer' blüht am diesjährigen Holz – auch nach einem starken Rückschnitt!

Bauern-Hortensie 'Endless Summer'

Grün blühende Rispen-Hortensie

Hydrangea paniculata 'Limelight'

Charakter: Newcomer unter den Hortensien mit den schönsten Blütenfüllhörnern. Die bis 25 cm langen Rispen blühen grünlich-weiß. Waldrandgehölz mit ausgesprochener Liebe für Bodenfeuchte.

Standort: sonnig bis halbschattig

Wuchsform: aufrecht

Höhe: 100 bis 150 cm

Blüte: grünweiß, Rispe, bis zu 25 cm lang

Blütezeit: Juli bis September

Duft: angenehm

Laub: eiförmig, bis 15 cm

Verwendung: Heidegarten, Japangarten, Bienenweide, Blütentriebe zum Vasenschnitt, als Zierstamm angeboten, Bauerngarten, in Teichnähe.

Pflegetipp: Starker Rückschnitt im Frühjahr um zwei Drittel fördert die Blütengröße und -fülle.

Grün blühende Rispen-Hortensie 'Limelight'

Kleinblumiger Johannisstrauch

Hypericum 'Hidcote'

Charakter: Dieser Flächendecker bricht alle Blühdauerrekorde. Monatelang entzücken gelbe Blütenmassen ohne Spuren der Ermüdung. Eine sommerlange Einladung für Bienen und Hummeln.

Standort: sonnig bis schattig

Wuchsform: breit buschig

Höhe: 100 bis 150 cm

Blüte: goldgelb

Blütezeit: Juni bis Oktober

Laub: wintergrün, oval, bis 5 cm

Verwendung: bei regelmäßigem, erdnahem Rückschnitt Bodendecker, Hausgarten, Heidegarten, Bienenweide, toleriert Vollschatten, Dachgarten, für große Tröge.

Pflegetipp: Kräftiger Frühjahrsschnitt fördert die Blütengröße und -fülle.

Gefüllter Ranunkelstrauch

Kerria japonica 'Pleniflora'

Charakter: Noch ein Knopfloch frei? Die gelb leuchtenden Blütenrosetten ähneln den für diesen Platz vorgesehenen Nelken. Die Blütenfülle des anspruchslosen Strauches lässt selbst auf absonnigen Standorten nichts zu wünschen übrig. Trotzdem und obwohl in jeder GartenBaumschule angeboten, ist er leider noch viel zu wenig verbreitet.

Standort: sonnig bis schattig

Wuchsform: buschig

Höhe: 150 bis 200 cm

Blüte: gelb, nelkenähnlich

Blütezeit: April bis Mai

Kleinblumiger Johannisstrauch

Rinde: grün

Laub: oval, bis 7 cm

Herbstfärbung: gelb

Verwendung: schnellwüchsiges Gehölz, toleriert Vollschatten, Dachgarten, Bauerngarten, in Teichnähe.

Pflegetipp: Alte, mehrjährige Triebe in regelmäßigem Turnus bodennah entfernen. Radikale Verjüngung kann unerwünschte Ausläuferbildung fördern.

Perlmuttstrauch

Kolkwitzia amabilis

Charakter: Jeder kennt ihn, keiner pflanzt ihn: Der Perlmuttstrauch gilt vollkommen zu Unrecht als spießig und altbacken. Kein rosablühender Strauch verbindet Frühjahr und Sommer blütenreicher. Konkurrenzstark, anspruchslos, vielseitig – ein mannshoher Traum für alle Gartenfälle.

Standort: sonnig bis halbschattig

Wuchsform: breit buschig

Höhe: 150 bis 200 cm

Blüte: rosa, Doldentrauben

Blütezeit: Juni

Laub: eiförmig, bis 7 cm

Perlmuttstrauch

Verwendung: Vogelschutzgehölz, Dachgarten, frosthartes Kübelgehölz.

Pflegetipp: Alte, mehrjährige Triebe in regelmäßigem Turnus bodennah entfernen. Radikale Verjüngung alter Sträucher möglich.

Schwarzgrüner Liguster

Ligustrum vulgare 'Atrovirens'

Charakter: Allerweltsschönheit und Kämpfernatur für alle Böden und Lagen. Der Heckenklassiker schlechthin, da er selbst radikalste Schnittmaßnahmen geduldig erträgt. In milden Wintern bleibt das Laub bis zum Frühjahr haften.

Standort: sonnig bis schattig

Wuchsform: buschig aufrecht

Höhe: 100 bis 150 cm

Blüte: cremeweiß, Rispe

Blütezeit: Juni bis Juli

Duft: angenehm

Frucht: schwarz, schwach giftig

Laub: wintergrün, lanzettlich, bis 6 cm

Hecke – Schnitthöhe: 100 bis 200 cm

Verwendung: Vogelschutzgehölz, Bienenweide, schnellwüchsiges Gehölz, Formgehölz, für Sandböden, frosthartes Kübelgehölz.

Pflegetipp: Ungewöhnlich gute Schnittverträglichkeit.

Frischgrünes Geißblatt

Lonicera nitida 'Maigrün'

Charakter: Frischgrüner Flächenstrauch für den bequemen Gartenfreund. Geheimtipp für alle, die lieber den Liegestuhl benutzen als sich mit Jäten zu beschäftigen. Das dichte Laubpolster lässt Unkraut erst gar nicht aufkommen.

Standort: sonnig bis schattig

Wuchsform: niederliegend

Höhe: 20 bis 40 cm

Blüte: cremeweiß

Blütezeit: Mai

Frucht: purpur

Laub: wintergrün, lanzettlich, bis 2 cm

Verwendung: Bodendecker, toleriert Vollschatten, Dachgarten, für Tröge.

Frischgrünes Geißblatt

Pflegetipp: Gut schnittverträglich, für Rückschnitte im mehrjährigen Rhythmus dankbar.

Großblumige Stern-Magnolie

Magnolia loebneri-Sorten

Charakter: Meisterstücke der Natur, Primadonnen unter den Gartengehölzen. Im Frühjahr bringen weiße oder rosafarbene Blütensterne den Garten zum Funkeln. Auch noch junge Pflanzen blühen überreich.

Großblumige Stern-Magnolie

Standort: sonnig

Wuchsform: breitbuschig

Höhe: 200 bis 300 cm

Blüte: weiß oder rosa

Blütezeit: April bis Mai

Duft: leicht, angenehm

Laub: eiförmig, bis 15 cm

Herbstfärbung: gelb

Verwendung: Vorgarten, Japangarten, Blütentriebe zum Vasenschnitt, als Zierstamm angeboten.

Pflegetipp: Geschützter Standort mindert Spätfrostgefahr, niemals im Wurzelbereich graben, nicht zu

Laubsträucher
Laubbäume
Immergrüne Laubgehölze
Rhododendren
Bambusse
Klettergehölze
Rosen
Nadelsträucher
Nadelbäume

tief pflanzen. Rückschnitt unüblich, aber möglich.
Sortenauswahl: 'Leonard Messel' (rosa, innen weißlich), 'Merrill' (weiß).

Sommer-Magnolie
Magnolia sieboldii

Charakter: Die sommerblühende Alternative für alle Magnolien-Fans, denen der Einsatz der frühjahrsblühenden Kollegen in spätfrostgefährdeten Gartenlagen zu risikoreich erscheint. In Terrassennähe gepflanzt, lässt sich die Schönheit der Blüten en detail genießen.
Standort: sonnig
Wuchsform: trichterförmig
Höhe: 150 bis 200 cm
Blüte: weiß, rote Staubgefäße
Blütezeit: Juni bis Juli
Duft: angenehm
Frucht: lilarosa, walzenförmig
Laub: oval, bis 15 cm
Herbstfärbung: gelb
Verwendung: Vorgarten, Japangarten, Blütentriebe zum Vasenschnitt, als Zierstamm angeboten.
Pflegetipp: Niemals im Wurzelbereich graben, nicht zu tief pflanzen, Rückschnitt nicht empfehlenswert.

Gefüllte Stern-Magnolie
Magnolia stellata 'Royal Star'

Charakter: Fantastischer, reinweißer Frühjahrsblüher für kleine Gärten. Die frühe Blüte ist spätfrostgefährdet, ein übergestülptes Gemüsevlies schützt die fragilen Blütenkunstwerke in Eisnächten.

Gefüllte Stern-Magnolie

Standort: sonnig
Wuchsform: breit buschig
Höhe: 100 bis 150 cm
Blüte: weiß
Blütezeit: März bis April
Duft: angenehm
Laub: eiförmig, bis 10 cm
Herbstfärbung: gelb
Verwendung: Heidegarten, Japangarten, Blütentriebe zum Vasenschnitt, als Zierstamm angeboten, in Teichnähe.
Pflegetipp: Geschützter Standort mindert die Spätfrostgefahr; niemals im Wurzelbereich graben, nicht zu tief pflanzen. Rückschnitt unüblich, aber möglich.

Hängende Weiße Maulbeere
Morus alba 'Pendula'

Charakter: Wuchsschöner Abkömmling einer uralten Kulturpflanze, der sich betont hängen lässt. Bereits seit Jahrtausenden werden Maulbeer-Blätter als Seidenraupenfutter genutzt. Die Früchte sind essbar, schmecken jedoch etwas fade.
Standort: sonnig
Wuchsform: Triebe steil abwärts hängend
Höhe: variabel
Blüte: gelb, Ähre, unscheinbar
Blütezeit: Mai bis Juni
Frucht: brombeerenartig, weißrosa, essbar
Laub: eiförmig, gelappt, bis 20 cm
Herbstfärbung: gelb
Verwendung: Laubengänge, als Zierstamm angeboten.
Pflegetipp: Selbst radikalster Rückschnitt möglich, der allerdings die malerische Hängeform verunstaltet.

Strauch-Pfingstrose, 'Beauté de Twickel'

Strauch-Pfingstrose, Strauch-Päonie
Paeonia suffruticosa-Sorten

Charakter: Die herrliche Blütenpracht dieser Diva unter den Blütengehölzen spottet jeder Beschreibung. Den Asiaten gilt die Päonie als Königin aller Blumen, seit Jahrtausenden wird sie als »Rose ohne Stacheln« verehrt. Wertvoller Kleinstrauch, Symbol höchster Gartenkultur.
Standort: sonnig
Wuchsform: trichterförmig

Blauraute

Höhe: 60 bis 100 cm

Blüte: je nach Sorte rosa, rot, violett, weiß, neuerdings auch orange und gelb

Blütezeit: Mai bis Juni

Duft: angenehm

Frucht: bräunlich

Laub: doppelt gefiedert, über 10 cm

Verwendung: Japangarten, Bienenweide, Bauerngarten.

Pflegetipp: Nur totes Holz entfernen, niemals im Wurzelbereich graben. Wichtig ist das tiefe Pflanzen der veredelten Formen. Die Veredlungsstelle sollte sich etwa 15 cm unter der Erde befinden, damit die Edelsorten sich selbst bewurzeln können. Jungen Pflanzen winterlichen Wurzelschutz gewähren.

Sortenauswahl: 'Beauté de Twickel' (karminrosa), 'Blanche de His' (weißrosa), 'Reine Elisabeth' (rosa), 'Souvenir de Ducher' (violettrot). Neben den europäischen Sorten sind zahlreiche chinesische Züchtungen im Fachhandel erhältlich. Neue amerikanische Sorten mit später Juni-Blüte und neuen Farbtönen (Orange, Gelb) sind im Kommen.

Blauraute

Perovskia abrotanoides

Charakter: Ein blaues Wunder schon im ersten Pflanzjahr, Insektenmagnet im blütenarmen Spätsommer. Dieser sonnenhungrige Kleinstrauch ist – neben Bartblume und Lavendel – ein klassischer Rosenbegleiter in Blau mit apart graufilzigem Laub.

Standort: sonnig

Wuchsform: breit buschig

Höhe: 60 bis 100 cm

Blüte: blau, Ähre

Blütezeit: Juli bis Oktober

Duft: streng aromatisch

Laub: doppelt gefiedert, bis 6 cm

Verwendung: Heidegarten, Steingarten, Bienenweide, für Sandböden.

Pflegetipp: Jährlicher, radikaler Rückschnitt im Frühjahr zwingend notwendig. Winterschutz mit Laubmulch oder Nadelreisig ratsam.

Gefüllter Gartenjasmin, Gefüllter Pfeifenstrauch

Philadelphus 'Virginal'

Charakter: Schönster gefüllt blühender Gartenjasmin mit betont aufrechtem Wuchs. Die überreich erscheinenden Blüten versprühen einen lieblich Duft und locken Insekten an.

Standort: sonnig bis halbschattig

Wuchsform: aufrecht buschig

Höhe: 150 bis 200 cm

Blüte: weiß, gefüllt, Traube

Blütezeit: Mai bis Juli

Duft: angenehm

Laub: länglich, bis 7 cm

Verwendung: Bienenweide, als Vasenschmuck, Bauerngarten.

Pflegetipp: Auslichten alter Triebe in mehrjährigem Turnus, liebt offenen Boden.

Gefüllter Gartenjasmin,
Gefüllter Pfeifenstrauch

Gelbe Fasanenspiere

Physocarpus opulifolius 'Dart's Gold'

Charakter: Sommerlicher gelber Akzent in farbenfrohen, kontrastreichen Gehölzarrangements. Anspruchslose Goldmarie mit bester Standorttoleranz und guter Fernwirkung.

Standort: sonnig bis schattig

Wuchsform: aufrecht buschig

Höhe: 60 bis 100 cm

Blüte: weißrosa, Doldentraube

Blütezeit: Juni bis Juli

Frucht: rötlich

Laub: gelb, dreiteilig gelappt, bis 10 cm

Verwendung: Vogelschutzgehölz, Vogelnährgehölz, für Sandböden, toleriert Vollschatten, in Teichnähe.

Gelbe Fasanenspiere

Pflegetipp: Sollte ungeschnitten bleiben. Radikaler Verjüngungsschnitt wird mit zunehmendem Alter weniger erfolgversprechend.

Rotlaubige Fasanenspiere

Physocarpus opulifolius 'Diabolo'

Charakter: Rotlaubiges Pendant zur Gelben Fasanenspiere. Bietet die Gartenfarbe Rot vom Austrieb bis zum Laubfall. Genügsamer und problemloser Zierstrauch für alle Farbgärten.

Rotlaubige Fasanenspiere

Standort: sonnig bis schattig
Wuchsform: breit buschig
Höhe: 150 bis 200 cm
Blüte: weiß, Doldentraube
Blütezeit: Juni bis Juli
Frucht: braun
Laub: rot, dreiteilig gelappt, bis 10 cm
Herbstfärbung: gelbrot
Verwendung: Vogelschutzgehölz, Vogelnährgehölz, für Sandböden, toleriert Vollschatten, in Teichnähe.
Pflegetipp: Siehe Gelbe Fasanenspiere.

Fingerstrauch

Potentilla fruticosa-Sorten

Charakter: Nicht kleinzukriegende Flächenarbeiter mit Kämpferherz. Lediglich andauernde Bodentrockenheit macht den Vielzweck-Sträucher zu schaffen, lässt sie stocken und fördert ihre Mehltauanfälligkeit.
Standort: sonnig
Wuchsform: breit buschig bis niederliegend
Höhe: 40 bis 60 cm
Blüte: je nach Sorte gelb, weiß, rosa, rot
Blütezeit: Mai bis November, je nach Sorte
Laub: gefingert, bis 4 cm
Verwendung: Bodendecker, Heidegarten, Steingarten, Bienenweide, Dachgarten, frosthartes Kübelgehölz.
Pflegetipp: Radikaler Rückschnitt im Frühjahr fördert Blütenfülle und -größe. Ungeschnittene Bestände neigen zum Vergreisen und Auseinanderfallen.
Sortenauswahl (Farbe, Blütendurchmesser): 'Abbotswood' (weiß, bis 2,5 cm), 'Goldfinger' (gelb, bis 5 cm), 'Goldteppich' (gelb, bis 4,5 cm), 'Jolina' (tiefgelb, bis 4 cm), 'Princess' (rosa, bis 3 cm), 'Red Ace' (rot, bis 3 cm), 'Red Robin' (rot, bis 3 cm).

Großfrüchtige Blut-Pflaume

Prunus cerasifera 'Trailblazer' (= 'Hollywood')

Charakter: Besonders dekorativer Farb- und Fruchtstrauch mit vitaler Wuchskraft für ausreichend große Gartenplätze. Nach der überreichen Blütenfülle im April hüllt sich der Strauchriese in einen dunkelroten Laubmantel. Süß schmeckende, bis 5 cm lange Früchte sind ein zusätzlicher Gärtnerlohn.
Standort: sonnig bis halbschattig
Wuchsform: trichterförmig
Höhe: 200 bis 300 cm
Blüte: rosaweiß
Blütezeit: April
Frucht: rot, essbar
Laub: schwarzrot, oval, bis 8 cm
Herbstfärbung: rötlich
Verwendung: Wildobst, Vogelschutzgehölz, Vogelnährgehölz, Bienenweide, Blütentriebe für Schnitt.
Pflegetipp: Rückschnitt möglich, verunstaltet jedoch die Wuchsschönheit.

Niedrige Blut-Pflaume

Prunus × cistena

Charakter: Wuchszahme Alternative zur Großfrüchtigen Blutpflaume. Passt in kleinste Gärten, sehr

bodentolerant. Gesellt sich gerne zu rotlaubigen Kollegen wie Fächer-Ahorn und Blut-Berberitze.
Standort: sonnig bis halbschattig
Wuchsform: breit buschig
Höhe: 60 bis 100 cm
Blüte: hellrosa, später weiß
Blütezeit: Mai
Frucht: rot, essbar
Laub: rot, oval, bis 6 cm
Herbstfärbung: rötlich
Verwendung: Heidegarten, Vogelnährgehölz, Bienenweide.
Pflegetipp: Wildtriebe sofort entfernen; Schnitt ist möglich, jedoch unüblich.

Niedrige Blut-Pflaume

Rosa Japan-Aprikose

Prunus mume 'Beni-shi-dori'

Charakter: Japanische Kostbarkeit mit Blüten in Pink und einem süßlichen Duft, der dem Gartenfreund bereits im Frühling entgegenschwebt. Ein guter Mitspieler in sonnenumspielten Inszenierungen mit reichlich Asienflair. Nicht in spätfrostgefährdete Lagen pflanzen.

Rosa Japan-Aprikose

Standort: sonnig
Wuchsform: breit buschig
Höhe: 100 bis 150 cm
Blüte: rosa
Blütezeit: März bis April
Duft: angenehm, süßlich
Frucht: klein, säuerlich
Laub: eiförmig, bis 10 cm
Herbstfärbung: gelbrot
Verwendung: Vorgarten, Japangarten.
Pflegetipp: Starker Rückschnitt nach der Blüte fördert den nächstjährigen Blütenansatz.

Reichblütige Kurilen-Kirsche

Prunus nipponica 'Brillant'

Charakter: Schönste Miniatur-Blütenkirsche für kleinste Gartenplätze. Fernöstliches Wunderkind, auch junge Pflanzen zeigen sich im Mai schon derart blütenübersät, dass man die Triebe nur noch erahnen kann. Auf luftumspielten, sonnigen Standort achten.
Standort: sonnig
Wuchsform: trichterförmig
Höhe: 100 bis 150 cm
Blüte: rosaweiß
Blütezeit: Mai
Frucht: schwarz
Laub: eiförmig, bis 7 cm
Herbstfärbung: gelbrot
Verwendung: Japangarten, kurzlebiger, aber kostbarer Vasenschnitt, als Zierstamm.
Pflegetipp: Starker Rückschnitt nach der Blüte fördert den nächstjährigen Blütenansatz. Heikel in innerstädtischen Bereichen mit ungenügendem Luftaustausch; von *Monilia*-Spitzendürre befallene Triebe sofort ausschneiden.

Reichblütige Kurilen-Kirsche

Schlehe

Prunus spinosa

Charakter: Robuster geht's nimmer, die beinharten Triebe dieser nektarspendenden und damit kontaktfreudigen Bienenweide mit

Laubsträucher
Laubbäume
Immergrüne Laubgehölze
Rhododendren
Bambusse
Klettergehölze
Rosen
Nadelsträucher
Nadelbäume

weißer, landschaftsprägender März-Blüte vertragen es sogar einmal, von Autoreifen überrollt zu werden. Wichtiges Gehölz mit zahlreichen ökologischen Aufgaben in Feld und Flur.

Standort: sonnig bis halbschattig
Wuchsform: breit buschig, ausladend
Höhe: 150 bis 200 cm
Blüte: weiß
Blütezeit: März bis April
Duft: angenehm
Frucht: blauschwarz
Trieb: Triebdornen
Laub: eiförmig, bis 5 cm
Herbstfärbung: gelb
Verwendung: Wildobst, heimisches Gehölz, Vogelschutzgehölz, Vogelnährgehölz, Bienenweide, Formgehölz.
Pflegetipp: Verträgt selbst radikalsten Rückschnitt.

Rosa Winter-Kirsche

Prunus subhirtella 'Autumnalis'

Charakter: Einmalige »Weihnachts-Kirsche«, die ab Dezember Blütenfarbe zeigt. Je nach Witterung öffnet sich eine Blüte nach der anderen – solange, bis der Vorrat entweder aufgebraucht ist oder eine wochenlange Hauptblüte im März/April den Blütenzauber ausklingen lässt.

Standort: sonnig
Wuchsform: trichterförmig
Höhe: 200 bis 300 cm
Blüte: weiß
Blütezeit: Dezember bis April
Laub: oval, bis 8 cm
Herbstfärbung: orangegelb
Verwendung: Großer Vorgarten, Japangarten, Blütentriebe zum Vasenschnitt, auch im Kübel
Pflegetipp: Treibt nach starkem Rückschnitt willig aus. Radikale Eingriffe am besten kurz nach dem Laubfall vornehmen, eine Blütenpause muss dann in Kauf genommen werden.

Rosa Winter-Kirsche

Mandelbäumchen

Prunus triloba

Charakter: Bekannteste Blüten-*Prunus*-Art, die sich in unzähligen Vorgärten und Gartenanlagen bewährt hat und als volkstümlich angesehen werden kann. Ein rosa Mandelbäumchen inmitten blühender Frühlingszwiebelblumen wird auch in Zukunft Gärtnerherzen höher schlagen lassen.

Standort: sonnig
Wuchsform: aufrecht
Höhe: 100 bis 150 cm
Blüte: rosa, gefüllt
Blütezeit: April bis Mai
Laub: oval, bis 8 cm
Herbstfärbung: gelb
Verwendung: Vorgarten, Japangarten, als Zierstamm angeboten.
Pflegetipp: Rückschnitt nach der Blüte auf halbe Trieblänge. Alte Pflanzen können radikal bis auf wenige Knospen zurückgenommen werden. Wildtriebe am Stamm oder aus dem Wurzelbereich sofort entfernen. In den letzten Jahren ist das Mandelbäumchen wegen zunehmenden *Monilia*-Befalls ab Mai etwas in Verruf geraten. Der Rückschnitt der Triebe nach der Blüte mindert die Befallswahrscheinlichkeit, jedoch sollte man Problemlagen vorsichtshalber meiden.

Mandelbäumchen

Geschlitzter Essigbaum

Rhus typhina 'Dissecta'

Charakter: Auch Farnwedel-Sumach genannt, erinnern die filigran gemusterten, sich im Herbst leuchtend gelbrot färbenden Fiederblätter tatsächlich an die Kollegen aus dem Staudenbereich. Wächst wesentlich schwächer als der gewöhnliche Essigbaum und ist damit auch für kleinere Gärten interessant.

Standort: sonnig
Wuchsform: ausladend, bizarr
Höhe: 100 bis 150 cm

Geschlitzter Essigbaum

Blüte: grün, Rispe
Blütezeit: Juni bis Juli
Frucht: rot
Laub: doppelt gefiedert, bis 50 cm
Herbstfärbung: gelbrot
Verwendung: Wochenendgarten, für Sandböden, auch im Kübel
Pflegetipp: Graben im Wurzelbereich kann zu Wurzelverletzungen und in der Folge zu verstärkter Ausläuferbildung führen. Ein Schnitt verunstaltet den mehrstämmigen Wuchs, ist aber problemlos möglich.

Alpenbeere

Ribes alpinum 'Schmidt'

Charakter: Anspruchsloser Flächenstrauch, der durch seinen ungewöhnlich frühen Austrieb frisches Grün in den Frühlingsgarten bringt und als Bienenweide und Schutzgehölz eine wertvolle ökologische Funktion besitzt. Bewährter Böschungsbefestiger, auch im Schatten von Bäumen und Gebäuden.
Standort: halbschattig bis schattig
Wuchsform: buschig
Höhe: 100 bis 150 cm
Blüte: gelblichgrün, Traube
Blütezeit: April bis Mai
Frucht: keine
Laub: gelappt, bis 5 cm
Herbstfärbung: gelb
Hecke – Schnitthöhe: 50 bis 120 cm
Verwendung: Vogelschutzgehölz, Bienenweide, toleriert Vollschatten, Dachgarten, in Teichnähe.
Pflegetipp: Turnusmäßiger Auslichtungsschnitt lässt die Pflanzungen sehr viel gepflegter erscheinen; verträgt radikale Verjüngung problemlos.

Blut-Johannisbeere

Ribes sanguineum 'Atrorubens'

Charakter: Gehölz-Garant für das erste Frühjahrsrot. Der mannshohe Strauch ist im April nicht zu übersehen und lockt blütenhungrige Bienen und Hummeln in Massen. Herrlich neben weiß blühenden Spiersträuchern und Deutzien.
Standort: sonnig bis halbschattig
Wuchsform: breit buschig
Höhe: 150 bis 200 cm
Blüte: rosarot, Traube
Blütezeit: April
Frucht: schwarz
Laub: herzförmig, gelappt, bis 10 cm
Herbstfärbung: gelb
Verwendung: Vogelschutzgehölz, Bienenweide, Blütentriebe zum Vasenschnitt.
Pflegetipp: Radikaler Verjüngungsschnitt wird mit zunehmendem Alter weniger erfolgversprechend.
Besser: Alle 2 bis 3 Jahre regelmäßig alte Triebe auslichten.

Hunds-Rose

Rosa canina

Charakter: Heimische Rose der Feldmark, extrem anspruchslos, wichtiger ökologischer Funktionsträger in der freien Landschaft. Insekten aller Art können hier aus den Pollen schöpfen. Gut zur Böschungsbefestigung.
Standort: sonnig bis halbschattig
Wuchsform: buschig
Höhe: 150 bis 200 cm
Blüte: weißrosa
Blütezeit: Mai bis Juni
Duft: angenehm
Frucht: Hagebutte, vitaminreich
Trieb: bestachelt
Laub: gefiedert, bis 12 cm
Hecke: locker, bis 150 cm
Verwendung: Wildobst, heimisches Gehölz, Vogelschutzgehölz, Vogelnährgehölz, Bienenweide.
Pflegetipp: Verträgt radikalen Rückschnitt.

Kartoffel-Rose

Rosa rugosa

Charakter: Hagebutten, robustes Laub, Duftblüten – in dieser ungewöhnlichen Wildrose vereinigen sich viele positive Eigenschaften. Sie lässt sich von ihren anderen Wildkollegen deutlich am runzeligen Blatt unterscheiden. Zahlreiche, große Hagebutten bereits ab dem Sommer sind garantiert.
Standort: sonnig bis halbschattig
Wuchsform: aufrecht buschig
Höhe: 100 bis 150 cm
Blüte: violettrosa
Blütezeit: Mai bis Oktober
Duft: angenehm

Kartoffel-Rose

Frucht: rote Hagebutte, reich an Fruchtfleisch

Trieb: borstig

Laub: gefiedert, bis 20 cm

Herbstfärbung: gelb

Verwendung: Wildobst, Vogelschutzgehölz, Vogelnährgehölz, Bienenweide, Fruchttriebe zum Vasenschnitt, frosthartes Kübelgehölz.

Pflegetipp: Regelmäßiger Frühjahrsschnitt wirkt der Vergreisung entgegen und erhöht die Strauchvitalität.

Hängende Kätzchen-Weide

Salix caprea 'Pendula'

Charakter: Klassischer Frühlingsbote mit unverkennbaren stark herabhängenden Trieben. Die goldgelben Kätzchen erfreuen Mensch und Insekt gleichermaßen.

Standort: sonnig bis halbschattig

Wuchsform: überhängend

Höhe: je nach Stammhöhe

Blüte: gelb, Kätzchen

Blütezeit: März bis April

Laub: oval, bis 10 cm

Hängende Kätzchen-Weide

Herbstfärbung: gelb

Verwendung: Bienenweide, für Sandböden, ausschließlich als Zierstamm angeboten.

Pflegetipp: Kräftiger Rückschnitt nach der Blüte bei guter Nährstoffversorgung sichert den nächstjährigen Kätzchen-Besatz.

Weißbunte Hänge-Weide

Salix integra 'Hakuro Nishiki'

Charakter: Newcomer und weißbuntes Juwel nicht nur für das Asien-Ambiente. Muntert als Strauch oder kleines Bäumchen selbst kleinste Gartenbereiche kontrastreich auf. Regelmäßiger Schnitt hält die Maße im Miniaturformat. Ideal auch für den Buntlauber-Garten.

Weißbunte Hänge-Weide

Standort: sonnig bis halbschattig

Wuchsform: überhängend

Blüte: gelb, Kätzchen

Blütezeit: März bis April

Laub: weißbunt, lanzettlich, bis 5 cm

Verwendung: für Sandböden, als Zierstamm angeboten, in Teichnähe.

Pflegetipp: Starker Rückschnitt erst im Frühjahr, denn die feinen Triebe und Ästlein sind eine hübsche Winterzierde.

Japanische Drachen-Weide

Salix udensis 'Sekka'

Charakter: Dieser Japaner wirkt mit seinen breit »verbänderten«, überreich mit silbrigen Kätzchenblüten überzogenen Trieben wie ein Wesen aus einer anderen Welt. Ein Kleinod für Freunde bizarrer Astornamente. Hübscher Vasenschnitt für die hauseigene Floristik. Ungeschnitten ein stattlicher Strauch, dessen Triebe vor hellen Mauern besonders zur Geltung kommen.

Standort: sonnig

Wuchsform: breit buschig

Höhe: 150 bis 200 cm

Blüte: gelb, Kätzchen

Blütezeit: April

Trieb: verbändert, d. h. Triebe sind miteinander auf ganzer Länge verwachsen

Japanische Drachen-Weide

Laub: lanzettlich, bis 15 cm
Verwendung: Bienenweide, Blüten- und Dekortriebe zum Vasenschnitt, für Sandböden.
Pflegetipp: Regelmäßiger, leichter Rückschnitt fördert die Verbänderung.

Küchen-Holunder

Sambucus nigra 'Haschberg'

Charakter: Unter Wildobst-Fans gilt der Holunder als **der** Top-Fruchtstrauch schlechthin. Dass diese bereits in ihrer Jugend enorm reichfruchtende Bestauslese nicht unter der eigenen Last zusammenbricht, wissen erntende Gärtnerhände und zahlreiche Vogelarten sicher zu verhindern.
Standort: sonnig bis schattig
Wuchsform: breit buschig
Höhe: 200 bis 300 cm
Blüte: cremeweiß, Schirmrispe
Blütezeit: Juni bis August
Duft: streng
Frucht: violettschwarz, bekannte Holunderbeeren
Laub: gefiedert, bis 30 cm
Verwendung: Wildobst, Vogelschutzgehölz, Vogelnährgehölz, Bienenweide, Bauerngarten, in Teichnähe.
Pflegetipp: Verträgt selbst radikalsten Verjüngungsschnitt sehr gut.

Küchen-Holunder

Gelber Trauben-Holunder

Sambucus racemosa 'Sutherland Gold'

Charakter: Gelblaubiges, außergewöhnlich dekoratives Wildobst, das von Frühjahr bis Herbst die Farbe der Sonne in dunkle, aber auch lichte Gartenbereiche bringt. Neben der feinfiligranen Blattzierde besticht der üppige Fruchtbehang.
Standort: sonnig bis schattig
Wuchsform: breit buschig
Höhe: 150 bis 200 cm
Blüte: gelbgrün, Rispe
Blütezeit: April bis Mai
Duft: streng
Frucht: rot, Steinkerne entfernen, da giftig
Laub: gelb, filigran gefiedert, bis 25 cm
Herbstfärbung: gelb
Verwendung: Wildobst, Vogelschutzgehölz, Vogelnährgehölz, Bienenweide.
Pflegetipp: Radikaler Rückschnitt nicht empfehlenswert.

Braut-Spiere

Spiraea arguta

Charakter: Wer einen robusten Frühjahrsblüher mit zahllosen Gestaltungsmöglichkeiten sucht, liegt mit diesem richtig. Wie aus einem Springbrunnen sprudeln wochenlang Blütenkaskaden in jungfräulichem Weiß. Kontrastreich neben Blut-Johannisbeeren.
Standort: sonnig bis halbschattig
Wuchsform: buschig
Höhe: 150 bis 200 cm
Blüte: weiß, Doldentraube
Blütezeit: April bis Mai
Duft: streng
Laub: lanzettlich, bis 4 cm
Herbstfärbung: gelb
Hecke: locker, bis 130 cm
Verwendung: Vogelschutzgehölz, Bienenweide, Bauerngarten.
Pflegetipp: In mehrjährigem Turnus alte Triebe nach der Blüte an der Basis entfernen, jedoch auch radikaler Verjüngungsschnitt möglich.

Weiße Rispen-Spiere

Spiraea cinerea 'Grefsheim'

Charakter: Schnittverträglichste weiße Spiere. Dichtbuschiger, außergewöhnlich anspruchsloser Strauch, der selbst in absonnigen Lagen nicht versagt und – ganz in weiß – lichtarme Gartenbereiche zum Strahlen bringt.
Standort: sonnig bis halbschattig

Weiße Rispen-Spiere

Wuchsform: buschig
Höhe: 100 bis 150 cm
Blüte: weiß, Doldentraube
Blütezeit: April
Laub: lanzettlich, bis 4 cm
Herbstfärbung: gelb
Hecke: locker, bis 100 cm
Verwendung: Vogelschutzgehölz, Bienenweide, Blütentriebe zum Vasenschnitt, Bauerngarten, frosthartes Kübelgehölz.
Pflegetipp: Entweder mehrjährige Triebe an der Basis entfernen oder – um die nächstjährige Blütenfülle zu fördern – Triebe nach der Blüte zurückschneiden.

Kissen-Spiere 'Little Princess'

Kissen-Spiere 'Goldflame'

Kissen-Spiere

Spiraea japonica-Sorten

Charakter: Beste Spiersträucher für kleinste Pflanzbereiche, beliebte Sommerblüher im Miniaturformat. Absolut anspruchslose und vielseitige Flächenbegrüner in verschiedenen Blütenfarben, die zahllose Insekten locken.
Standort: sonnig bis halbschattig
Wuchsform: buschig
Höhe: je nach Sorte bis 80 cm
Blüte: je nach Sorte weiß, rosa, rot, Doldentraube
Blütezeit: Juni bis August
Laub: grün oder buntlaubig, lanzettlich, bis 7 cm
Hecke: locker, je nach Sorte bis 50 cm
Verwendung: Bodendecker, Steingarten, Japangarten, Bienenweide, für Tröge, Minigärten.
Pflegetipp: Starker Rückschnitt im Frühjahr fördert geschlossenen Wuchs und Blütenfülle.
Sortenauswahl: 'Alpina' (rosa, bis 20 cm), 'Anthony Waterer' (rot, bis 80 cm), 'Goldflame' (rosa, gelbes Laub, bis 60 cm), 'Little Princess' (rosa, bis 30 cm), 'Shirobana' (weiß und rosa gemischt, bis 60 cm).

Pracht-Spiere

Pracht-Spiere

Spiraea vanhouttei

Charakter: Der deutsche Name könnte treffender nicht sein: Diese Spiere ist eine einzige Pracht. Bekannteste Spiere, als weißer Frühlingsblüher zwar altbekannt, dennoch unübertroffen. Sehr schön zu Deutzien, Weigelien oder auch Edel-Flieder.
Standort: sonnig bis halbschattig
Wuchsform: breit buschig
Höhe: 150 bis 200 cm
Blüte: weiß, Doldentraube
Blütezeit: Mai bis Juni
Laub: oval, bis 4 cm
Herbstfärbung: gelb
Hecke: locker, bis 150 cm
Verwendung: Vogelschutzgehölz, Bienenweide.
Pflegetipp: In mehrjährigem Turnus alte Triebe an der Basis entfernen, jedoch auch radikaler Verjüngungsschnitt möglich.

Niedrige Kranzspiere

Stephanandra incisa 'Crispa'

Charakter: Das Besondere an diesem Flächenbegrüner ist seine ornamentale Laubstruktur. Eignet sich hervorragend zur gesundvitalen Unterpflanzung lichter Baumkronen, reagiert allerdings »verschnupft« auf Bodenverdichtungen.

Standort: sonnig bis halbschattig

Wuchsform: niederliegend

Höhe: 40 bis 60 cm

Blüte: weiß, Rispe

Blütezeit: Juni bis Juli

Laub: gelappt, Rand gesägt, bis 6 cm

Herbstfärbung: orangerot

Verwendung: Bodendecker, Bienenweide, in Teichnähe, für Tröge.

Pflegetipp: Jährlicher radikaler Verjüngungsschnitt verlängert die Lebensdauer deutlich.

Perlenbeere

Perlenbeere

Symphoricarpos × doorenbosii-Sorten

Charakter: Schattenverträglichste Fruchtziersträucher. Kein anderes Gartengehölz überzeugt in lichtarmen Bereichen mit einem derartig überreichen Fruchtbehang in den leuchtendsten Farben. Dazu problemlos, genügsam, beste Bienenweide – eine Gehölzgruppe mit großer Zukunft, insbesondere für kleine Gärten.

Standort: sonnig bis schattig

Wuchsform: rundlich

Höhe: 60 bis 100 cm

Blüte: weißrosa, Traube

Blütezeit: Juni bis August

Frucht: je nach Sorte weiß bis rosarot

Laub: eiförmig, bis 4 cm

Hecke: locker, bis 60 cm

Verwendung: Bodendecker, Vogelschutzgehölz, Bienenweide, Fruchttriebe für Schnitt, toleriert Vollschatten, für Tröge.

Pflegetipp: Jährlicher radikaler Rückschnitt im Frühjahr fördert die Fruchtfülle deutlich.

Sortenauswahl (Frucht): 'Amethyst' (lila), 'Magic Berry' (rosarot)

Zierlicher Duft-Flieder

Syringa meyeri 'Palibin'

Charakter: Asiatisches Gartenjuwel, das mit seinen kleinen Ausmaßen und dem intensiven Duft bald über seinen heutigen Liebhaberstatus hinauswachsen wird. Insbesondere als Zierstamm kommt der Miniatur-Flieder dem Gartenfreund duftreich entgegen. Aufgrund seiner Trockenverträglichkeit und Frosthärte ein Kübelgehölz mit großem Potenzial.

Standort: sonnig

Wuchsform: breit buschig

Höhe: 60 bis 100 cm

Blüte: violett, Rispe

Blütezeit: Mai bis Juni

Duft: angenehm, intensiv

Laub: oval, bis 5 cm

Verwendung: Bienenweide, Blütentriebe zum Vasenschnitt, für Sandböden, als Zierstamm ange-

Zierlicher Duft-Flieder

boten, Bauerngarten, frosthartes Kübelgehölz.

Pflegetipp: Rückschnitt im Frühjahr möglich.

Herbst-Flieder

Syringa microphylla 'Superba'

Charakter: Wuchsdisziplinierter Flieder für alle Freunde von Duftgehölzen, denen nur wenig Gartenraum zur Verfügung steht. Passt ideal zu weiß blühenden Stauden wie dem Schleierkraut. Lockt nicht nur Duftfans, auch Bienen finden den nachblühenden Flieder unwiderstehlich.

Standort: sonnig

Wuchsform: bogig überhängend

Höhe: 60 bis 100 cm

Blüte: rosa, Rispe

Blütezeit: Mai, Nachblüte im Oktober

Duft: angenehm, intensiv

Laub: oval, bis 6 cm

Edel-Flieder

Verwendung: Bienenweide, als Zierstamm angeboten, Dachgarten, Bauerngarten, frosthartes Kübelgehölz.

Pflegetipp: Kräftiger Rückschnitt im Frühjahr steigert die Blütenfülle.

Edel-Flieder

Syringa vulgaris-Sorten

Charakter: Klassischer Muttertagsstrauch, bei dem sich nicht alle Väter unter Kontrolle haben und gerne ein paar Dufttriebe für ihren Partner mitgehen lassen. Bei einem herrlichen Duft- und Blütenstrauch dieser Güte kann man diese Selbstbedienung als Mundraub verzeihen. Edel-Flieder sollte zur vollen Entfaltung seiner Wirkung entsprechend frei stehen.

Standort: sonnig

Wuchsform: trichterförmig

Höhe: 150 bis 200 cm

Blüte: je nach Sorte rot, weiß, rosa, violett, Rispe

Blütezeit: Mai

Duft: angenehm, intensiv

Laub: oval, bis 12 cm

Verwendung: Blütentriebe zum Vasenschnitt, als Zierstamm angeboten, Bauerngarten, in Teichnähe, frosthartes Kübelgehölz.

Pflegetipp: Regelmäßiger Schnitt nicht üblich, jedoch leichte Eingriffe nach der Blüte möglich. Verträgt auch radikale Verjüngung bis ins alte Holz problemlos, doch kann dann eine mehrjährige Blühpause folgen. Häufig sind veredelte Sträucher im Angebot; mögliche Wildtriebe umgehend entfernen.

Sortenauswahl: 'Andenken an Ludwig Späth (lilarosa, einfach), 'Charles Joly' (purpurrot, gefüllt), 'Katherine Havemeyer' (lilarosa, gefüllt), 'Madame Lemoine' (weiß, gefüllt), 'Michel Buchner' (lila, gefüllt), 'Primrose' (hellgelb, einfach).

Rosa Frühlings-Tamariske

Rosa Frühlings-Tamariske

Tamarix parviflora

Charakter: Schönste Frühlings-Tamariske mit sehr guter Salztoleranz. Auch auf sandigen Böden überreich blühend.

Standort: sonnig

Wuchsform: breit buschig

Höhe: 200 bis 300 cm

Blüte: rosa, Traube

Blütezeit: Mai bis Juni

Laub: schuppenartig, bis 2 cm

Herbstfärbung: gelbrot

Verwendung: Bienenweide, für Sandböden, in Teichnähe.

Pflegetipp: Radikaler Rückschnitt möglich.

Winter-Schneeball

Feinlaubige Ulme

Ulmus minor 'Jacqueline Hillier'

Charakter: Das Besondere an dieser Ulmen-Sorte sind die eigenwilligen Blattornamente. Das feine Laub steht sehr dicht und ist eine sommerlange Zierde. Wächst zunächst wie eine Zwergform, wird jedoch mit den Jahren übermannshoch.

Standort: sonnig bis halbschattig

Wuchsform: breit buschig

Höhe: 100 bis 150 cm

Trieb: malerisch gedreht

Laub: eiförmig, bis 4 cm, sehr dicht stehend

Verwendung: als Zierstamm angeboten, frosthartes Kübelgehölz.

Pflegetipp: Rückschnitt nicht üblich, aber möglich.

Schneeball 'Eskimo'

Viburnum 'Eskimo'

Charakter: Klein bleibender Zierstrauch mit schneeweißen Kugelblüten.

Standort: sonnig bis halbschattig

Wuchsform: kompakt, halbkugelig

Höhe: 100 bis 150 cm

Blüte: weiß, ballförmige Büschel

Blütezeit: April

Laub: elliptisch, ledrig, bis 10 cm

Verwendung: Bienenweide, Blütentriebe für Schnitt, frosthartes Kübelgehölz, als Zierstamm angeboten, Bauerngarten, in Teichnähe.

Pflegetipp: Schnitt unüblich, nur junge Pflanzen belohnen einen Verjüngungsschnitt mit buschigerem Wuchs.

Winter-Schneeball

Viburnum × *bodnantense* 'Dawn'

Charakter: Diese Laune der Natur ist aufgrund der winterlichen Blütezeit die erste und letzte Bienenweide im Gartenjahr. Die duftenden, rosafarbenen Blüten sind das beste Seelenelixier gegen das winterliche Grau. Ein fensternaher Pflanzplatz ist optimal, um die Winterblüte aus den Wohnräumen heraus zu genießen.

Standort: sonnig bis halbschattig

Wuchsform: trichterförmig

Höhe: 150 bis 200 cm

Blüte: rosa, Rispe

Blütezeit: Dezember bis April

Duft: angenehm, intensiv

Laub: eiförmig, bis 10 cm

Herbstfärbung: rot

Verwendung: Bienenweide, Blü-tentriebe zum Vasenschnitt, Formgehölz, frosthartes Kübelgehölz.

Pflegetipp: Schnitt unüblich, nur junge Pflanzen belohnen einen Verjüngungsschnitt mit buschigerem Wuchs.

Echter Schneeball

Viburnum opulus 'Roseum' (= 'Sterile')

Charakter: Bewährtester Schneeball, der bereits seit 1594 als Zierpflanze bekannt ist. Ein Bauerngarten ohne dieses Blühphänomen ist wie ein Teich ohne Fische. Zählt neben Flieder und Goldregen zum Triumvirat der Mai-Blüher.

Standort: sonnig bis halbschattig

Wuchsform: breit ausladend

Höhe: 150 bis 200 cm

Blüte: weiß, ballförmiger Blütenstand

Blütezeit: Mai bis Juni

Laub: rundlich, gelappt, über 10 cm

Herbstfärbung: rot

Verwendung: Vogelschutzgehölz, Bienenweide, Blütentriebe zum Vasenschnitt, Bauerngarten, in Teichnähe.

Pflegetipp: Schnitt unüblich, Auslichten in mehrjährigem Turnus möglich.

Echter Schneeball

Gelb blühender Glockenstrauch

Japanischer Schneeball

Viburnum plicatum 'Watanabe'

Charakter: Eigensinniger Miniatur-Japaner mit feingliedriger, unnahbar wirkender Aura. Interessant wegen seiner Dauerblüte, der straffen Wuchsdisziplin und der leuchtend roten Herbstfärbung.

Standort: sonnig bis halbschattig

Wuchsform: breitbuschig

Höhe: 60 bis 100 cm

Blüte: weiß, Schirmrispe

Blütezeit: Juli bis August, Nachblüte im Oktober

Frucht: rot, in Massen giftig

Laub: breit eiförmig, bis 10 cm

Herbstfärbung: rot

Verwendung: Japangarten, als Zierstamm angeboten, Dachgarten, in Teichnähe.

Pflegetipp: Schnitt unüblich.

Glockenstrauch

Weigela-Sorten und -Arten

Charakter: Anspruchslose, boden- und lichttolerante Alleskönner, die durch ihr dichtes Laubwerk besten Sichtschutz bieten. Nur wenige Blütensträucher können sich mit der Blühdauer dieser Sommerblüher messen.

Standort: sonnig bis halbschattig

Wuchsform: buschig

Höhe: variabel, bis 250 cm

Blüte: je nach Sorte rot, weiß, rosa

Blütezeit: Juni bis August

Laub: grün oder buntlaubig, eiförmig, bis 10 cm

Herbstfärbung: teils gelbrot

Verwendung: Bienenweide, rot- und buntlaubige Sorten zum Vasenschnitt, schnellwüchsiges Gehölz, Bauerngarten.

Pflegetipp: Auslichten in mehrjährigem Turnus ist ausreichend, aber auch radikaler Rückschnitt wird vertragen, dem jedoch eine Blühpause folgt.

Sorten-/Artenauswahl: 'Bristol Ruby' (karminrot, bis 250 cm), 'Bouquet Rose' (rosa, bis 200 cm), 'Eva Rathke' (dunkelrot, bis 150 cm), 'Evita' (karminrot, bis 100 cm), *W. florida* (rosaweiß gefleckt, bis 250 cm), *W. florida* 'Purpurea' (dunkelrosa, bis 150 cm, Laub braunrot), 'Nana Variegata' (rosa, bis 100 cm, Laub weißbunt), 'Snowflake' (weiß, bis 150 cm), 'Styriaca' (karminrosa, bis 200 cm), 'Variegata' (hellrosa, bis 150 cm, Laub weißbunt), *W. middendorffiana* (gelb, bis 200 cm, s. Foto links).

Glockenstrauch

Laubbäume

– sommerliche grüne Dächer, winterliche Gartenstützen

Wie die sommergrünen Laubsträucher sind die Laubbäume Gehölze, die im Winter ihr Laub abwerfen. Rein äußerlich bestehen sie aus Stamm und Krone.

Unter Laubbäumen wurde Recht gesprochen, in den Mythen der Völker spielten sie oft eine dominante, mitunter auch eine mystisch-geheimnisvolle Rolle. Diese Faszination hält bis zum heutigen Tage an. »Mein Freund der Baum« – so beginnt ein bekanntes Lied aus unserer Zeit, das den größten Lebewesen auf Erden – den Bäumen – gewidmet ist. Die nachfolgende Auswahl berücksichtigt allerdings in erster Linie gartengerechte Haus- und Kleinbäume, die »im Rahmen« bleiben. Aber auch sie bieten Vögeln in ihrem Zweiggewirr Nistschutz und Beerenfutter, werfen kühlenden Schatten, den kein Sonnenschirm in dieser Frische nachahmen oder ersetzen kann, laden Kinder zum Abenteuer versprechenden Klettern ein.

Zumindest **ein** Baum gehört in jeden Garten, schon um Straßenlärm abzudämpfen und etwas zur Luftverbesserung beizutragen. Ergänzt durch seine vielen Ziereigenschaften, ist ein Gartenbaum Balsam für Mensch und Tier. Dennoch sollte man vor einer Baumpflanzung unbedingt einen Blick ins **Nachbarrecht** werfen – damit die blattreichen Gartendächer in erster Linie die Zukunft begrünen und nicht den Zaunfrieden gefährden.

Die Angaben zur Wuchshöhe beziehen sich auf die Höhe des Baumes nach 15 Jahren im Garten auf durchschnittlichen Standorten. Ausgangspflanzen waren mehrjährige Bäume, die in einer gängigen Stammstärke gekauft wurden.

Feld-Ahorn

Acer campestre

Charakter: Extrem frosthartes Stehauf-Männchen mit breiter Standorttoleranz und hübscher Belaubung. Egal ob geschnitten, als formierte Hecke, als Strauch oder kleinkroniger Gartenbaum – der Feld-Ahorn ist und bleibt eines der ökologisch bedeutsamsten heimischen Gehölze.

Standort: sonnig bis halbschattig

Wuchsform: rundliche Krone

Höhe: 500 bis 700 cm

Blüte: gelbgrün, Rispe

Blütezeit: April bis Mai

Frucht: geflügelt

Rinde: Korkleisten

Laub: drei- bis fünflappig, bis 10 cm

Herbstfärbung: gelb

Hecke – Schnitthöhe: 150 bis 300 cm

Verwendung: Größere Hausgärten, heimisches Gehölz, Vogelschutzgehölz, Vogelnährgehölz, Bienenweide, Formgehölz, für Sandböden, Dachgarten, frosthartes Kübelgehölz.

Pflegetipp: Sehr gute Schnittverträglichkeit junger Pflanzen, im Alter etwas nachlassend.

Säulen-Ahorn

Acer platanoides 'Columnare'

Charakter: Durch seine kompakte Säulenform interessanter Hausbaum für größere Gärten, wuchsdisziplinierte Auslese aus dem heimischen Spitz-Ahorn. Das kompakte Astgewirr bietet ideale Nistmöglichkeiten in katzensicherer Höhe.

Standort: sonnig bis halbschattig

Wuchsform: säulenförmige Krone

Höhe: über 700 cm

Blüte: gelbgrün, Doldentraube

Blütezeit: April

Frucht: geflügelt

Laub: spitz gelappt, bis 15 cm

Herbstfärbung: gelb

Verwendung: Größere Hausgärten, Vogelschutzgehölz, Bienenweide, schnellwüchsiges Gehölz, für Sandböden, frosthartes Kübelgehölz.

Pflegetipp: Nicht schneiden, Säulenform ist ohne Schnitt gewährleistet. Kräftige Eingriffe sind zwar möglich, führen aber zu einer deutlichen Verbreiterung der Säulenkrone. In besonderen Frostlagen Stämme im Winter schattieren, um Frostrisse zu vermeiden.

Schwarz-Ahorn

Acer platanoides 'Faassen's Black'

Charakter: Rotlaubiger Hitzkopf in Baumgestalt. Idealer Hausbaum für größere Gartenbereiche. Das schwarzrote Laub bleibt bis zum Laubfall farbkonstant. Ein hübsches Kleinod sind die gelbrot kontrastierenden Blütenstände, die im April stark von Insekten angeflogen werden.

Schwarz-Ahorn

Standort: sonnig bis halbschattig
Wuchsform: breitkegelige Krone
Höhe: über 700 cm
Blüte: rötlichgelb, Doldentraube
Blütezeit: April
Frucht: geflügelt
Laub: schwarzrot, spitzgelappt, bis 15 cm
Verwendung: Größere Hausgärten, Vogelschutzgehölz, Bienenweide, für Sandböden, frosthartes Kübelgehölz.

Pflegetipp: Schnitt nur ab Herbst bis Januar, spätere Eingriffe fördern ein »Bluten« der Bäume. Immer auf »Auge« schneiden, kein pilzanfälliges Totholz stehenlassen, Wunden verstreichen. In besonderen Frostlagen Stämme im Winter schattieren, um Frostrisse zu vermeiden. Grünlaubige Wildtriebe (leicht erkennbar) sofort entfernen.

Kugel-Ahorn

Acer platanoides 'Globosum'

Charakter: Gartengerechtester Ahorn für kleine Hausgärten, einer der interessantesten Hausbäume überhaupt. Der beliebte Nistbaum entwickelt ohne Schnitt eine kugelrunde, astquirlige Krone, die sich im Alter verbreitert. Kann durch zeitigen Winterschnitt immer im Zaum gehalten werden.

Standort: sonnig bis halbschattig
Wuchsform: kugelförmige Krone
Höhe: 300 bis 500 cm
Blüte: gelbgrün, Doldentraube
Blütezeit: April
Frucht: geflügelt
Laub: spitz gelappt, bis 15 cm
Herbstfärbung: gelb
Verwendung: Toreinfahrten, Vogelschutzgehölz, Bienenweide, für Sandböden, Hausbaum, frosthartes Kübelgehölz.

Pflegetipp: Schnitt nur ab Herbst bis Januar, spätere Eingriffe fördern ein »Bluten« der Bäume. Immer auf »Auge« schneiden, kein pilzanfälliges Totholz stehenlassen, Wunden verstreichen. In besonderen Frostlagen Stämme im Winter schattieren, um Frostrisse zu vermeiden.

Kugel-Ahorn

Echte Hänge-Birke

Echte Hänge-Birke

Betula pendula 'Youngii'

Charakter: Gemessen an der Weiß-Birke, kann diese malerisch wachsende Hängeform als Zwergbaum bezeichnet werden. Die beschaulich wachsende Schirmkrone bietet über die Jahre mit ihrem grünen Laubvorhang einen Sichtschutz, der auf sympathische Art und Weise neugierige Blicke – beispielsweise auf die Terrasse – fernhält.

Standort: sonnig
Wuchsform: Kronentriebe herabhängend
Höhe: 500 bis 700 cm
Laub: herzförmig, bis 5 cm
Herbstfärbung: gelb
Verwendung: Heidegarten, für Sandböden, Friedhof, als Zierstamm angeboten, in Teichnähe, frosthartes Kübelgehölz.
Pflegetipp: Schnitt unüblich.

Hainbuche

Carpinus betulus

Charakter: Neben dem Feld-Ahorn multifunktionalster Strauch-Baum. Dank ihrer guten Schnittverträglichkeit bis ins hohe Alter kann die Hainbuche sowohl als Formhecke als auch als herrlicher Einzelbaum in größeren Gartenbereichen zum Einsatz kommen. Bestes Gehölz für Windschutzhecken, da das Laub bis zum Frühjahr haften bleibt.
Standort: sonnig bis halbschattig
Wuchsform: rundliche Krone
Höhe: 500 bis 700 cm
Blüte: gelb, Kätzchen
Blütezeit: April
Frucht: Flügelnuss
Laub: elliptisch, bis 10 cm
Herbstfärbung: gelb
Hecke – Schnitthöhe: 100 bis 300 cm
Verwendung: Größere Hausgärten, Windschutz, heimisches Gehölz, Vogelschutzgehölz, Vogelnährgehölz, Formgehölz, Bauerngarten.
Pflegetipp: Extrem schnittverträglich, sogar während der Sommermonate.

Hainbuche

Kugel-Trompetenbaum

Catalpa bignonioides 'Nana'

Charakter: Tolles, dichttriebiges Baumhaus für nistende Vögel, das selbst in kleine Gärten passt. Die Blätter erinnern an große Elefantenohren. Sie legen sich dachziegelartig übereinander und bilden eine absolut geschlossene, schattenspendende Kugel-Krone.
Standort: sonnig
Wuchsform: kugelige Krone
Höhe: 300 bis 500 cm
Laub: herzförmig, bis 20 cm
Herbstfärbung: gelb
Verwendung: Toreinfahrten, Vogelschutzgehölz, Hausbaum.
Pflegetipp: Junge Pflanzen können unter Frostempfindlichkeit leiden, die aber mit zunehmendem Alter schwindet. Schnitt möglich, aber nicht üblich.

Rot-Dorn

Crataegus laevigata 'Paul's Scarlet'

Charakter: Blühgewaltiger Kleinbaum. Durch Formschnitt lässt sich eine Kugelkrone erreichen, die beispielsweise größeren Bauerngärten eine architektonisch-formale Ausrichtung geben kann. Ungeschnitten wächst der beliebte Straßenbaum breit ausladend.
Standort: sonnig bis halbschattig
Wuchsform: rundliche Krone
Höhe: 300 bis 500 cm
Blüte: rot, gefüllt
Blütezeit: Mai bis Juni
Trieb: Kurzdornen
Laub: gelappt, bis 5 cm
Verwendung: Vogelschutzgehölz durch Triebdornen, Bienenweide, Formgehölz, Hausbaum, Bauerngarten.
Pflegetipp: Radikaler Verjüngungsschnitt möglich. Regelmäßige Formschnitte (Kugelkrone) mindern den Blütenansatz.

Rot-Buche

Fagus sylvatica

Charakter: Großer Waldbaum, der in Gärten aufgrund seiner stattlichen Ausmaße in erster Linie als Gehölz für übermannshohe

Kugel-Trompetenbaum

Schnitthecken und Windschutzpflanze genutzt wird. Dekorativ ist das über Winter haftende braune Laub, das elegant eisige Winde bricht.

Standort: sonnig bis schattig
Wuchsform: breitgewölbte Krone
Höhe: über 700 cm
Frucht: Bucheckern, in Mengen genossen schwach giftig
Laub: oval, bis 10 cm
Herbstfärbung: orangegelb
Hecke – Schnitthöhe: 150 bis 300 cm
Verwendung: Größere Hausgärten, heimisches Gehölz, Vogelnährgehölz, Bienenweide, Formgehölz, toleriert Vollschatten.
Pflegetipp: Schnittverträglichkeit im Alter nachlassend, größere Wunden verstreichen.

Schwarzrote Hänge-Buche

Fagus sylvatica 'Purpurea Pendula'

Charakter: Skurril bis bizarr wachsende Naturskulptur mit betont hängendem Wuchs. Mit dem

Schwarzrote Hänge-Buche

Kugel-Esche

Alter bildet sie eine eher breite Krone.

Standort: sonnig bis schattig
Wuchsform: eiförmige Krone, Triebe hängend
Höhe: 500 bis 700 cm
Laub: schwarzrot, oval, bis 10 cm
Herbstfärbung: braunrot
Verwendung: Größere Hausgärten, Formgehölz (Kugel).
Pflegetipp: Aufrecht wachsende Triebe sofort entfernen, größere Wunden verstreichen.

Kugel-Esche

Fraxinus excelsior 'Nana'

Charakter: Kleinkroniger Hausbaum für ausreichend bodenfeuchte Gartenareale. Besonders schöner, elegant wirkender Blickfang an Toreinfahrten.

Standort: sonnig bis halbschattig
Wuchsform: schirmförmige Krone
Höhe: 300 bis 500 cm
Laub: gefiedert, über 25 cm
Verwendung: Toreinfahrten, Hausbaum, in Teichnähe.
Pflegetipp: Schnitt unüblich.

Gold-Hülse

Gleditsia triacanthos 'Sunburst'

Charakter: Gelblaubiger Gartenbaum, der durch sein feingliedriges Laub, seinen malerischen Wuchs und seine lichtdurchlässige Krone zunächst fragil und zerbrechlich wirkt. Tatsächlich ein sonnenerprobter, trockenheitsresistenter Hitzebaum für heiße, strahlungsintensive Südlagen. Herrlicher Laubaustrieb.

Gold-Hülse

Standort: sonnig
Wuchsform: rundliche Krone
Höhe: 500 bis 700 cm
Blüte: weißlich, Traube
Blütezeit: Juni
Duft: angenehm
Laub: im Austrieb hellgelb, gefiedert, über 10 cm
Verwendung: Größere Hausgärten, Vogelschutzgehölz, Bienenweide, schnellwüchsiges Gehölz, für Sandböden, Hausbaum.

Laubsträucher
Laubbäume
Immergrüne Laubgehölze
Rhododendren
Bambusse
Klettergehölze
Rosen
Nadelsträucher
Nadelbäume

Pflegetipp: Verträgt radikalen Rückschnitt.

Edel-Goldregen

Laburnum watereri 'Vossii'

Charakter: Volkstümlicher Blütenbaum. Die golbgelben Kaskaden der bis zu 50 cm langen Blütentrauben sind bereits aus der Ferne ein Blickfang. Blüht zeitgleich mit den Rot-Dorn, zusammen bieten beide einen unvergesslichen Anblick in größeren Bauerngärten. Schattenspender für Rhododendren.

Standort: sonnig bis halbschattig

Wuchsform: trichterförmige Krone

Höhe: 300 bis 500 cm

Blüte: tiefgelb, Traube

Blütezeit: Mai

Duft: angenehm

Frucht: braun, giftig

Laub: dreiteilig, bis 8 cm, giftig

Verwendung: Bienenweide, Blütentriebe zum Vasenschnitt, als Zierstamm angeboten, Bauerngarten.

Pflegetipp: Schnitt unüblich; jedoch Blütentriebe, die von Kindern

Edel-Goldregen

Kugel-Amberbaum 'Gumball'

erreicht werden können, wegen der giftigen Samenstände nach der Blüte abschneiden.

Amberbaum

Liquidambar styraciflua

Charakter: Herbstlicher Laub-Feuerwerker der Spitzenklasse, der alle Farbregister zieht. Kein Baumblatt verabschiedet sich spektakulärer in solch unbeschreiblichen Rot-, Orange- und Gelbnuancen. Die Rinde zieren Korkleisten – ein hübscher Winterschmuck.

Standort: halbschattig

Wuchsform: schmal-kegelförmige Krone

Höhe: 500 bis 700 cm

Frucht: braun, kugelig

Rinde: borkig, Korkleisten

Laub: tiefgelappt, bis 15 cm

Herbstfärbung: gelbrot, sehr früh beginnend

Verwendung: Größere Hausgärten, Bienenweide, schnellwüchsiges Gehölz, in Teichnähe.

Pflegetipp: Jungbäume frostempfindlich, nur im Frühjahr pflanzen. Im Alter absolut hart.

Sortenauswahl: 'Gumball' (Zwergform mit Kugelkrone) für kleine Hausgärten.

Tulpen-Magnolie

Magnolia × soulangiana

Charakter: An Blütenfülle und -größe unübertroffene Baumschönheit. Sie gilt als die Diva unter den Blütenbäumen, weshalb ihr eine geschützte Lage zugestanden werden sollte. Der weißrosafarbene Blütenberg im Frühjahr wird – trotz mancher frostigen Enttäuschungen – Gartenfreunde faszinieren, solange es Gärten gibt.

Standort: sonnig bis halbschattig

Wuchsform: breit ausladende Krone

Höhe: 300 bis 500 cm

Blüte: weißrosa

Blütezeit: April bis Mai

Duft: leicht, angenehm

Frucht: rot, walzenförmig

Laub: eiförmig, bis 15 cm

Verwendung: Größere Hausgärten, Blütentriebe zum Vasenschnitt, als Zierstamm angeboten, in Teichnähe.

Pflegetipp: Niemals im Wurzelbereich graben, nicht zu tief pflanzen. Rückschnitt nicht empfehlenswert, jedoch möglich.

Mittlerweile bieten gut sortierte Baumschulen auch gelb blühende Magnolien an. Der Wuchs entspricht dem der Tulpen-Magnolie, teils wachsen sie auch stärker.

Zier-Apfel

Malus-Sorten und -Arten

Charakter: Blühstarker Gestaltungsstoff für den eigenen Garten Eden. Wuchs sortenunterschiedlich strauch- bis kleinbaumartig, meist als Kronenveredlungen auf kurzen Stämmen angeboten. Einige Sorten zieren zusätzlich mit niedlichen Äpfeln und buntem Laub. Beste Kontraste vor hellen Fassaden.

Standort: sonnig

Wuchsform: schmale bis breit ausladende Kronen

Höhe: 500 bis 700 cm

Blüte: je nach Sorte weiß, rosa, rot

Blütezeit: Mai

Duft: leicht, angenehm

Frucht: von gelb bis rot, bis 5 cm

Laub: eiförmig bis elliptisch, bis 10 cm

Verwendung: Größere Hausgärten, Vogelschutzgehölz, Vogelnährgehölz, Bienenweide, Blüten- und Fruchttriebe zum Vasenschnitt, teils Wildobst, Hausbaum.

Pflegetipp: Ungeeignet für heiße Innenstadtstandorte mit schlechten Böden. Schnitt unüblich, Wildtriebe jedoch sofort entfernen.

Sorten-/Artenauswahl: 'Charlottae' (Blüte zartrosa, Frucht grüngelb, groß), 'Eleyi' (Blüte weinrot, Frucht purpurn, Laub rötlich), 'John Downie' (Blüte weiß, Frucht orangerot, sehr groß), 'Liset' (Blüte blaurot, Frucht purpurn, Laubaustrieb rötlich), 'Royalty' (Blüte purpurn, Frucht und Laub rot), *Malus floribunda* (Blüte rosaweiß, Frucht gelb, klein).

Zier-Apfel 'John Downie'

Zier-Apfel *Malus floribunda*

Japanische Blüten-Kirsche

Prunus-Sorten

Charakter: Herrliche Blütenbäume in zartesten Weiß- und Rosatönen, wohl unsere auffallendsten Frühjahrsbäume überhaupt. Unterschiedlich gefüllte und gefärbte Blüten und Wuchsformen von streng säulenförmig bis breit ausladend machen es jedem Gartenfreund leicht, die passende Blütenkirsche zu finden. Wem nur ein begrenztes Platzangebot zur Verfügung steht, findet unter den Laubsträuchern Miniaturausgaben dieser Blütenklassiker, die ihren großen Brüdern in puncto Blütenfülle ebenbürtig sind (siehe Seite 92).

Standort: sonnig bis halbschattig

Wuchsform: je nach Sorte variabel (siehe Sortenauswahl)

Höhe: 300 bis 700 cm

Blüte: je nach Sorte weiß, rosa, Doldentraube

Blütezeit: April bis Mai

Laub: elliptisch, bis 10 cm

Herbstfärbung: gelborange

Verwendung: Größere Hausgärten, Japangarten, Blütentriebe zum Vasenschnitt, teils als Zierstamm angeboten.

Japanische Blüten-Kirschen 'Accolade'

Kugel-Sumpfeiche 'Green Dwarf'

Pflegetipp: Treiben selbst nach starkem Rückschnitt willig durch. Lieben ausreichend bodenfeuchte Gartenplätze. Veredelte Pflanzen, daher Wildtriebe sofort entfernen.

Sortenauswahl: 'Accolade' (Blüte rosa, leicht gefüllt, Wuchs trichterförmig-aufrecht), 'Amanogawa' (Blüte weißlichrosa, leicht gefüllt, Wuchs streng säulenförmig), 'Kanzan' (Blüte dunkelrosa, dicht gefüllt, Wuchs trichterförmig, breit ausladend), 'Kiku-shidare-zakura' (Blüte rosa, dicht gefüllt, Hängeform), 'Schnee' (Blüte weiß, einfach, dicht buschige Kugelkrone), 'Shiro-fugen' (Blüte weiß, gefüllt, Wuchs trichterförmig), 'Shirotae' (Blüte weiß, einfach bis halbgefüllt, Äste waagerecht ausgebreitet).

Japanische Blüten-Kirsche 'Kanzan'

Kugel-Sumpfeiche

Quercus palustris 'Green Dwarf'

Charakter: Gartengerechte Zwergausgabe der bekannten Sumpf-Eiche, einem hohen Baum mit prachtvoller Herbstfärbung. 'Green Dwarf' eignet sich hochstämmig veredelt als Gartenbaum für kleine Hausgärten. Die Herbstfärbung ist attraktiv weinrot und von langer Dauer.

Standort: sonnig bis halbschattig

Wuchsform: kugelförmige Krone

Wuchshöhe: 200 bis 300 cm

Laub: gebuchtet bis gelappt, bis 12 cm

Herbstfärbung: weinrot

Verwendung: : Vorgärten, Toreinfahrten, im Kübel, als Zierstamm angeboten, Bauerngarten, in Teichnähe.

Pflegetipp: Schnitt unüblich, bildet natürliche Kugelkrone.

Gold-Akazie

Robinia pseudoacacia 'Frisia'

Charakter: Gelblaubiger Goldschatz, der mit seiner malerischen, sehr lockeren Krone beschwingte Heiterkeit ausstrahlt. Idealer Kontrast-Partner dunkler Nadelgehölze, Leitgehölz mit duften Blütentrauben für den gelben Garten.

Standort: sonnig

Wuchsform: eiförmige Krone

Höhe: über 700 cm

Blüte: weiß, Traube

Blütezeit: Mai bis Juni

Duft: angenehm

Frucht: braune Hülse

Trieb: weinrote Dornen

Laub: gelb, gefiedert, bis 30 cm

Verwendung: Größere Hausgärten, Bienenweide, schnellwüchsiges Gehölz.

Pflegetipp: Starker Rückschnitt problemlos möglich.

Gold-Akazie

Korkenzieher-Akazie

Korkenzieher-Akazie

Robinia pseudoacacia 'Tortuosa'

Charakter: Dauergewellte Laune der Schöpfung, die mit ihren bizarr gedrehten Korkenziehertrieben sofort auffällt. Setzt spannungsreiche Akzente neben Sträuchern mit überhängendem Kaskaden-Wuchs, etwa der Hänge-Buddleje und der Hänge-Birke.

Standort: sonnig

Wuchsform: breit aufrechte Krone

Höhe: 500 bis 700 cm

Blüte: selten

Trieb: gedreht

Laub: gefiedert, bis 20 cm

Herbstfärbung: gelb

Verwendung: Größere Hausgärten, Dekortriebe zum Vasenschnitt, schnellwüchsiges Gehölz.

Pflegetipp: Starker Rückschnitt problemlos möglich.

Kugel-Akazie

Robinia pseudoacacia 'Umbraculifera'

Charakter: Idealer, da kleinkroniger Hausbaum mit einer Kugelkrone, die einem Lehrbuch der Geometrie entstiegen sein könnte. Lässt sich dank bester Schnittverträglichkeit in Form und damit im Zaum halten.

Standort: sonnig

Wuchsform: kugelrunde Krone

Höhe: 300 bis 500 cm

Blüte: keine

Trieb: dornlos

Laub: gefiedert, bis 15 cm

Herbstfärbung: gelb

Verwendung: Toreinfahrten, Vogelschutzgehölz, Hausbaum, Dachgarten.

Pflegetipp: Starker Rückschnitt problemlos möglich.

Kugel-Akazie

Hänge-Weide

Salix alba 'Tristis'

Charakter: Ein Platzhirsch, der nur bei entsprechendem Raumangebot die majestätische Wirkung seiner schleppenartig herunterhängenden Triebe wirkungsvoll in Szene setzen kann. Ein keineswegs trister, eher malerisch-romantischer Charakterbaum für alle Standorte in Wassernähe.

Standort: sonnig

Hänge-Weide

Wuchsform: weit ausladende Krone, Triebe hängend
Höhe: über 700 cm
Blüte: gelb, Kätzchen
Blütezeit: April
Laub: lanzettlich, bis 12 cm
Herbstfärbung: gelb
Verwendung: Größere Hausgärten, Vogelschutzgehölz, schnellwüchsiges Gehölz, für Sandböden, in Teichnähe.
Pflegetipp: Treibt selbst nach stärkstem Verjüngungsschnitt bis in älteste Stammpartien willig neu aus.

Korkenzieher-Weide

Salix babylonica 'Tortuosa'

Charakter: Skurriler Lockenkopf. Seine zahllosen, korkenzieherartig gedrehten Triebe lenken durch ihre bizarre Aura die Blicke auf sich.

Korkenzieher-Weide

Standort: sonnig
Wuchsform: breit aufrechte Krone
Höhe: 500 bis 700 cm
Blüte: grauweiß, Kätzchen
Blütezeit: März bis April
Trieb: gedreht
Laub: lanzettlich, gekräuselt, bis 10 cm
Verwendung: Größere Hausgärten, Dekortriebe für Schnitt, für Sandböden, in Teichnähe.
Pflegetipp: Starker Rückschnitt möglich, verunstaltet aber die Wuchsform.

Kaskaden-Schnurbaum

Sophora japonica 'Pendula'

Charakter: Ein wenig unheimlich wirkt dieser Zweigakrobat mit strengem Hängewuchs schon. Besonders in der Abenddämmerung sorgt die gruselige Gestalt mit ihrem gebeugten Haupt für erhöhten Nervenkitzel. Für Krimifreunde mit kleinen Gärten.
Standort: sonnig
Wuchsform: ungleichmäßige Krone
Höhe: 300 bis 500 cm
Laub: gefiedert, bis 25 cm
Herbstfärbung: gelb
Verwendung: Größere Hausgärten, Japangarten, für Sandböden.
Pflegetipp: Geschützter Standort, in der Jugend frostsensibel.

Essbare Eberesche

Sorbus aucuparia 'Edulis'

Charakter: Wird unter Kennern vitaminreicher Gartengenüsse als

Kaskaden-Schnurbaum

»Zitronenbaum des Nordens« gehandelt. Wildobstklassiker, der dank schmaler Krone auch in kleinen Gärten die Selbstversorgung sichern hilft.
Standort: sonnig bis schattig
Wuchsform: eiförmige Krone
Höhe: 500 bis 700 cm
Blüte: weiß, Trugdolde
Blütezeit: Mai
Frucht: rot, essbar
Laub: gefiedert, über 16 cm
Herbstfärbung: gelbrot
Verwendung: Wildobst, Heidegarten, Vogelschutzgehölz, Vogelnährgehölz, Bienenweide, schnellwüchsiges Gehölz, toleriert Vollschatten, Dachgarten, Bauerngarten, frosthartes Kübelgehölz.
Pflegetipp: Verträgt längere Trockenperioden, dann aber deutlich geringerer Fruchtansatz. Starker Rückschnitt möglich, jedoch unüblich.

Laubsträucher
Laubbäume
Immergrüne Laubgehölze
Rhododendren
Bambusse
Klettergehölze
Rosen
Nadelsträucher
Nadelbäume

Lauben-Ulme

Ulmus glabra 'Pendula'

Charakter: Wer eine Naturlaube sucht, liegt mit der Lauben-Ulme richtig. Die malerisch wachsende Hängeform entwickelt sich mit den Jahren zu einem schattenspendenden Schirm, dessen erfrischende, kühlende Wirkung von keiner technischen Lösung übertroffen wird.

Standort: sonnig bis halbschattig

Wuchsform: laubenartige Krone, Hängeform

Höhe: 300 bis 500 cm

Blüte: bräunlich, Büschel

Blütezeit: März bis April

Laub: oval, bis 20 cm

Herbstfärbung: gelb

Verwendung: Größere Hausgärten, Vogelschutzgehölz, Bienenweide, als Zierstamm angeboten, in Teichnähe, frosthartes Kübelgehölz.

Pflegetipp: Starker Rückschnitt möglich, verunstaltet aber die Wuchsform und natürliche Schönheit.

Lauben-Ulme

Gold-Ulme

Ulmus × hollandica 'Wredei'

Charakter: Gelblaubiges Fanal, das in jedem Garten sofort ins Auge fällt. Markante Erscheinung insbesondere in Wässernähe, aber auch in begrenzten, absonnigen Vorgärten ein unübersehbarer Willkommensgruß. Leitgehölz im gelben Garten.

Standort: sonnig bis halbschattig

Wuchsform: säulenförmige Krone

Höhe: 300 bis 500 cm

Laub: gelb, später gelbgrün, gewellt, bis 10 cm

Verwendung: Vorgärten, in Teichnähe

Pflegetipp: Schnitt unüblich.

Immergrüne Laubgehölze

– Felsen in der Gartenbrandung

Ist der Blütenrausch des Frühjahrs und des Sommers verflogen, haben die sommergrünen Laubgehölze ihr Kleid für die Winterruhe abgelegt, dann beginnt der große Auftritt der immergrünen Laubgehölze im Garten.

Gehölze gelten als immergrün, wenn sie ihr Laub für mindestens zwei Wachstumsperioden behalten. Über diese Fähigkeit, die die Gestaltungspalette für den Garten deutlich erweitert, verfügen unter den für unseren Klimabereich geeigneten nur einige wenige Laubgehölze. Fragt jemand im Fachhandel nach »Immergrünen«, meint er deshalb auch fast immer Laubgehölze, weil diese Eigenschaft unter den Blattträgern etwas Besonderes darstellt. Nadelgehölze werden daher häufig nicht zu den klassischen Immergrünen gerechnet, obwohl gerade sie es in der überwiegenden Mehrzahl sind. Von ihnen erwartet man automatisch ein immergrünes Nadelkleid. Ungewöhnlich und erwähnenswert sind dort vielmehr die sommergrünen, nadelabwerfenden Arten.

Immergrüne sind immer durstig. Insbesondere die großlaubigen Vertreter lieben einen eher halbschattigen bis schattigen Gartenwinkel. Ihr Laub ist meist glänzend und fühlt sich ledrig-steif an. Seine Beschaffenheit ermöglicht die Reflektion der Sonnenstrahlen und bewahrt es vor feuchtigkeitsraubender Verdunstung während der Wintermonate. Nach einem trockenen Herbst oder an einem eher wasserarmen Standort sollten Sie vor dem Winter den Boden noch einmal durchdringend wässern.

Auch Immergrüne verlieren ihr Laub, oft verfärben sich mitten im Sommer ältere Blätter gelb und fallen ab. Das ist eine vollkommen normale Erscheinung und – sofern es dem Gartenfreund überhaupt auffällt – kein Grund zur Sorge.

Angaben zur Wuchshöhe beziehen sich auf die Höhe des Gehölzes nach fünf Standjahren im Garten. Ausgangspflanzen waren mehrjährige Sträucher, die in einer gängigen Pflanzgröße gekauft wurden.

Weitere immergrüne Gehölze finden Sie in den Kapiteln Kletterpflanzen (*Hedera*-Arten/Sorten, *Lonicera henryi)*, Bambus, Rhododendren und natürlich bei den Nadelsträuchern und -bäumen.

Gelbbunte Aukube

Aucuba japonica 'Variegata'

Charakter: Sympathischer Schattenaufheller. Das Laub ist gelbgrün gesprenkelt, kein Blatt gleicht dem anderen. Langlebige Kübelpflanze, die man idealerweise im Wintergarten durch die eisige Jahreszeit bringt.

Standort: halbschattig bis schattig

Wuchsform: breitbuschig

Höhe: 100 bis 150 cm

Frucht: rot

Laub: gelbbunt, oval, bis 20 cm

Verwendung: für Wintergärten und immergrüne Gärten.

Pflegetipp: Geschützter Gartenstandort. Als Kübelgehölz frostfrei überwintern.

Gelbbunte Aukube

Grüne Polster-Berberitze

Berberis buxifolia 'Nana'

Charakter: Buchsersatz mit Dornen. Vielseitiger Zwergstrauch, der sich hervorragend für niedrige Hecken und Einfassungen, zur Flächenbegrünung und Gartenbelebung eignet.

Standort: sonnig bis schattig

Grüne Polster-Berberitze

Wuchsform: buschig
Höhe: 40 bis 60 cm
Blüte: orangegelb
Blütezeit: April bis Mai
Frucht: selten
Trieb: bedornt
Laub: oval, bis 2 cm
Hecke – Schnitthöhe: 20 bis 40 cm
Verwendung: Bodendecker, Heidegarten, Steingarten, für Grabstellen, Dachgarten, Minigärten.
Pflegetipp: Blüht nur, wenn weder Schnitt noch Frost Einfluss auf die Pflanze genommen haben. Enorm schnittverträglich, verträgt auch kräftigen Verjüngungsschnitt.

Immergrüne Kissen-Berberitze

Berberis candidula

Charakter: Wind und Trockenheit erduldendes Grünpolster, das sich im Mai zu einem gelben Blütenkissen wandelt. Die filigrane Gestalt lässt kaum etwas von der zähen Robustheit erahnen, die diesem Gehölzzwerg gegeben ist.
Standort: sonnig bis schattig
Wuchsform: polsterförmig
Höhe: 60 bis 100 cm
Blüte: gelb
Blütezeit: Mai
Trieb: bedornt
Laub: elliptisch, bis 3 cm
Winterlaub: teils gelbrot
Hecke: locker, bis 70 cm
Verwendung: Heidegarten, Steingarten, Bienenweide, für Grabstellen, Dachgarten.
Pflegetipp: Enorm schnittverträglich, verträgt auch kräftigen Verjüngungsschnitt.

Dotter-Berberitze

Berberis 'Stenophylla'

Charakter: Blühstärkste Berberitze, die Gartenzierde und Vogelschutz in sich vereint. Im Mai reihen sich unzählige orangegelbe Blüten an den überhängenden Trieben aneinander wie Perlen an einer Kette.
Standort: halbschattig
Wuchsform: breitbuschig
Höhe: 100 bis 150 cm
Blüte: gelborange, Büschel
Blütezeit: Mai bis Juni
Frucht: blauschwarz
Trieb: bedornt
Laub: lanzettlich, bis 3 cm
Verwendung: Wildobst, Heidegarten, Steingarten, Vogelschutzgehölz, Bienenweide.
Pflegetipp: Schnitt unüblich, verträgt jedoch kräftigen Verjüngungsschnitt. Reisigschutz über den Winter schützt die Triebe vor dem Zurückfrieren.

Immergrüne Kissen-Berberitze

Einfassungs-Buchs

Buxus sempervirens 'Suffruticosa'

Charakter: Bekanntester grüner Rahmen für Beet- und Grabstellenbilder. Was wären Schloss- und ornamentale Gartenanlagen, Kloster- und Bauerngärten ohne diese immergrüne Linienführung?
Standort: sonnig bis schattig
Wuchsform: buschig
Höhe: variabel
Laub: eiförmig, bis 2 cm, giftig
Hecke – Schnitthöhe: 15 bis 40 cm
Verwendung: für Grabstellen, toleriert Vollschatten, Bauerngarten.
Pflegetipp: Enorm schnittverträglich, kräftigen Verjüngungsschnitt vertragend. Schnitt entweder im April oder Ende Juni bei trübem Wetter durchführen.

Hoher Buchsbaum

Buxus sempervirens var. *arborescens*

Charakter: Werkstoff für den kreativen Garten-Bildhauer. Aus diesem Grünrohling lassen sich Figuren, Skulpturen, Stämmchen oder einfach nur elegant geformte Hecken zaubern.

Standort: sonnig bis schattig
Wuchsform: buschig
Höhe: 100 bis 150 cm
Blüte: unscheinbar
Laub: eiförmig, bis 2 cm, giftig
Hecke – Schnitthöhe: 80 bis 120 cm
Verwendung: heimisches Gehölz, Heidegarten, Bienenweide, Formgehölz, toleriert Vollschatten, Bauerngarten, auch herrliches Kübelgehölz.
Pflegetipp: Enorm schnittverträglich, verträgt auch kräftigen Verjüngungsschnitt. Nicht nach dem 1. August schneiden, da die Neutriebe sonst Gefahr laufen, ohne ausreichende Holzreife im folgenden Winter Frostschäden zu erleiden.

Sommer-Heide

Calluna vulgaris-Sorten

Charakter: Echtes, polsterbildendes Heidekraut. Das Sortiment wurde in den letzten Jahren durch die sogenannten **knospenblühenden Sorten** entscheidend verbessert und die Blütezeit bis zum ersten Frost ausgeweitet.
Standort: sonnig
Wuchsform: polsterförmig
Höhe: 10 bis 20 cm
Blüte: je nach Sorte violettrot, rosa, weiß
Blütezeit: August bis Dezember
Laub: schuppenförmig, bis 1 cm
Verwendung: Bodendecker, Heidegarten, Bienenweide, Blütentriebe zum Vasenschnitt, für Sandböden, für Grabstellen, für Tröge, Minigärten.
Pflegetipp: Schnitt im späten Frühjahr in zweijährigem Turnus hält die Polster jung und damit blühvital. Empfindlich gegenüber Mineraldünger.
Sortenauswahl an Knospenblühern: 'Alexandra' (rot), 'Alicia' (weiß), 'Amethyst' (rot), 'Anette' (rosa), 'Fritz Kircher' (rosa), 'Melanie' (weiß), 'Sandy' (weiß, gelbes Laub).

Knospenblühende Sommer-Heide

Fruchtende Kriechmispel

Cotoneaster dammeri 'Coral Beauty'

Charakter: Multifunktionaler Flächenarbeiter mit Beerengarantie, der durch Anspruchslosigkeit und unbändigen Begrünungsfleiß auffällt. Deckt Böschungen, Gartenareale und Grabstellen bis etwa Kniehöhe absolut unkrautunterdrückend ab.
Standort: sonnig bis halbschattig
Wuchsform: niederliegend
Höhe: 20 bis 40 cm
Blüte: weiß, zahlreich
Blütezeit: Mai bis Juni
Frucht: rot
Laub: oval, bis 2 cm
Winterlaub: teils gelbrot
Verwendung: Bodendecker, Heidegarten, Steingarten, Fruchttriebe zum Vasenschnitt, Formgehölz, für Grabstellen, als Zierstamm angeboten, Dachgarten, frosthartes Kübelgehölz.
Pflegetipp: Junge Pflanzen sind enorm schnittverträglich, jedoch ist radikaler Rückschnitt alter Sträucher bis ins alte Holz nicht empfehlenswert.

Buntlaubige Ölweide

Elaeagnus pungens 'Maculata'

Charakter: Höchster Zierwert und enorme Trockenheitsresistenz kennzeichnen dieses kleine Juwel. Im Herbst weiße, leicht duftende, unscheinbare Blüten, die mit dem Zierwert der kunstvoll gemusterten, gelbgestreiften Blätter jedoch nicht konkurrieren können.
Standort: sonnig bis halbschattig
Wuchsform: breit buschig
Höhe: 60 bis 100 cm
Laub: gelbbunt, oval, bis 10 cm
Verwendung: Vorgarten, für Sandböden, auch im Kübel.

Buntlaubige Ölweide

Laubsträucher
Laubbäume
Immergrüne Laubgehölze
Rhododendren
Bambusse
Klettergehölze
Rosen
Nadelsträucher
Nadelbäume

Winter-Heide, Schnee-Heide

Pflegetipp: Windgeschützter Standort, Wurzelbereich im Winter mit Laubschicht schützen.

Winter-Heide, Schnee-Heide

Erica carnea-Sorten

Charakter: Kalktoleranteste Heideart, die durch ihre besondere Blütezeit von Januar bis April zum Heidegarten- und Grabstellenklassiker avancierte. Wichtige Bienenweide, die in vielen Sorten angeboten wird.

Standort: sonnig bis halbschattig

Wuchsform: polsterförmig

Höhe: 20 bis 40 cm

Blüte: je nach Sorte rosa, violett, rot, weiß

Blütezeit: Januar bis April

Laub: nadelförmig, bis 1 cm

Verwendung: Bodendecker, Heidegarten, Bienenweide, für Grabstellen, für Tröge, Minigärten.

Pflegetipp: Leichter Rückschnitt nach der Blüte fördert die nächstjährige Blütenfülle, die bereits im Sommer an- und damit festgelegt wird.

Sortenauswahl: 'Atrorubra' (dunkelrosa), 'Lohses Rubin' (rubinrosa), 'Myretoun Ruby' (rot), 'Snow Queen' (weiß), 'Vivelli' (violettrot), 'Winter Beauty' (rosarot).

Kriechspindel

Kriechspindel

Euonymus fortunei-Sorten

Charakter: Flächig wachsende, abwechslungsreichste buntlaubige Bodendecker. An stabilen Kletterhilfen haben sich viele Sorten auch als Wandbegrüner bewährt.

Standort: sonnig bis schattig

Wuchsform: niederliegend bis aufrecht

Höhe: je nach Sorte bis 60 cm

Laub: grün, weiß- oder gelbbunt, oval, 2 bis 6 cm

Verwendung: Bodendecker, Heidegarten, Steingarten, für Grabstellen, toleriert Vollschatten, als Zierstamm angeboten, in Teichnähe, für Tröge, Minigärten.

Pflegetipp: In der Jugend zunächst langsam wachsend, deshalb die ersten Jahre Pflanzfläche offen halten bzw. mulchen. Kräftiger Rückschnitt mit zunehmendem Alter weniger erfolgreich.

Sortenauswahl (Laubfarbe/Höhe): 'Blondy' (gelbbunt, 60 cm), 'Coloratus' (grün, 40 cm), 'Emerald Gaiety' (weißbunt, 20 cm), 'Emerald 'n' Gold' (gelbbunt, 20 cm), 'Minimus' (grün, 10 cm), 'Sunspot' (gelber Fleck auf grünem Grund, 60 cm), 'Vegetus' (grün, 60 cm).

Rote Teppichbeere

Gaultheria procumbens

Charakter: Niedliche Flächen-Lady in rötlichem Laubkleid. Besonders wertvoll zur Begrünung absonniger Areale in Heidegärten, eine attraktive Partnerin des Teppich-Hartriegels. Hummel-Magnet im Sommer, attraktiver Fruchtschmuck im Herbst.

Standort: halbschattig bis schattig

Wuchsform: polsterförmig, mattenbildend

Höhe: bis 10 cm

Blüte: weißrosa

Blütezeit: Juli bis August

Frucht: rot, essbar, ungewohntes Aroma

Laub: rötlich, bis 3 cm, Winterlaub teils violett

Verwendung: Bodendecker, Heidegarten, Steingarten, Bienenweide, für Grabstellen, toleriert Vollschatten, in Teichnähe, Minigärten.

Pflegetipp: Schnitt ist nicht üblich.

Strauch-Efeu

Hedera helix 'Arborescens'

Charakter: Strauchartig wachsende, nicht kletternde Variante des bekannten Wandbegrüners. Die Fruchtstände sind im Winter ein wunderbarer Kranzschmuck und sich im Frühjahr auffallend schwarzblau. Wichtige, nektarreiche Bienenweide in blütenarmer Zeit.

Standort: halbschattig bis schattig
Wuchsform: buschig
Höhe: 60 bis 100 cm
Blüte: grüngelb, Dolde
Blütezeit: September bis Oktober
Duft: streng
Frucht: schwarzblau, giftig
Laub: herzförmig, bis 10 cm
Hecke – Schnitthöhe: 50 bis 80 cm
Verwendung: Heidegarten, Bienenweide, Fruchttriebe zum Vasenschnitt, toleriert Vollschatten, Dachgarten, Bauerngarten, in Teichnähe.
Pflegetipp: Schnitt ist unüblich, aber möglich.

Gelbbunte Garten-Hülse

Ilex × altaclarensis 'Golden King'

Charakter: Schönster gelbbunter Ilex mit herbstlichem Fruchtschmuck. Die Blätter präsentieren sich attraktiv gelbgerandet.
Standort: sonnig bis schattig
Wuchsform: buschig
Höhe: 200 bis 300 cm
Blüte: weiß
Blütezeit: Mai bis Juni
Frucht: rot, giftig
Laub: gelbbunt, eiförmig, dornig, bis 6 cm
Verwendung: Vorgarten, Bienenweide, toleriert Vollschatten.
Pflegetipp: Windgeschützte Lage.

Fruchtende Garten-Hülse

Fruchtende Garten-Hülse, Stechpalme

Ilex aquifolium 'I. C. van Tol'

Charakter: Bewährter Frucht-Ilex, der sich von der Ursprungsart durch fast dornenlose Blätter und größere Frosthärte abhebt. Kennertipp für exklusive, immergrüne Hecken.
Standort: sonnig bis schattig
Wuchsform: breit ausladend
Höhe: 150 bis 200 cm
Blüte: weiß
Blütezeit: Mai bis Juni
Frucht: hellrot, giftig
Laub: eiförmig, kaum dornig, bis 8 cm
Hecke – Schnitthöhe: 100 bis 250 cm
Verwendung: Heidegarten, Vogelschutzgehölz, Vogelnährgehölz, Bienenweide, Fruchttriebe für Schnitt, Formgehölz, toleriert Vollschatten.
Pflegetipp: Gut schnittverträglich, jedoch wegen möglicher Winterschäden erst im Frühjahr schneiden.

Gelber Berg-Ilex

Ilex crenata 'Golden Gem'

Charakter: Putzige Zwergform in Gelb, die ausgeprägtes Japanflair verbreitet. Das buchsähnliche Blatt erträgt auch ein langfristiges Schattendasein, wechselt dann aber die Farbe und wird grün.
Standort: sonnig bis schattig
Wuchsform: breit ausladend
Höhe: 20 bis 40 cm
Laub: gelb, oval, bis 2 cm
Verwendung: Heidegarten, Japangarten, Formgehölz, für Grabstellen, toleriert Vollschatten, Minigärten.
Pflegetipp: Schnittverträglich, junge Pflanzen im Winter mit Laubschicht schützen.

Gelber Berg-Ilex

Strauch-Hülse

Ilex meserveae 'Blue Prince'

Charakter: Frosthärtester Ilex, der mit seinem grünbläulich schimmernden, lorbeerartig glänzenden Blatt den edelsten Werkstoff für immergrüne Sichtschutzhecken bietet. Wichtiger, nicht fruchtender Pollenspender für 'Blue Princess'.

Standort: sonnig bis schattig

Wuchsform: aufrecht

Höhe: 150 bis 200 cm

Blüte: weiß

Blütezeit: Mai, nur männliche Blüten

Laub: oval, bis 5 cm

Hecke – Schnitthöhe: 80 bis 150 cm

Verwendung: Heidegarten, Vogelschutzgehölz, Bienenweide, Blatttriebe zum Vasenschnitt, Formgehölz, für Grabstellen, toleriert Vollschatten, Dachgarten.

Pflegetipp: Gut schnittverträglich.

Fruchtende Strauch-Hülse

Ilex meserveae 'Blue Princess'

Charakter: Knallrot leuchtender Fruchtschmuck und blau schimmernde Belaubung prädestinieren diesen absolut frostharten Edelstrauch für eine Solorolle oder ein nobles Hecken-Ensemble.

Fruchtende Strauch-Hülse

Standort: sonnig bis schattig

Wuchsform: aufrecht

Höhe: 100 bis 150 cm

Blüte: weiß

Blütezeit: Mai

Frucht: rot, giftig

Laub: oval, dornig, bis 5 cm

Hecke – Schnitthöhe: 80 bis 120 cm

Verwendung: Heidegarten, Vogelschutzgehölz, Vogelnährgehölz, Bienenweide, Fruchttriebe für Schnitt, Formgehölz, für Grabstellen, toleriert Vollschatten, Dachgarten.

Pflegetipp: Gut schnittverträglich. Die Pollenspender-Sorte 'Blue Prince' erhöht den Fruchtbehang deutlich.

Kalmie

Kalmia latifolia-Sorten

Charakter: Gartenjuwele, die auf edelste Art und Weise die Blühpause zwischen Rhododendron und Rosen überbrücken. Jede Blüte ist dank feinster Zeichnung ein Kleinod.

Standort: sonnig bis halbschattig

Wuchsform: breit buschig

Höhe: 60 bis 100 cm

Blüte: in vielen Nuancen weiß, rosa, rot, violett

Blütezeit: Mai bis Juni

Laub: oval, glänzend, bis 8 cm, giftig

Verwendung: Heidegarten, in Teichnähe.

Pflegetipp: Reagieren allergisch auf Kalk in Mineraldüngern und im Gießwasser.

Kalmie

Sortenauswahl: 'Elf' (weiß), 'Kaleidoskop' (zimtrot, heller Rand), 'Minuet' (weiß, roter Rand), 'Ostbo Red' (Knospe rot, Blüte rosaweiß), 'Pink Charme' (rosa).

Reichblütiger Lavendel

Lavandula angustifolia 'Hidcote'

Charakter: Silberner Hitzkopf, mit dem Sie in sonnigen Gärten Ihr blaues Wunder erleben. Wichtigster Rosenpartner, der sich auch zum Aufbau niedrig-lockerer, heckenartiger Parfümwälle eignet.

Standort: sonnig

Wuchsform: buschig

Höhe: 40 bis 60 cm

Blüte: blauviolett, Scheinähre

Blütezeit: Juli bis September

Duft: angenehm, aromatisch

Laub: silbrig, linear, bis 4 cm

Verwendung: Heidegarten, Steingarten, Bienenweide.

Pflegetipp: Kräftiger Rückschnitt im Frühjahr fördert sommerliche Blütenfülle.

Buntlaubiges Lorbeerkrüglein

Leucothoe walteri 'Rainbow'

Charakter: Gelbbunter Farbtupfer mit zahlreichen weißen Blütentrauben. Bringt Schwung in allzu monotone Heidebereiche, leider noch viel zu selten im Garteneinsatz.
Standort: sonnig bis schattig
Wuchsform: buschig
Höhe: 40 bis 60 cm
Blüte: cremefarben, Traube
Blütezeit: April bis Mai
Duft: angenehm
Laub: weißrosa gezeichnet, lanzettlich, bis 11 cm
Verwendung: Heidegarten, Japangarten, Blatttriebe zum Vasenschnitt, toleriert Vollschatten, in Teichnähe.
Pflegetipp: Windgeschützter Standort.

Gold-Liguster

Ligustrum ovalifolium 'Aureum'

Charakter: Das Laub ist entweder entweder ganz gelb oder gelbgerandet. Beste Fernwirkung. Unentbehrliches Gehölz für gelbe Gartenbereiche, das sehr schnell Leitcharakter annimmt.
Standort: sonnig
Wuchsform: buschig
Höhe: 60 bis 100 cm
Blüte: weiß, Rispe
Blütezeit: Juni bis Juli
Duft: angenehm, intensiv
Frucht: schwarzblau, schwach giftig
Laub: gelbbunt, oval, bis 7 cm
Verwendung: Vogelschutzgehölz, schnellwüchsiges Gehölz.
Pflegetipp: Verträgt kräftigen Rückschnitt. Leuchtende Laubfarbe nur bei sonnigem Standort.

Gold-Liguster

Niedrige Mahonie

Niedrige Mahonie

Mahonia aquifolium 'Apollo'

Charakter: Excellenter Flächenbegrüner mit ungewöhnlicher Standorttoleranz, der zur Osterzeit mit sattgelbem Blütenrausch sonnige wie vollschattige Gartenwinkel verzaubert.
Standort: sonnig bis schattig
Wuchsform: buschig
Höhe: 40 bis 60 cm
Blüte: gelb, Traube
Blütezeit: April bis Mai
Frucht: schwarz, blau bereift
Laub: gefiedert, über 8 cm
Winterlaub: teils bronze
Hecke – Schnitthöhe: 40 bis 50 cm
Verwendung: Wildobst, Heidegarten, Steingarten, Vogelnährgehölz, Bienenweide, für Grabstellen, toleriert Vollschatten, Dachgarten.
Pflegetipp: Verträgt kräftigen Rückschnitt.

Weißbunte Duftblüte

Osmanthus heterophyllus 'Variegatus'

Charakter: Ilexähnlicher, weißbunter Newcomer, der hierzulande noch seiner Entdeckung harrt. Wer ihn einmal gesehen und erschnuppert hat, wird ihn im eigenen Garten nicht mehr missen wollen.
Standort: sonnig bis halbschattig
Wuchsform: buschig
Höhe: 60 bis 100 cm
Blüte: weiß, Büschel
Blütezeit: September bis Oktober
Duft: herrlich
Laub: weißbunt, oval, dornig, bis 5 cm
Verwendung: Vorgarten, Duftgarten, Japangarten.
Pflegetipp: Geschützter Standort.

Niedriges Schattengrün

Pachysandra terminalis 'Green Carpet'®

Charakter: Niedriger, dicht belaubter Bodendecker und herbstlicher Falllaubschlucker. Überzieht

Niedriges Schattengrün

absonnige bis totalschattige Gartenbereiche mit einem sympathisch grünen Laubteppich.

Standort: halbschattig bis schattig

Wuchsform: mattenbildend

Höhe: 10 bis 20 cm

Blüte: weiß, Ähre

Blütezeit: April bis Mai

Laub: eiförmig, bis 6 cm

Verwendung: Bodendecker, für Grabstellen, Bindegrün für kleine Sträuße, toleriert Vollschatten, für Tröge, Minigärten.

Pflegetipp: Im Frühjahr Schnitt mit der Heckenschere möglich.

Fruchtmyrte

Pernettya mucronata-Sorten

Charakter: Das Besondere ist der attraktive herbstliche Fruchtschmuck, der in den Farben Rosa, Weiß und Rot nicht nur im Garten, sondern auch in Balkonkästen für winterliches Aufsehen sorgt.

Standort: sonnig bis schattig

Wuchsform: buschig

Höhe: 40 bis 60 cm

Blüte: weiß bis rosa

Blütezeit: Mai bis Juni

Frucht: je nach Sorte rot, weiß, rosa, giftig

Laub: linear, ledrig, bis 2 cm

Verwendung: Heidegarten, Fruchttriebe zum Vasenschnitt.

Pflegetipp: Rückschnitt unüblich, aber möglich, Winterschutz empfehlenswert. Besserer Fruchtansatz, wenn in Gruppen gepflanzt wird (auf sechs weibliche eine männliche Pflanze).

Fruchtmyrte

Rotes Glanzblatt

Photinia fraseri 'Red Robin'

Charakter: Rotschopf, der mit seinem leuchtenden Laubaustrieb ein monatelanges Blattfeuerwerk entfacht. Sehr schönes Einzelgehölz.

Standort: sonnig bis halbschattig

Wuchsform: breit, buschig

Höhe: 150 bis 200 cm

Blüte: weiß, Schirmrispe

Blütezeit: Mai bis Juni

Frucht: rot

Laub: länglich, 15 cm, Austrieb rot

Winterlaub: rötlich

Verwendung: Vorgarten, auch im Kübel, Blatttriebe zum Vasenschnitt.

Schattenglöckchen

Pflegetipp: Geschützter Standort, für junge Pflanzen ist leichter Winterschutz empfehlenswert.

Schattenglöckchen

Pieris-Sorten

Charakter: Gruppe kleinbleibender Sträucher mit attraktivem Laub und Blüten, die – je nach Sorte – Farbe in schattigste Bereiche bringen. Viele Sorten überraschen mit einem knallroten Laubaustrieb und bis 15 cm langen Blütenrispen.

Standort: halbschattig bis schattig

Wuchsform: locker, buschig

Höhe: 30 bis 100 cm

Blüte: je nach Sorte weiß, rosa, rot, Rispe

Blütezeit: März bis Mai

Duft: je nach Sorte unterschiedlich intensiv

Frucht: braun, unscheinbar, giftig

Laub: elliptisch, bis 8 cm

Verwendung: Heidegarten, Japangarten, Blütentriebe zum Vasenschnitt, für Grabstellen, toleriert Vollschatten.

Pflegetipp: Schnitt unüblich, aber möglich. Empfindlich gegenüber

Mineraldünger, nur organisch düngen.

Sortenauswahl: 'Debutante' (Blüte weiß, frühblühend, intensiver Duft, 60 cm), 'Flamingo' (Blüte rosa, rötlicher Austrieb, 100 cm), 'Forest Flame' (Blüte weiß, signalroter Austrieb, 100 cm, Winterschutz), 'Little Heath' (Blüte weiß, rötlicher Austrieb, 100 cm), 'Mountain Fire' (Blüte weiß, braunroter Austrieb, 100 cm), 'Purity' (Blüte weiß, 60 cm), 'Red Mill (weiß, roter Austrieb, 100 cm), 'Rondo' (weiß, 30 cm), 'Valley Valentine' (Blüte rot, 60 cm), 'Variegata' (Blüte weiß, Laub weißbunt, 50 cm).

Teppich-Lorbeerkirsche

Prunus laurocerasus 'Mount Vernon'

Charakter: Einzige flach wachsende Lorbeerkirsche, die ganze Areale in einen glänzenden Laubmantel kleidet.

Standort: sonnig bis schattig

Wuchsform: niederliegend

Höhe: 10 bis 20 cm

Laub: oval, glänzend, bis 10 cm

Verwendung: Bodendecker, für Grabstellen, toleriert Vollschatten, für große Tröge.

Pflegetipp: Winterschutz empfohlen, aufrechte Triebausreißer sofort entfernen.

Lorbeerkirsche

Prunus laurocerasus-Sorten

Charakter: Ausreichend winterfester Lorbeer-Ersatz für unsere Breiten – Mittelmeer-Flair für helle wie dunkle Gartenbereiche.

Lorbeerkirsche

Standort: sonnig bis schattig

Wuchsform: breit, buschig

Höhe: 60 bis 200 cm

Blüte: weiß, Traube

Blütezeit: Mai bis Juni, Nachblüte

Duft: angenehm

Frucht: schwarz, Samen giftig

Laub: länglich, glänzend, bis 10 cm

Verwendung: Bienenweide, Blatttriebe für Schnitt, Formgehölz, für Grabstellen, toleriert Vollschatten.

Pflegetipp: Rückschnitt vertragend, mit zunehmendem Alter sind Eingriffe bis ins alte Holz jedoch weniger erfolgversprechend.

Sortenauswahl: 'Otto Luyken' (60 cm, kniehoher Flächenbegrüner), 'Schipkaensis Macrophylla' (200 cm, auch für heckenähnliche grüne Wände), 'Van Nes' (100 cm, auch für heckenähnliche grüne Wände).

Feuerdorn

Pyracantha-Sorten

Charakter: Immergrüner Hecken- und Flächenstar mit herrlichem Fruchtbehang und guter Öko-Bilanz durch sein gleichzeitiges Angebot von Schutz und Nahrung. Auch in Einzelstellung – selbst unter lichten Baumkronen – enorm belastbar und nicht unterzukriegen.

Standort: sonnig bis halbschattig

Wuchsform: buschig

Höhe: 150 bis 200 cm

Blüte: weiß

Blütezeit: Mai bis Juni

Duft: angenehm

Frucht: je nach Sorte rot, orange, gelb

Trieb: Kurzdornen

Laub: oval, bis 4 cm

Verwendung: Vogelschutzgehölz, Vogelnährgehölz, Bienenweide, Fruchttriebe zum Vasenschnitt, Dachgarten.

Pflegetipp: Verträgt kräftigen Rückschnitt sehr gut, treibt selbst nach radikaler Verjüngung problemlos wieder aus.

Sortenauswahl (Fruchtfarbe): 'Orange Charmer' (orange), 'Orange Glow' (orangerot), 'Red Column' (rot, straff aufrechter Wuchs), 'Soleil d'Or' (gelb, breitbuschiger Wuchs).

Feuerdorn

Blüten-Skimmie

Skimmia japonica 'Rubella'

Charakter: Im Winter sorgen die dekorativen Blütenknospen für Stimmung, die im Frühjahr porzellanrosafarben erblühen. Eine immergrüne, wuchszahme, lange Jahre kaum über Kniehöhe hinauskommende Gartenerscheinung.

Standort: halbschattig bis schattig

Wuchsform: rundlich, buschig

Höhe: 20 bis 40 cm

Blüte: weißrosa, Rispe

Blütezeit: April–Mai, zweihäusig

Duft: angenehm

Frucht: keine, da männliche Form

Laub: oval, glänzend, bis 15 cm

Verwendung: Heidegarten, Blütentriebe zum Weihnachtsschnitt, für Grabstellen, toleriert Vollschatten, Minigärten.

Pflegetipp: Geschützter Standort.

Blüten-Skimmie

Immergrüner Kissen-Schneeball

Viburnum davidii

Charakter: Gepaart mit auffallendem Blüten- und Fruchtansatz, verleiht eine attraktive Blattnervatur diesem immergrünen Kleinod eine besondere Ausstrahlung. Ein harmonischer Partner für immergrüne Gemeinschaften.

Standort: sonnig bis halbschattig

Wuchsform: polsterförmig

Höhe: 20 bis 40 cm

Blüte: weißrosa, Trugdolde

Blütezeit: Juni

Frucht: blau, giftig

Laub: oval, ledrig, 15 cm, auffallende Blattadern

Verwendung: Bodendecker, für Grabstellen, Minigärten.

Pflegetipp: Besserer Fruchtansatz, wenn in Gruppen gepflanzt.

Toskanischer Schneeball

Viburnum tinus

Charakter: Kompaktwachsender, nicht ganz frostharter Gartenstrauch mit mediterraner Ausstrahlung und prachtvoller Blüte. Dankbare Kübelpflanze, die die kalte Jahreszeit idealerweise im Wintergarten verbringt.

Standort: sonnig bis halbschattig

Wuchsform: kompakt buschig

Höhe: 100 bis 150 cm

Blüte: weißrosa, Schirmrispe

Blütezeit: März bis April

Duft: leicht, angenehm

Frucht: blau, später schwarz, giftig

Laub: oval, bis 10 cm

Verwendung: Vorgarten, Formgehölz, auch im Kübel, Blütentriebe zum Weihnachtsschnitt.

Pflegetipp: Sehr schnittverträglich, Winterschutz empfehlenswert.

Kleinblättriges Fadengrün

Vinca minor

Charakter: Absolut verlässlicher, licht- und kalktoleranter Bodenbegrüner. Versagt selbst in dunkelsten Gartenbereichen nicht, etwa unter dichten Laubkronen.

Standort: sonnig bis schattig

Wuchsform: niederliegend

Höhe: bis 10 cm

Blüte: blau

Blütezeit: April bis Mai, Nachblüte bis zum Herbst

Laub: oval, bis 4 cm

Verwendung: Bodendecker, Heidegarten, Steingarten, Bienenweide, für Grabstellen, toleriert Vollschatten, Bauerngarten, für Tröge, Minigärten.

Pflegetipp: Empfindlich für verdichtete Bodenoberflächen.

Toskanischer Schneeball

Rhododendren und Azaleen

- sauer macht lustig

Rhododendren mit ihren teils fußballgroßen Blütenkugeln sind unter den immergrünen Laubgehölzen die blühstärksten Arten. Die Palette ihrer Blütenfarben reicht von Violett, Blau, Rot und Rosa bis zu Weiß und Gelb. Eine besondere Untergruppe der Rhododendren bilden die laubabwerfenden Azaleen, von denen einige die Farbpalette durch intensive Orangetöne sowie die Gestaltungsmöglichkeiten durch eine knallige Herbstfärbung bereichern. Auch sie gehören zur Gattung *Rhododendron,* zeichnen sich jedoch durch einen herbstlichen Laubfall aus, ähnlich den sommergrünen Laubsträuchern.

Der Reichtum an Wuchsformen der Rhododendren steht der Farbfülle in keinster Weise nach. Von niedrigen, immergrünen Polstern bis zu großstrauchig wachsenden, mehrere Meter hoch werdenden Varianten sind alle Abstufungen vertreten.

Grundlagen für eine erfolgreiche Rhododendronpflanzung sind die Auswahl eines geeigneten Standortes und eine gründliche Bodenvorbereitung. Besonders wohl fühlen sich die großlaubigen Vertreter dieser Blütensträucher im lichten Schatten, etwa unter einer Kiefernkrone. Abkömmlinge mit kleinerem Laub können durchaus auch in sonnigen Lagen gedeihen. Ein gleichmäßig feuchter Boden erhöht die Sonnentoleranz aller Arten beträchtlich. Dies gilt insbesondere für die Ball-Rhododendren mit ihrem filzartig behaarten Laub, das sich sogar mit besonderer Vorliebe in der Sonne räkelt. Diese Unterschiede zeigen, welch wichtige Rolle der vorhandene Standort für die richtige Sortenauswahl spielt. Einzig vollsonnige Plätze in Südlage bekommen selbst lichtholden *Rhododendron*-Arten nicht, denn auch bei liebevoller Pflege lässt sich auf hitzigen Standorten eine Bodenerwärmung oder sogar -austrockknung nicht ausschließen, die von diesen flach wurzelnden Blütensträuchern ausgesprochen schlecht vertragen wird.

Rhododendren stehen am liebsten auf kühlfeuchtem Humus. Mangelt es daran, sollte der Boden verbessert werden – aber nicht unbedingt mit Torf. Auch spezielle Erden – beispielsweise mit einem hohen Anteil an kompostierter Rinde – kommen dem Ideal des humosen, kalkarmen Waldbodens sehr nahe.

Alternativ machen die neuen, kalktoleranten Rhododendren eine Rhododendronpflanzung auf eher untypischen Böden zu einem »kalk«-ulierbarem Unterfangen. Bekanntermaßen stimmen saure Bodenverhältnisse mit niedrigen pH-Werten Rhododendron zufrieden. Auf höhere pH-Werte reagieren sie chlorotisch – mit Gelbfärbung der Blätter. Dank einer speziellen Veredlungsunterlage ('Inkarho'®), die

Die neue Veredlungsunterlage Inkarho® verträgt viel Kalk.

viel Kalk verträgt, können Rhododendren nun auch auf Gartenböden mit durchschnittlichen pH-Werten von 6 bis 6,5 eingesetzt werden. Dabei kommen sie ohne Torfzusätze aus, der fehlende Humus wird in Form von Kompost- bzw. Rindenhumusgaben ausgeglichen.

Beachten Sie beim Pflanzen auch die Pflanztiefe. Werden veredelte Rhododendren zu tief gepflanzt, bildet die Edelpflanze eigene Wurzeln, und der Einfluss der kalkverträglichen Unterlage geht verloren.

Apropos Kalk: Besonders die großwachsenden, großlaubigen Rhododendron haben einen erheblichen Nährstoffbedarf. Fragen Sie im Fachhandel nach speziellen Rhododendron-Düngern, die auf die Bedürfnisse und Abneigungen (Kalk!)

dieser Gehölzgruppe abgestimmt sind. Wie die anderen immergrünen Laubgehölze verdunsten Rhododendren sommers wie winters Wasser. Deshalb sollten Sie nach einem trockenen Herbst oder an einem eher wasserarmen Standort vor dem Winter den Boden noch einmal durchdringend, mindestens aber spatentief wässern.

Großblumiger Rhododendron

Rhododendron-Sorten

Charakter: Großwachsende Blütensträucher, die sich unter den lichtdurchlässigen Baumkronen von Kiefern, Goldregen oder Eichen gerne sattgrün entwickeln. Sowohl als Solitär auch als Hecke besten Sichtschutz bietend.

Standort: halbschattig bis schattig

Wuchsform: breit buschig, halbkugelig, locker

Höhe: 150 bis 200 cm

Blüte: je nach Sorte rosa, weiß, violett, rot, gelb

Blütezeit: Mai bis Juni

Duft: je nach Sorte unterschiedlich

Laub: länglich eiförmig, immergrün, bis 20 cm

Hecke: locker, bis 200 cm

Verwendung: Japangarten, Heidegarten, Vogelschutzgehölz, Bienenweide, als Zierstamm angeboten, in Teichnähe.

Pflegetipp: Niemals im Wurzelbereich graben, nicht zu tief pflanzen. Rückschnitt unüblich, dennoch radikale Verjüngung möglich, dann aber Blühpause.

Sortenauswahl: 'Blue Peter' (hellblau, roter Fleck), 'Blattgold' (rosa, Laub gelbbunt),'Catawbiense Grandiflora' (lila), 'Cunningham's White' (weiß), 'Diadem' (hellrosa, weinroter Fleck), 'English Roseum' (lilarosa), 'Furnivall's Daughter' (hellrosa, roter Fleck), 'Goldbukett' (cremegelb, braunroter Fleck), 'Gomer Waterer' (weiß, rosa getönt), 'Hachmanns Feuerschein' (kirschrot), 'Jacksonii' (rosa, gebliche Zeichnung), 'Nova Zembla' (rubinrot), 'Progrès' (hellrosa, purpurne Zeichnung), 'Scintillation' (rosa, goldbrauner Fleck).

Großblumiger Rhododendron

Glocken-Rhododendron

Rhododendron williamsianum-Sorten

Charakter: Mittelhoch wachsende Sträucher, die mit ihren Glockenblüten ein überaus dichtes Laubwerk verzieren.

Standort: halbschattig bis schattig

Wuchsform: breit aufrecht

Höhe: 100 bis 150 cm

Blüte: je nach Sorte rosa, rot

Blütezeit: Mai bis Juni

Laub: eiförmig, bis 5 cm, immergrün

Verwendung: Heidegarten, Steingarten, Japangarten, Vogelschutzgehölz, Bienenweide, für große Grabstellen, in Teichnähe.

Pflegetipp: Geschützter Standort. Niemals im Wurzelbereich graben, nicht zu tief pflanzen. Rückschnitt unüblich, dennoch radikale Verjüngung möglich, dann aber Blühpause.

Sortenauswahl: 'August Lamken' (purpurrosa, dunkelrote Zeichnung), 'Lissabon' (karminrot, innen weißrosa).

Zwerg-Rhododendron

Rhododendron repens-Sorten

Charakter: Kleinbleibende Blütensträucher, die beispielsweise

Zwerg-Rhododendron

ideal auf halbschattige Grabstellen passen.

Standort: halbschattig bis schattig

Wuchsform: buschig

Höhe: 40 bis 60 cm

Blüte: scharlachrot

Blütezeit: Mai

Laub: breitoval, bis 5 cm, immergrün

Verwendung: Heidegarten, Steingarten, Japangarten, für halbschattige Grabstellen, in Teichnähe, Minigärten.

Pflegetipp: Geschützter Standort. Niemals im Wurzelbereich graben, nicht zu tief pflanzen. Rückschnitt unüblich, aber dennoch möglich.

Sortenauswahl: 'Baden-Baden' (scharlachrot), 'Scarlet Wonder' (rot).

Ball-Rhododendron

Rhododendron yakushimanum-Sorten

Charakter: Besonders sonnentolerante, auffallend filzig behaarte Blütensträucher, echte Japaner mit enormer Blühwilligkeit.

Standort: sonnig bis halbschattig

Wuchsform: kompakt, halbrund

Höhe: 100 bis 150 cm

Blüte: in vielen Nuancen rosa, weiß, gelb, rot

Blütezeit: Mai bis Juni

Duft: sortenunterschiedlich

Laub: oval, filzig behaart, über 10 cm, immergrün

Verwendung: Heidegarten, Japangarten, Vogelschutzgehölz, Bienenweide, für Grabstellen, in Teichnähe, auch für Kübel.

Pflegetipp: Niemals im Wurzelbereich graben, nicht zu tief pflanzen. Rückschnitt unüblich, dennoch radikale Verjüngung möglich, dann folgt aber eine Blühpause.

Ball-Rhododendron

Sortenauswahl: 'Anuschka' (dunkelrosa, innen weiß), 'Fantastica' (hellrot, später zartrosa), 'Flava' (cremegelb), 'Graf Lennart' (zitronengelb), 'Kalinka' (hellrosa, innen rubinrosa), 'Polaris' (rubinrosa, innen zartrosa), 'Schneewolke' (hellrosa, später weiß).

Kissen-Rhododendron

Rhododendron impeditum-Sorten

Charakter: Die Däumlinge unter den Rhododendron. Die kleinen Polster lieben kalkfreie Böden in kühl-feuchten Lagen, auf Grund der feinen Belaubung auch für Steingärten empfehlenswert.

Standort: halbschattig bis schattig

Wuchsform: buschig

Höhe: 20 bis 40 cm

Blüte: violettblau

Blütezeit: April bis Mai

Laub: länglich, grünsilbrig, bis 2 cm, immergrün

Verwendung: Heidegarten, Steingarten, Japangarten, für Grabstellen, in Teichnähe, Minigärten.

Pflegetipp: Schnitt nicht üblich.

Sortenauswahl: 'Blue Tit Magor' (lavendelblau).

Vorfrühlings-Rhododendron

Rhododendron praecox

Charakter: Bereits ab März blühender Frühlingsbote mit würzigem Laubduft. Passt ideal zu

Vorfrühlings-Rhododendron

vielen frühblühenden Blumenzwiebeln.

Standort: halbschattig bis schattig

Wuchsform: locker aufrecht

Höhe: 150 bis 200 cm

Blüte: lilarosa

Blütezeit: März bis April

Duft: Laub duftet

Laub: oval, bis 7 cm, immergrün

Verwendung: Heidegarten, Japangarten, für große Grabstellen, in Teichnähe.

Pflegetipp: Geschützter Standort. Niemals im Wurzelbereich graben, nicht zu tief pflanzen. Rückschnitt unüblich, aber dennoch möglich.

Großblumige Azalee

Großblumige Azalee

Rhododendron-Sorten

Charakter: Herrliche, vitalwüchsige Blütensträucher, die im Herbst – zum Teil in leuchtenden Farben – ihr Laub abwerfen.

Standort: halbschattig bis schattig

Wuchsform: locker aufrecht

Höhe: 100 bis 150 cm

Blüte: je nach Sorte rosa, rot, orange, gelblich

Blütezeit: Mai bis Juni

Duft: sortenunterschiedlich

Laub: oval, bis 5 cm

Herbstfärbung: sortenunterschiedlich, z. T. intensiv rotorange

Verwendung: Steingarten, Japangarten, in Teichnähe.

Pflegetipp: Niemals im Wurzelbereich graben, nicht zu tief pflanzen. Rückschnitt unüblich, dennoch radikale Verjüngung möglich, dann aber Blühpause.

Sortenauswahl: 'Daviesii' (cremegelb, leichter Duft), 'Feuerwerk' (feuerrot, innen orange geflammt, leichter Duft), 'Gibraltar' (orange), 'Golden Eagle' (hellorange),'Golden Sunset' (dunkelgelb), 'Homebush' (karminrosa), 'Klondyke' (orangerot), 'Persil' (weiß mit großem, gelbem Fleck), 'Pink Delight' (rosa).

Diamant-Azalee

Rhododendron in Farben

Charakter: Strauchpolster bildende, niedrigwachsende Abkömmlinge der Japanischen Azaleen.

Standort: halbschattig bis schattig

Wuchsform: kompakt, dicht

Höhe: 60 bis 100 cm

Blüte: im Handel in den Farben lachs, rosa, purpur, rot und weiß angeboten

Blütezeit: Mai bis Juni

Laub: oval, bis 4 cm, teils wintergrün

Verwendung: Japangarten, in Teichnähe.

Pflegetipp: Niemals im Wurzelbereich graben, nicht zu tief pflanzen. Rückschnitt unüblich.

Japanische Azalee

Rhododendron-Sorten

Charakter: An geschützten Standorten immergrüne, sonst wintergrüne Azaleengruppe.

Standort: halbschattig bis schattig

Wuchsform: kompakt

Höhe: 100 bis 150 cm

Blüte: im Handel in den Farben rosa, rot, weiß und orangerot angeboten

Blütezeit: Mai bis Juni

Laub: oval, bis 5 cm, wintergrün

Verwendung: Heidegarten, Steingarten, Japangarten, für halbschattige Grabstellen, in Teichnähe.

Pflegetipp: Extremer Flachwurzler, deshalb niemals im Wurzelbereich graben; nicht zu tief pflanzen. Rückschnitt unüblich.

Japanische Azalee

Bambusse

– immergrüne Supergräser

Bambusse gehören zur großen Familie der Gräser. Ihre Heimat ist China. Aus Unkenntnis könnte man sie wegen ihrer asiatischen Herkunft als winterfürchtende Exoten einstufen. Weit gefehlt. Bereits seit langem sammelt man mit diesen Supergräsern in Europa viele positive Erfahrungen.

Der gestalterische Wert der Bambusse liegt einmal in ihrem immergrünen **Laub:** Sie ziehen sich nicht, wie viele andere Gräser, im Winter zurück, sondern verholzen – weshalb sie auch den Gehölzen und nicht wie andere, sommergrüne Gräser den Stauden zugeordnet werden. Dadurch können sie wie ein immergrünes Laub- und Nadelgehölz als feste Konstante rund ums Jahr in die Gartengestaltung eingebunden werden. Außerdem sind ihre vielfältigen Halmformen und -farben eine herrliche Bereicherung für den Garten.

Von großer Bedeutung für jeden, der Bambusse im Garten einsetzen möchte, ist das Wissen um ihre Einteilung in horst- bzw. Ausläufer bildende Arten und Sorten. **Ausläufer bildende Bambusse** haben einen teilweise enorm starken Ausbreitungsdrang, der für nachbarliche Disharmonie sorgen kann. Stabile Rhizomsperren aus starker Folie oder Betonringe halten die Ausläuferbildung im Zaum und verhindern das »Wandern« der unterirdischen Triebe durch den Garten. Sie müssen rund um die Pflanze mindestens 60 cm tief eingegraben werden. Die ungebändigten Rhizome machen nämlich selbst vor Terrassenbelägen nicht Halt. Im Gegensatz dazu bleiben die **horstwüchsigen** Arten und Sorten auch im Alter kompakt und räumlich begrenzt.

Rhizombildende Bambus werden z. B. durch einen Betonring oder starke Folie am Ausdehnen durch weitstreichende Rhizome gehindert. Bei horstbildenden Bambus ist dies nicht nötig.

Schirm-Bambus als Kübelpflanze

Schirm-Bambus

Fargesia murieliae in Sorten
(Syn.: *Thamnocalamus spathaceus, Sinarundinaria murieliae)*

Charakter: Neuheiten aus der schönsten Gruppe der horstbildenden Bambusse. Immergrüner, dichter Sichtschutz, der sogar als lockere Hecke denkbar ist.

Standort: sonnig bis halbschattig

Wuchsform: aufrecht, kompakt, bildet Horste

Höhe: 100 bis 150 cm

Halm: gelbgrün

Laub: immergrün, lanzettlich, bis 12 cm

Verwendung: Japangarten, schnellwüchsiges Gehölz, in Teichnähe.

Pflegetipp: Windgeschützte Lage, in sommertrockenen Gebieten halbschattiger Standort empfohlen. In der Jugend winterlichen Laubschutz gewähren. Während der Wachstumsphase ausreichend mit Nährstoffen und Wasser versorgen. Die Horste können bei Bedarf durch Herausschneiden einzelner Halme licht gehalten werden.

Gelber Bambus

Phyllostachys aureosulcata 'Aureocaulis'

Charakter: Attraktiver Gartenbambus mit gelbfarbigen Halmen.

Standort: sonnig bis halbschattig

Wuchsform: aufrecht bis leicht überhängend, bildet Ausläufer

Wuchshöhe: 300 bis 400 cm

Halm: gelb, glänzend

Laub: immergrün, lanzettlich, bis 11 cm

Verwendung: Japangarten, schnellwüchsiges Gehölz, für Sandböden, in Teichnähe.

Pflegetipp: Geschützte Lage. Während des Sommers ausreichend mit Nährstoffen und Wasser versorgen.

Dichtlaubiger Bambus

Phyllostachys bissetii

Charakter: Beliebtester Gartenbambus mit vielfältigen Einsatzmöglichkeiten.

Standort: sonnig bis halbschattig

Wuchsform: aufrecht bis leicht überhängend, bildet Ausläufer

Wuchshöhe: 400 bis 600 cm

Halm: grün, glänzend, dekorativ dichtstehend, in der Jugend weiß bemehlt

Laub: immergrün, lanzettlich, bis 10 cm

Verwendung: Japangarten, schnellwüchsiges Gehölz, für Sandböden, in Teichnähe.

Pflegetipp: Geschützte Lage. Während des Sommers ausreichend mit Nährstoffen und Wasser versorgen.

Gelber Bambus

Schwarzer Bambus

Phyllostachys nigra

Charakter: Ein ausgesprochen extravagantes Exemplar. Die schwarzen Halme sind eine besondere Augenweide.

Standort: sonnig bis halbschattig

Wuchsform: aufrecht bis überhängend, bildet wenige Ausläufer

Höhe: 300 bis 400 cm

Halm: schwarz, glänzend

Laub: immergrün, lanzettlich, bis 10 cm

Verwendung: Japangarten, schnellwüchsiges Gehölz, für Sandböden, in Teichnähe.

Pflegetipp: Geschützte Lage. Während des Sommers ausreichend mit Nährstoffen und Wasser versorgen.

Hoher Bambus

Phyllostachys viridiglaucescens

Charakter: In unseren Breiten wuchsvitalster, imposantester Bambus mit den höchsten und dicksten Halmen für entsprechend dimensionierte Gartenbereiche.

Standort: sonnig bis halbschattig

Wuchsform: aufrecht, überhängend, bildet Ausläufer

Höhe: 500 bis 600 cm

Halm: grün

Laub: immergrün, lanzettlich, bis 15 cm

Verwendung: Größere Hausgärten, Japangarten, schnellwüchsiges Gehölz, für Sandböden, in Teichnähe.

Pflegetipp: Während des Sommers ausreichend mit Nährstoffen und Wasser versorgen.

Pfeil-Bambus

Pseudosasa japonica

Charakter: Viele Kenner bezeichnen ihn als den frosthärtesten Gartenbambus. Auffallend das große Laub, das auf den sommerlichen »Durst« dieser Art hinweist.

Standort: sonnig bis halbschattig

Wuchsform: aufrecht, überhängend, bildet wenig Ausläufer

Höhe: 200 bis 300 cm

Halm: dunkelgrün

Laub: immergrün, lanzettlich, bis 25 cm

Verwendung: Japangarten, schnellwüchsiges Gehölz, für Sandböden, in Teichnähe.

Pflegetipp: Während des Sommers ausreichend mit Nährstoffen und Wasser versorgen.

Klettergehölze

– Mauerakrobaten auf der Suche nach Licht

Die Natur kennt keinen Luxus. Und so sind Klettergehölze auch keine leichtfertigen Hochstapler, die aus reinem Zeitvertreib die dritte Dimension erobern. Der nackte Kampf um das Wachstumselixier Licht prägt sie. Auf kleinstem Raum wachsen sie der Sonne entgegen, recken ihren Kopf nach oben, während ihre Füße im feuchten, kühlenden Schatten bleiben. Dies gilt nicht nur für die Blütenlianen unserer Gärten, die *Clematis,* sondern auch für viele ihrer Kletterkollegen.

Für den Aufstieg bedienen sich die grünen Klettermaxe zahlreicher Hilfsmittel. Viele winden, schlingen oder ranken sich mangels eigener Stabilität an Stützen aller Art nach oben. Dies können Pergolen, Spaliere, Torbögen, aber auch andere Gartenpflanzen sein, die jedoch manchmal unter der Last in die Knie gehen. Andere Kletterer wiederum finden mit Hilfe ihrer Haftscheiben oder Haftwurzeln selbstständig Halt. Kletterrosen nutzen ihre gekrümmten Stacheln und steifen Triebe als natürliche »Steigeisen« auf dem Weg zum Licht.

Das Laub vieler Klettergehölze liegt dachziegelartig übereinander und leitet segensreich das Regenwasser von den Hauswänden weg. Als Fassadengrün schaffen Klettergehölze mikroklimatischen Ausgleich sonst starker Temperaturextreme. Ein Tipp: Klettergehölze lassen sich auch in kleinsträumigen Gartenwinkeln gestalterisch einsetzen – solange der Weg nach oben frei ist.

Starke Schlinger wie den Blauregen immer kerzengerade ziehen, damit sich die Hauptstämme nicht nach Jahren selbst abwürgen.

Flamingo-Strahlengriffel

Actinidia kolomikta

Charakter: Sympathischer Kletterer mit herrlicher Belaubung, die an das exotische Gefieder der Flamingos erinnert.

Standort: sonnig bis halbschattig

Wuchsform: schlingend, Rankhilfe erforderlich

Höhe: 200 bis 300 cm

Blüte: cremeweiß

Blütezeit: Mai bis Juni

Duft: leicht

Frucht: weibliche Pflanzen bilden stachelbeerähnliche Beere, essbar

Laub: weißrosa, eiförmig, bis 15 cm

Verwendung: frosthartes Kübelgehölz.

Pflegetipp: Fast nur männliche, nicht fruchtende, dafür aber besonders laubschöne Pflanzen im Handel. Im Schatten ist die Laubzeichnung schwächer ausgeprägt.

Flamingo-Strahlengriffel

Klettergurke

Akebia quinata

Charakter: Hochstapler mit flottem Wachstum, der leicht in große Höhen klettert. Begeisterung ernten die Gurkenfrüchte ab Spätsommer.

Standort: sonnig

Wuchsform: schlingend, Rankhilfe erforderlich

Höhe: 300 bis 500 cm
Blüte: violettrosa
Blütezeit: Mai
Duft: nach Vanille
Frucht: blauviolett, gurkenähnlich
Laub: gefingert, bis 6 cm
Herbstfärbung: gelb
Verwendung: Sichtschutz, Wildobst, Japangarten, schnellwüchsiges Gehölz, für Sandböden, in Teichnähe.
Pflegetipp: Junge Pflanzen vertragen radikale Verjüngung. Je sonniger die Lage, desto mehr Früchte reifen.

Pfeifenwinde
Aristolochia macrophylla
(Syn.: *Aristolochia durior)*

Charakter: Megawachser, der spielend die dritte Dimension erobert und Tropenatmosphäre in den Garten zaubert. Seine riesigen Blätter hängen wie schlappe Elefantenohren dachziegelartig übereinander und verwandeln jede Laube in ein kühles Schattenparadies.

Pfeifenwinde

Standort: halbschattig bis schattig
Wuchsform: schlingend, Rankhilfe erforderlich
Höhe: 500 bis 700 cm
Blüte: gelbrot, pfeifenähnlich
Blütezeit: Juni bis August
Frucht: braun
Laub: herzförmig, bis 30 cm
Verwendung: Laubengänge, schnellwüchsiges Gehölz, für Sandböden, toleriert Vollschatten, in Teichnähe.
Pflegetipp: Verträgt radikale Verjüngung. Bei ausreichender Bodenfeuchte auch für sonnige Standorte geeignet.

Rote Klettertrompete
Campsis 'Mme. Galen'

Charakter: Der blühstarke Ranker schmettert im Orchester des spätsommerlichen Gartens die Trompete. Aber Achtung: Der nach Höherem strebende Insektenmagnet liebt vollsonnige Plätze, im Schatten ist er eher blühfaul.
Standort: sonnig
Wuchsform: selbstständig kletternd, Haftwurzeln
Höhe: 300 bis 500 cm
Blüte: orange, trompetenförmig
Blütezeit: Juli bis September
Laub: gefiedert, bis 40 cm
Verwendung: schnellwüchsiges Gehölz, als Zierstamm angeboten.
Pflegetipp: Trotz Haftwurzeln aufgrund des enormen Massenzuwachses zusätzlicher Halt empfehlenswert. Verträgt starken Rückschnitt.

Rote Klettertrompete

Baumwürger
Celastrus orbiculatus

Charakter: Bis in den Winter zierender Ranker, dessen zahllose, auffallend gestaltete Früchte die Blicke auf sich ziehen.
Standort: sonnig bis schattig
Wuchsform: schlingend, Rankhilfe erforderlich
Höhe: 500 bis 700 cm
Frucht: hellrot, giftig
Laub: eiförmig, bis 10 cm
Herbstfärbung: gelb
Verwendung: Vogelnährgehölz, extrem haltbare Fruchttriebe für Schnitt, schnellwüchsiges Gehölz, für Sandböden, toleriert Vollschatten, in Teichnähe.
Pflegetipp: Macht mitunter an jungen Bäumen oder Sträuchern seinem Namen alle Ehre; deshalb nur an stabilen Spalieren schlingen lassen.

Alpen-Waldrebe
Clematis alpina 'Frances Rivis'

Charakter: Sorte mit der größten Blüte innerhalb der *C. alpina*-Gruppe. Nicht nur ein echter Aufsteiger für kleinere Gartenbereiche, sondern auch origineller »Bodendecker« im Steingarten.

Standort: sonnig bis halbschattig

Wuchsform: rankend, Rankhilfe erforderlich

Höhe: 200 bis 300 cm

Blüte: blau

Blütezeit: Mai bis Juni (September)

Frucht: zierende, fedrige Büschel

Laub: gefiedert, über 10 cm

Herbstfärbung: gelb

Verwendung: Heidegarten, Steingarten, Vogelschutzgehölz, Bienenweide, frosthartes Kübelgehölz.

Pflegetipp: Kein regelmäßiger Schnitt notwendig. Leichte Eingriffe nach, radikale Verjüngung vor der Blüte (Blühpause).

Anemonen-Bergrebe

Clematis montana 'Rubens'

Charakter: Schönste »zivilisierte« Wildclematis. Enorm effektiver Begrüner häßlicher Carports und unansehnlicher Dächer. Steigt mit Vorliebe in lichtkronige Bäume, denen er zu einer zweiten Blüte verhilft.

Standort: sonnig bis halbschattig

Wuchsform: rankend, Rankhilfe erforderlich

Höhe: 500 bis 700 cm

Blüte: rosa

Blütezeit: Mai bis Juni

Duft: leicht

Anemonen-Bergrebe

Gold-Waldrebe

Gold-Waldrebe

Clematis tangutica
(Syn.: *C. tibetana* ssp. *tangutica*)

Charakter: Einmalig schöne, an nickende Glöckchen erinnernde Blüten in der seltenen Clematisfarbe Gelb. Die Fruchtbüschel bilden einen prachtvollen Schmuck bis in den Winter hinein.

Standort: sonnig bis halbschattig

Wuchsform: rankend, Rankhilfe erforderlich

Höhe: 200 bis 300 cm

Blüte: gelb, glockenförmig

Blütezeit: Juni bis Oktober

Frucht: zierende, fedrige Büschel

Laub: gefiedert, bis 10 cm

Verwendung: Steingarten (als Bodendecker), Japangarten, Vogelschutzgehölz, Bienenweide, Dachgarten.

Pflegetipp: Rückschnitt vor der Blüte. Tief pflanzen, Fuß beschatten.

Frucht: zierende, fedrige Büschel

Laub: gefiedert, über 10 cm

Herbstfärbung: rötlich

Verwendung: Vogelschutzgehölz, Bienenweide, schnellwüchsiges Gehölz, frosthartes Kübelgehölz.

Pflegetipp: Leichte Eingriffe nach, radikale Verjüngung vor der Blüte (Blühpause). Tief pflanzen, Fuß beschatten.

Heimische Waldrebe

Clematis vitalba

Charakter: Tarzan-Liane heimischer Herkunft, die Gartenwinkel in einen Urwald für viele Garten- und Kinderabenteuer verwandeln kann. Überzieht Sträucher und Bäume mit einem dichtem Zweiggewirr.

Standort: sonnig bis halbschattig

Wuchsform: rankend, Rankhilfe erforderlich

Höhe: 500 bis 700 cm

Blüte: cremeweiß

Blütezeit: Juli bis Oktober

Frucht: zierende, fedrige Büschel

Laub: gefiedert, über 10 cm

Verwendung: heimisches Gehölz, Vogelschutzgehölz, Bienenweide, schnellwüchsiges Gehölz, in Teichnähe, frosthartes Kübelgehölz.

Pflegetipp: Rückschnitt bzw. Totalverjüngung bis auf Kniehöhe vor dem Austrieb.

Italienische Waldrebe
Clematis viticella 'Kermesina'

Charakter: Sehr filigraner, aber genügsamer Ranker für romantische Gartenecken. Blüht auch in absonnigen Winkeln überreich.

Standort: sonnig bis halbschattig

Wuchsform: rankend, Rankhilfe erforderlich

Höhe: 200 bis 300 cm

Blüte: weinrot

Blütezeit: Juli bis August

Frucht: zierende, fedrige Büschel

Laub: gefiedert, über 10 cm

Verwendung: Bodendecker, Vogelschutzgehölz, Bienenweide.

Pflegetipp: Rückschnitt bzw. Totalverjüngung bis auf Kniehöhe vor dem Austrieb.

Waldrebe
Clematis – Großblumige Sorten

Charakter: Die großblumige Waldrebe ist die Königin unter den Kletterpflanzen. Sie berankt Lauben und Mauern, wächst gerne in Gehölze und dunkelgrüne Efeuwände und wartet mit einer unglaublichen Blütenfülle und -größe auf.

Standort: sonnig bis halbschattig

Wuchsform: rankend, Rankhilfe erforderlich

Höhe: 200 bis 300 cm

Blüte: je nach Sorte rot, weiß, rosa

Blütezeit: Juni bis September

Frucht: Büschel

Laub: gefiedert, bis 10 cm

Verwendung: Vogelschutzgehölz, Bienenweide, schnellwüchsiges Gehölz.

Pflegetipp: Rückschnitt sortenunterschiedlich. Tief pflanzen, den Fuß beschatten, unbedingt Staunässe vermeiden, auf gute Drainage achten.

Sortenauswahl: 'Dr. Ruppel' (hellrosa, Mittelstreifen dunkelrosa), 'Fujimusume' (blaueste Sorte), 'Hagley Hybrid' (tief rosa), 'Huldine' (creme), 'Jackmanii' (blau), 'Kardinal Wyszinski' (purpurrot, roter Mittelstreifen), 'Königskind' (blau), 'Lasurstern' (violettblau), 'Madame Le Coultre' (weiß), 'Niobe' (tiefrot), 'Rouge Cardinal' (dunkelrot), 'Ville de Lyon' (purpurrot).

Waldrebe 'Dr. Ruppel'

Waldrebe 'Huldine'

Schling-Knöterich

Kriechspindeln
Kletternde *Euonymus fortunei*-Sorten

siehe unter Immergrüne Laubgehölze (Seite 116).

Schling-Knöterich
Fallopia aubertii

Charakter: Bekannter »Architektentrost«, der weniger gelungene Bauwerke und hässliche Gestelle innerhalb kurzer Zeit mit einem frischgrünen Laubkleid überzieht. Kaum ein anderes, frosthartes Gartengehölz unserer Breiten bildet in einem Sommer längere Triebe und baut mehr Pflanzenmasse auf.

Standort: sonnig bis halbschattig

Wuchsform: schlingend, Rankhilfe erforderlich

Höhe: 500 bis 700 cm

Blüte: weiß, Rispe

Blütezeit: August bis Oktober

Laub: eiförmig, bis 9 cm

Herbstfärbung: gelb

Verwendung: Vogelschutzgehölz, Bienenweide, schnellwüchsiges Gehölz, für Sandböden, in Teichnähe.

Pflegetipp: Jährlicher kräftiger Rückschnitt im Frühjahr fördert die Blütenfülle.

Weißrand-Efeu
Hedera colchica 'Dentata Variegata'

Charakter: Aufgrund der großen, gelblich-weißbunten Belaubung eine besonders auffällige Erscheinung, die Wände farbenfroh einhüllt.
Standort: sonnig bis schattig
Wuchsform: selbstständig kletternd, Haftwurzeln
Höhe: 300 bis 500 cm
Laub: weißbunt, immergrün, bis 20 cm
Verwendung: in Teichnähe.
Pflegetipp: Vorsicht bei rissigem Putz, Regenrinnen, Farbwänden.

Heimischer Efeu
Hedera helix

Charakter: Heimischer Kletterakrobat, der die Schwerkraft scheinbar außer Kraft setzt. Einsetzbar sowohl als vertikaler Wandbegrüner als auch als flachwachsender Bodendecker unter vollschattigen Baumenkronen.
Standort: sonnig bis schattig
Wuchsform: selbstständig kletternd, Haftwurzeln
Höhe: 300 bis 500 cm
Blüte: unscheinbar
Blütezeit: September bis Oktober
Frucht: blauschwarz, giftig
Laub: oval, gelappt, immergrün, bis 10 cm
Verwendung: Bodendecker, heimisches Gehölz, Vogelschutzgehölz, Bienenweide, für Grabstellen, toleriert Vollschatten, Dachgarten, Bauerngarten, in Teichnähe, für große Tröge.
Pflegetipp: Überrollt als Bodendecker gerne Kleinsträucher und Stauden. Schere und Spaten halten ihn im Zaum. Vorsicht bei rissigem Putz, Regenrinnen, Farbwänden.

Gelbbunter Efeu
Hedera helix 'Goldheart'

Charakter: Das Besondere sind die Blätter, in deren Mitte ein gelbgoldenes Herz schlägt.
Standort: sonnig bis schattig
Wuchsform: selbstständig kletternd, Haftwurzeln
Höhe: 200 bis 300 cm
Frucht: blauschwarz, giftig
Laub: gelbbunt, immergrün, eiförmig, bis 8 cm
Verwendung: toleriert Vollschatten, in Teichnähe.
Pflegetipp: Vorsicht bei rissigem Putz, Regenrinnen, Farbwänden.

Gelbbunter Efeu

Kletter-Hortensie
Hydrangea anomala ssp. *petiolaris*

Charakter: Zunächst langsam, dann aber zügig kletternde Kostbarkeit für Kenner. Auch als Strauch und Gefäßgehölz eine malerische Augenweide.
Standort: sonnig bis schattig
Wuchsform: selbstständig kletternd, Haftwurzeln
Höhe: 300 bis 500 cm
Blüte: weiß, Schirmrispe
Blütezeit: Juni bis Juli
Duft: süßlich
Laub: eiförmig, bis 10 cm
Herbstfärbung: gelb
Verwendung: Bodendecker, Vogelschutzgehölz, Formgehölz, toleriert Vollschatten, Dachgarten, in Teichnähe, frosthartes Kübelgehölz, für große Tröge.
Pflegetipp: Radikale Verjüngung problemlos bis in sehr alte Stammpartien vertragend.

Gelber Winterjasmin
Jasminum nudiflorum

Charakter: Sein Wintergelb stimmt manches trübe Gemüt zur Jahreswende heiter. Nahe am Fenster gepflanzt, lässt sich dieser robuste, anspruchslose Stimmungsmacher von der warmen Stube aus genießen. Dank seiner grünen Triebe fast schon ein »immergrüner« Kletterer.
Standort: sonnig bis halbschattig
Wuchsform: rankend, Rankhilfe erforderlich
Höhe: 200 bis 300 cm
Blüte: gelb
Blütezeit: November bis März
Laub: lanzettlich, gefingert, bis 3 cm
Rinde: grünrindig
Verwendung: Bienenweide, Blütentriebe für Schnitt, für Sandböden, Bauerngarten.
Pflegetipp: Rückschnitt nach 3 bis 5 Jahren, radikale Verjüngung nicht erfolgversprechend.

Rote Geißschlinge

Lonicera × brownii 'Dropmore Scarlet'

Charakter: Farbstarkes Schlingtalent mit monatelanger Dauerblüte in leuchtendem Orangerot. Sehr winterhart, für Gitter, Pergolen, Zäune.

Standort: sonnig bis halbschattig

Wuchsform: schlingend, Rankhilfe erforderlich

Höhe: 200 bis 300 cm

Blüte: orangerot

Blütezeit: Juni bis September

Duft: leicht

Frucht: orangerot

Laub: elliptisch, bis 10 cm

Verwendung: Vogelschutzgehölz, Bauerngarten.

Pflegetipp: Verträgt Verjüngung.

Feuer-Geißschlinge

Lonicera × heckrottii 'Goldflame'

Charakter: Enorm wüchsiger Kletterkönig, der reichlich Blütenparfüm verströmt.

Standort: sonnig bis halbschattig

Wuchsform: schlingend, Rankhilfe erforderlich

Höhe: 300 bis 500 cm

Blüte: gelbweiß/purpurrot

Blütezeit: Juni bis Oktober

Duft: angenehm

Laub: breit elliptisch, bis 10 cm

Verwendung: Vogelschutzgehölz, Bienenweide, schnellwüchsiges Gehölz, Bauerngarten.

Pflegetipp: Verträgt Verjüngung. Gedeiht auch im Schatten, dann allerdings kaum Blütenansatz.

Reichblütige Wald-Geißschlinge

Feuer-Geißschlinge

Immergrüne Geißschlinge

Lonicera henryi

Charakter: Der Wert dieses »Hochstaplers« liegt in der immergrünen Belaubung, die rund ums Jahr schmückt.

Standort: sonnig bis schattig

Wuchsform: schlingend, Rankhilfe erforderlich

Höhe: 200 bis 300 cm

Blüte: gelbrot, klein

Blütezeit: Juni bis Juli

Frucht: schwarz

Laub: lanzettlich, immergrün, bis 12 cm

Verwendung: Schattige Vorgärten und Lauben, Vogelschutz- und -nährgehölz, toleriert Vollschatten.

Pflegetipp: Verträgt Verjüngung.

Laubsträucher
Laubbäume
Immergrüne Laubgehölze
Rhododendren
Bambusse
Klettergehölze
Rosen
Nadelsträucher
Nadelbäume

Reichblütige Wald-Geißschlinge

Lonicera periclymenum 'Serotina'

Charakter: Senkrechtstarter der neuen Klettergeneration. Obwohl erst wenige Jahre im Handel, hat sich diese insektenlockende Nektartränke mit ihrem süßen Duft bereits einen festen Platz im Schlinger-Sortiment erobert.

Standort: halbschattig bis schattig

Wuchsform: schlingend, Rankhilfe erforderlich

Höhe: 200 bis 300 cm

Blüte: gelbrot

Blütezeit: Juni bis September

Duft: angenehm, süßlich

Frucht: rot, schwach giftig

Laub: eiförmig, bis 7 cm

Herbstfärbung: gelb

Verwendung: Vogelschutzgehölz, Vogelnährgehölz, Bienenweide, schnellwüchsiges Gehölz, Bauerngarten.

Pflegetipp: Verträgt Verjüngung.

Mauerwein

Parthenocissus quinquefolia 'Engelmannii'

Charakter: Diese selbstkletternde Selektion ist bekannt für ihre besonders intensive Herbstfärbung. Erobert vielstöckige Hausfassaden und kleidet sie in einen herrlichen Laubmantel.

Standort: sonnig bis schattig

Wuchsform: selbstständig kletternd, Haftscheiben

Höhe: 500 bis 700 cm

Blüte: weiß, Rispe

Blütezeit: Juli bis August

Frucht: blauschwarz

Laub: gefingert, bis 12 cm

Herbstfärbung: gelbrot

Verwendung: Vogelschutzgehölz, Bienenweide, schnellwüchsiges Gehölz, für Sandböden, toleriert Vollschatten, in Teichnähe, frosthartes Kübelgehölz.

Pflegetipp: Vorsicht bei rissigem Putz, Regenrinnen, Farbwänden.

Wilder Wein

Wilder Wein

Parthenocissus tricuspidata 'Veitchii'

Charakter: Setzt Hauswände in »Bewegung«, wenn der Wind durch die formschönen Blätter weht. Nicht zu übertreffender, spektakulärer Herbstfärber für die Vertikale.

Standort: sonnig bis halbschattig

Wuchsform: selbstständig kletternd, Haftscheiben

Höhe: 500 bis 700 cm

Blüte: gelblichgrün, Trugdolde

Blütezeit: Juni bis Juli

Frucht: blauschwarz

Laub: tief gebuchtet, bis 10 cm

Herbstfärbung: orangerot

Verwendung: Vogelschutzgehölz, Bienenweide, schnellwüchsiges Gehölz.

Pflegetipp: Vorsicht bei rissigem Putz, Regenrinnen, Farbwänden.

Kletterrosen

siehe unter Rosen (Seite 139)

Scharlach-Wein

Vitis coignetiae

Charakter: Prachtvoller Herbstfärber, der an die rote Leuchtkraft von Parthenocissus-Sorten herankommt. Dazu gesellt sich ein attraktiver Fruchtbehang. Ein Klettermaxe für Kenner.

Scharlach-Wein

Standort: sonnig

Wuchsform: kletternd, Rankhilfe erforderlich

Höhe: 300 bis 500 cm

Blüte: rostrot-filzig

Frucht: schwarz

Laub: dreiteilig, über 20 cm

Herbstfärbung: rot

Verwendung: Japangarten, schnellwüchsiges Gehölz, frosthartes Kübelgehölz.

Pflegetipp: Beste Herbstfärbung an sonnigen Standorten.

Chinesischer Blauregen, Glyzine

Wisteria sinensis

Charakter: Last but not least – der Blauregen ist ein Wandakrobat allererster Güte. Seine herrliche Mai-Blüte ist ein Schauspiel.

Standort: sonnig bis halbschattig

Wuchsform: schlingend, Rankhilfe erforderlich

Höhe: 300 bis 500 cm

Blüte: lilablau, bis 30 cm lange Traube

Blütezeit: Mai bis Juni

Duft: leicht

Frucht: bohnenartig, unscheinbar, giftig

Trieb: linkswindend

Laub: gefiedert, über 20 cm

Herbstfärbung: gelb

Verwendung: Japangarten, Bienenweide, schnellwüchsiges Gehölz, für Sandböden, in Teichnähe.

Pflegetipp: Kräftiger Rückschnitt nach Blüte möglich. Erdrückt Regenrohre und würgt sich selbst ab, wenn Hauptstamm nicht kerzengerade – ohne Windungen – gezogen wurde. Nur Veredlungen blühen bereits als junge Pflanze.

Chinesischer Blauregen

Rosen

– Sonnenkinder für luftige Gartenplätze

Die Rose gilt als die älteste und traditionsreichste Kulturpflanze der Menschheit. Erste rosige Anfänge gab es, wie man durch Versteinerungen weiß, bereits vor 25 bis 30 Millionen Jahren.
Durch die Kreuzung von *Rosa* x *damascena* und *Rosa chinensis* mit zahlreichen heimischen Wildarten nahm die gezielte Rosenzüchtung im 18. Jahrhundert ihren Anfang. Heute zählen wir weltweit mehr als 30 000 verschiedene Rosensorten.

ADR-Rosen

Eine wichtige Orientierungshilfe, um die besten Sorten für den eigenen Garten herauszufinden, bietet das ADR-Prädikät. Die Allgemeine Deutsche Rosenneuheitenprüfung ist eine Art »Stiftung Warentest« für Rosen und gilt als der härteste Rosen-TÜV der Welt. Achten Sie deshalb beim Rosenkauf auf das ADR-Prädikat. Mit dem Kauf von ADR-Rosen unterstützen Sie die Züchtung umweltschonender Rosensorten, die ohne Pfanzenschutzmittel auskommen. Eine aktuelle ADR-Liste kann unter www.adr-rose.de eingesehen werden.

Rosengruppen

Kein anderes Gehölz weist ähnlich vielfältige Wuchsformen und so unterschiedliche Eigenschaften auf wie die Rose. Die verschiedenen Rosengruppen geben einen ersten Hinweis darauf, welche Gestaltungsaufgabe mit welcher Sorte oder Art am ehesten zu lösen ist. Unterschieden werden: Beet-, Flächen-, Strauch-, Edel-, Kletter- und Zwergrosen.

Beetrosen

Rosa-Sorten

Charakter: Beetrosen sind öfterblühende Rosen mit kompaktem, etwa kniehohem Wuchs. Alle Beetrosen bilden gut verzweigte Triebe, die Blütenbüschel mit zahlreichen Einzelblüten tragen. Bei den Beetrosen ist der Name Programm. Sie sind teamfähig und bieten, in mehr oder weniger großen Gruppen gepflanzt, auf Beeten und Rabatten eine bemerkenswerte Flächen- und Fernwirkung.

Beetrosen ('Bonica '82'®)

Standort: sonnig
Wuchsform: aufrecht
Höhe: 40 bis 60 cm
Blüte: je nach Sorte rot, rosa, gelb, weiß
Blütezeit: Juni bis Oktober
Duft: einige Sorten
Frucht: je nach Sorte (Blütenfüllung) unterschiedliche Hagebutten
Trieb: bestachelt
Laub: gefiedert, über 10 cm
Hecke: locker, bis 60 cm
Verwendung: Wildobst, Vogelschutzgehölz, Blütentriebe für Schnitt, als Zierstamm angeboten, auch für Kübel.
Pflegetipp: Jährlicher Rückschnitt im April fördert Sommerblüte.
Sortenauswahl: 'Aprikola'® (orange), 'Bad Birnbach'® (rosa), 'Bonica '82'® (rosa), 'Friesia'® (gelb, Duft), 'Goldelse'® (gelb), 'La Sevillana'® (rot), 'Leonardo da Vinci'® (rosa, stark gefüllt), 'Pomponella'® (rosa), 'Red Leonardo da Vinci'® (rot), 'Schneeflocke'® (weiß).

Flächenrosen

Rosa-Sorten

Charakter: Die wesentliche Funktion dieser robusten »Schwerarbeiter« ist es, Flächen pflegeleicht, schnell und lückenlos abzudecken. Flächenrosen harmonieren vortrefflich mit Stauden. Sie gelten als ausgesprochen robust, frosthart und belastbar.

Standort: sonnig

Wuchsform: buschig

Höhe: 60 bis 100 cm

Blüte: je nach Sorte rot, rosa, gelb, weiß

Blütezeit: Juni bis Oktober

Frucht: je nach Sorte (Blütenfüllung) unterschiedliche Hagebutten

Trieb: bestachelt

Laub: gefiedert, über 10 cm

Verwendung: Bodendecker, Wildobst, Heidegarten (Randbereich), Vogelnährgehölz, Blütentriebe für Schnitt, schnellwüchsiges Gehölz, für sonnige Grabstellen, als Zierstamm angeboten, Dachgarten, auch für Kübel und Tröge.

Pflegetipp: Verjüngung in mehrjährigem Turnus im Frühjahr möglich. Möchten Sie Flächenrosen zur Begrünung einer großen Fläche einsetzen, dann achten Sie beim Pflanzenkauf auf **wurzelechte Ware.** Sie stehen ohne Veredlungsunterlage auf eigener Wurzel, somit ist die Bildung lästiger Wildtriebe ausgeschlossen.

Flächenrosen ('Heidetraum'®), als Unterpflanzung von Heidetraum'® als Stammrose

Sortenauswahl: 'Diamant'® (weiß), 'Gärtnerfreude'® (rot), 'Heidetraum'® (rosa, spätblühend), 'Medusa'® (rosa), 'Pink Swany'® (rosa), 'Sedana'® (orange), 'Sommerabend'® (rot, einfach), 'Sorrento'® (rot), 'The Fairy' (rosa).

Strauchrosen

Rosa-Sorten

Charakter: Als Strauchrosen bezeichnet man jene Arten und Sorten, die große Ziersträucher entwickeln. Häufig als Pollenquelle und Hagebuttenspender, sind Strauchrosen die blühwilligsten Ziersträucher unserer Gärten. Auch viele **Alte** und **Englische Rosen** zählen zu den Strauchrosen, die eines gemein haben: prallste Blütenpracht. Dazu gesellen sich warme Blütenfarben und sehr oft ein intensiver Duft.

Standort: sonnig

Wuchsform: überhängend

Höhe: 150 bis 200 cm

Blüte: je nach Sorte rot, rosa, gelb, weiß

Blütezeit: Juni bis Oktober

Duft: sortenunterschiedlich

Frucht: je nach Sorte (Blütenfüllung) unterschiedlich Hagebutten

Trieb: bestachelt

Laub: gefiedert, über 10 cm

Hecke: locker, bis 150 cm

Verwendung: Wildobst, Vogelschutzgehölz, Vogelnährgehölz, Bienenweide, schnellwüchsiges Gehölz, für große Grabstellen, als Zierstamm angeboten, Bauerngarten, auch für Kübel.

Pflegetipp: Nur Auslichten, Verjüngung in mehrjährigem Turnus im Frühjahr möglich.

Strauchrosen ('Centenaire de Lourdes')

Sortenauswahl: 'Abraham Darby'® (apricot, Duft, Englische Rose), 'Centenaire de Lourdes' (rosa, Duft), 'Eden Rose '85'® (rosa, stark gefüllt), 'Ghislaine de Feligonde' (gelb, Duft, »Alte Rose«), 'Graham Thomas'® (gelb, Duft, Englische Rose), 'Grandhotel'® (rot), 'Heritage'® (rosa, Duft, Englische Rose), 'Lichtkönigin Lucia'® (gelb), 'Louise Odier' (rosa, Duft, »Alte Rose«), 'Romanze'® (rosa), *Rosa gallica* 'Officinalis' (karmesinrot, Duft, »Alte Rose«), 'Schneewittchen'® (weiß), 'Westerland'® (apricot, Duft).

Edelrosen

Rosa-Sorten

Charakter: Edelrosen – auch als **Teehybriden** bezeichnet – sind durch ihre langen Stiele, auf denen große, elegant geformte, gut gefüllte, meist einzelne Blüten sitzen, für den Vasenschnitt prädestiniert. Im Garten wirken sie mit ihrem betont aufrechten Wuchs häufig sehr staksig, fast steif und erinnern an hochgebaute Kleiderständer – deshalb pflanzt man Edelrosen am besten in Dreier- oder Fünfer-Gruppen.

Standort: sonnig

Wuchsform: aufrecht

Höhe: 60 bis 80 cm
Blüte: je nach Sorte rot, rosa, gelb, weiß
Blütezeit: Juni bis Oktober
Duft: viele Duftsorten
Trieb: bestachelt
Laub: gefiedert, über 10 cm
Verwendung: Blütentriebe für Schnitt, als Zierstamm angeboten, auch für Kübel.
Pflegetipp: Jährlicher Rückschnitt im April fördert die Sommerblüte. Edelrosen stellen zweifellos die beliebteste, aber auch die krankheitsanfälligste Rosenklasse dar. Achten Sie bei der Auswahl der Sorten ganz besonders auf die Eignung für den vorhandenen Standort.
Sortenauswahl: 'Acapella'® (rot), 'Apéritif'® (gelb), 'Arosia'® (rosa), 'Chippendale'® (orange), 'Eliza'® (rosa), 'Inspiration'® (rosa-orange), 'Roy Black'® (weiß)

Kletterrosen
Rosa-Sorten

Charakter: Keine andere Rosenklasse bietet mehr Rosenblüten pro Gartenquadratmeter, vorausgesetzt, die rosigen Klettermaxe finden auf ihrem Weg nach oben Halt und Stütze. Kletterrosen können nicht wirklich selbstständig klettern. Die Spaliere und Pergolen, an die die Triebe gebunden werden, müssen sehr stabil sein, weil Regen und Schnee das Gewicht der Kletterrosen um ein Vielfaches erhöhen können. **Rambler** sind die Lianen unter den Rosen. Die meist von Juni bis Juli blühenden Sorten wachsen extrem stark und erreichen spielend Höhen von über 500 cm.
Standort: sonnig
Wuchsform: aufrecht
Höhe: 200 bis 300 cm, Rambler bis 500 cm
Blüte: je nach Sorte rot, rosa, gelb, weiß
Blütezeit: Juni bis Oktober
Duft: sortenunterschiedlich
Frucht: je nach Sorte (Blütenfüllung) unterschiedlich Hagebutten
Trieb: bestachelt
Laub: gefiedert, über 10 cm
Verwendung: setzt Hagebutten an, Vogelnährgehölz, schnellwüchsiges Gehölz, als Zierstamm angeboten, Bauerngarten, auch für Kübel.
Pflegetipp: Alte Triebe können jährlich entfernt werden. Totalverjüngung nicht üblich, aber möglich. Triebe waagerecht binden.
Sortenauswahl: 'Bobby James' (weiß, Duft, Rambler, einmalblühend), 'Golden Showers'® (gelb), 'Ilse Krohn Superior'® (cremeweiß, Duft), 'New Dawn' (perlmutt, Duft), 'Rosarium Uetersen'® (rosa, stark gefüllt), 'Santana'® (rot), 'Super Dorothy'® (rosa, Rambler).

Kletterrosen ('Bobby James')

Zwergrosen
Rosa-Sorten

Charakter: Klein von Wuchs, groß an Blütenreichtum auf kleinstem Raum. Zwergrosen eignen sich vor allem für die Bepflanzung von Balkonkästen, unter optimalen Bedingungen passen sie auch in den Garten und in Steingärten.
Standort: sonnig
Wuchsform: aufrecht
Höhe: 30 bis 40 cm
Blüte: je nach Sorte rot, rosa, gelb, weiß
Blütezeit: Juni bis Oktober
Trieb: bestachelt
Laub: gefiedert, bis 10 cm
Verwendung: für sonnige Grabstellen, als Zierstamm angeboten, auch für Kübel.
Pflegetipp: Jährlicher Rückschnitt im April fördert die Sommerblüte.
Sortenauswahl: 'Pink Symphonie'® (rosa), 'Rosmarin 89'® (rosa), 'Sonnenkind'® (gelb), 'Zwergkönig 78'® (rot).

Stammrosen
Ein Sonderfall sind die Stammrosen, die keine eigenständige Rosengruppe darstellen. Sorten aller Rosenklassen werden dazu auf 40 cm (Fußstämme), 60 cm (Halbstämme), 90 cm (Hochstämme) und 140 cm (Kaskadenstämme) Höhe veredelt.

Wildrosen
Rosa-Arten

Wildrosen finden Sie auf Seite 95 f. vorgestellt.

Nadelsträucher

– immergrüne Skulpturen der bescheidenen Art

Die Nadelsträucher sind fast ausschließlich immergrüne Gehölze, die durch teils bizarre Wuchsformen, durch herrlichen Zapfenschmuck oder auch nur durch ihr frischgrünes Nadelkleid auffallen. Der skurrile Wuchs bestimmter Nadelsträucher führt zu lebhaften Kontrasten im Garten, während das dunkle Grün vieler anderer für gestalterische Ruhe sorgt. Im Winter belebt die immerblaue, -gelbe oder -grüne Benadelung den kahlen Garten.

Insbesondere für kleinere Gärten sind die vielen Zwergformen ein unerschöpflicher Fundus. Diese Miniaturausgaben ihrer imposanten Artkollegen, quasi Naturbonsais ohne Schnitt, strukturieren selbst kleinste Flächen, die im Zuge der Gestaltungslust mitunter allzu bunt ausgestaltet wurden. Ihre zumeist dunkelgrüne Farbe harmoniert eigentlich mit allen anderen Farbnuancen. Die nadligen Däumlinge sind echte Hungerkünstler, die sich beispielsweise in mageren, sonnig gelegenen Steingärten wohl fühlen. Besonders hervorgehoben sei an dieser Stelle die robuste Anspruchslosigkeit, Trockenheitsverträglichkeit und enorme Frosthärte vieler Nadelgehölze. Sie gelten als sehr pflegeleicht und bescheiden.

Auch bei Nadelgehölzen gibt es einen Nadelfall, manchmal verfärben sich beispielsweise ältere Kiefer-Nadeln gelb und fallen ab. Dies ist eine vollkommen normale Erscheinung und – sofern es dem Gartenfreund überhaupt auffällt – kein Grund zur Sorge.

Völlig zu Unrecht werden Nadelgehölze häufig als fremdländisch und damit ökologisch wertlos abqualifiziert. Dabei agieren viele Sorten im Frühling als Pollenspender für Bienen & Co. Sie bieten mit ihrem Ganzjahres-Grün Vögeln und anderen Tieren auch im Winter sicheren, da nicht einsehbaren Schutz. Höher werdende Arten mit baumartigem Wuchs finden Sie unter der anschließenden Rubrik »Nadelbäume«.

Angaben zur Wuchshöhe beziehen sich auf die Höhe des Gehölzes nach 10 Standjahren im Garten. Ausgangspflanzen waren mehrjährige Sträucher, die in einer gängigen Pflanzgröße gekauft wurden.

Niedere Balsam-Tanne

Abies balsamea 'Piccolo'

Charakter: Däumling mit weichem Nadelkleid zum Streicheln. Für alle tiefgründigen, ausreichend feuchten Standorte mit begrenztem Raumangebot.

Standort: sonnig bis schattig

Wuchsform: buschig

Höhe: 40 bis 60 cm

Nadeln: bis 2 cm

Verwendung: Heidegarten, Steingarten, für Grabstellen, toleriert Vollschatten, frosthartes Kübelgehölz, Minigärten.

Pflegetipp: Empfindlich gegenüber Luft- und Bodentrockenheit, nicht vor glutheiße, prallsonnige Südwände pflanzen.

Blaue Kegelzypresse

Chamaecyparis lawsoniana 'Ellwoodii'

Charakter: Allgegenwärtiges Allerweltsgehölz für unzählige Einsatzmöglichkeiten. Dank seiner Genügsamkeit auch als wuchszahme Hecke denkbar – ein hübscher Vorgarten-Rahmen.

Standort: sonnig

Wuchsform: kegelförmig

Höhe: 100 bis 150 cm

Nadeln: bläulich, schuppen- bis nadelförmig

Blaue Kegelzypresse

Muschelzypresse

Verwendung: Heidegarten, Steingarten, für Grabstellen.

Pflegetipp: Schnittverträglich.

Muschelzypresse
Chamaecyparis obtusa 'Nana Gracilis'

Charakter: Langsam wachsender Naturbonsai mit reichlich Japanflair. Die muschelartigen Triebe sind höchst dekorativ.

Standort: sonnig bis schattig

Wuchsform: buschig

Höhe: 40 bis 60 cm

Nadeln: schuppenförmig

Verwendung: Heidegarten, Steingarten, Japangarten, für Grabstellen, toleriert Vollschatten, Minigärten.

Pflegetipp: Empfindlich gegenüber Luft- und Bodentrockenheit, nicht vor glutheiße, prallsonnige Südwände pflanzen.

Gelbe Fadenzypresse

Kleine Silberzypresse
Chamaecyparis pisifera 'Boulevard'

Charakter: Dank seines sehr langsamen Wuchses für viele Jahre ein »Zwerggehölz«, das jedoch kontinuierlich weiter nach oben strebt. Die bläulich melierten Triebe schimmern silbrig.

Standort: sonnig

Wuchsform: buschig, kegelförmig

Höhe: 100 bis 150 cm

Nadeln: bläulich, bis 2 cm

Verwendung: Heidegarten, Steingarten, für Grabstellen, frosthartes Kübelgehölz.

Pflegetipp: Kann durch regelmäßigen Schnitt viele Jahre klein gehalten werden.

Gelbe Fadenzypresse
Chamaecyparis pisifera 'Sungold'

Charakter: Funkelndes Nadelkissen, das auch in voller Sonne und im Winter seine gelbe Farbe behält.

Standort: sonnig

Wuchsform: bogig überhängend

Höhe: 20 bis 40 cm

Nadeln: gelb, schuppenförmig

Verwendung: Heidegarten, Steingarten, für Grabstellen, Dachgarten, frosthartes Kübelgehölz, Minigärten.

Pflegetipp: Windgeschützte Lage, für junge Pflanzen Winterschutz empfehlenswert.

Zwerg-Sicheltanne
Cryptomeria japonica 'Pygmaea'

Charakter: Japanische Kostbarkeit, die sich ganz klein macht. Die Familie der Sicheltannen weist noch eine Reihe anderer Mitglieder auf, die durch bizarre Wuchsformen bestechen.

Standort: sonnig bis halbschattig

Wuchsform: breit buschig, rundlich

Höhe: 40 bis 60 cm

Nadeln: gelblichgrün, bis 2 cm

Verwendung: Heidegarten, Steingarten, Japangarten, Dachgarten, Minigärten.

Pflegetipp: Windgeschützte Lage, für junge Pflanze Winterschutz empfehlenswert.

China-Wacholder
Juniperus chinensis 'Blaauw'

Charakter: Ostasiatisches Gartenjuwel mit betont trichterförmigem Wuchs im eleganten, bläulichen Nadelstreif. Robust, frosthart und anspruchslos.

Standort: sonnig bis halbschattig

Wuchsform: trichterförmig

Höhe: 100 bis 150 cm

Nadeln: bläulich, schuppenförmig

Verwendung: Heidegarten, Steingarten, für Sandböden, für Grabstellen, frosthartes Kübelgehölz.

Pflegetipp: Kann durch regelmäßigen Rückschnitt der Spitzentriebe kompakt gehalten werden.

Irischer Säulen-Wacholder
Juniperus communis 'Hibernica'

Charakter: Ausrufezeichen der Heidegärten, ein schlanker, recht piek-

Irischer Säulen-Wacholder

siger Grün-Obelisk. Verbreitet auch in einem nur kleinen Heidebeet sofort heidschnuckelige Atmosphäre.

Standort: sonnig

Wuchsform: säulenförmig

Höhe: 100 bis 150 cm

Nadeln: bis 1 cm, spitz

Verwendung: Heidegarten, Steingarten, Vogelschutzgehölz, für Sandböden, für Grabstellen, Dachgarten, frosthartes Kübelgehölz.

Pflegetipp: Das Umwickeln großer, mehrstämmiger Säulen mit dünnem Draht während des Winters mindert die Gefahr eines Auseinanderbrechens durch Schneedruck.

Kriech-Wacholder

Juniperus communis 'Repanda'

Charakter: Flachliegende Variante des heimischen Wacholders. Die frischgrünen Polster lockern stein- und felsenreiche Gärten auf.

Standort: sonnig

Wuchsform: polsterförmig, niederliegend

Höhe: 10 bis 20 cm

Nadeln: bis 1 cm, spitz

Verwendung: Bodendecker, Heidegarten, Steingarten, für Sandböden, für Grabstellen, Dachgarten, frosthartes Kübelgehölz, für Tröge, Minigärten.

Pflegetipp: Leichter Rückschnitt überlanger Triebe direkt unter einem Jungtrieb ist möglich.

Blauer Teppich-Wacholder

Juniperus horizontalis 'Wiltonii'

Charakter: Wie ein dicker, blauer Teppich schmiegt sich der Trockenkünstler an Mauerkronen und Böschungen oder liegt säulenförmig wachsenden Gehölzen zu Füßen.

Standort: sonnig

Wuchsform: niederliegend

Höhe: bis 10 cm

Nadeln: bläulich, schuppenförmig

Verwendung: Bodendecker, Heidegarten, Steingarten, für Sandböden, für Grabstellen, als Zierstamm angeboten, Dachgarten, für Tröge, Minigärten.

Pflegetipp: Leichter Rückschnitt überlanger Triebe direkt unter einem Jungtrieb ist möglich.

Grüner Strauch-Wacholder

Juniperus × media 'Mint Julep'

Charakter: Breitwachsender Nadelstrauch, der jährlich etwa handbreit in die Höhe wächst. Frostharter Flächenbegrüner mit elegant-lebhaftem Charisma.

Standort: sonnig bis halbschattig

Wuchsform: trichterförmig

Höhe: 40 bis 60 cm

Nadeln: schuppenförmig, spitz

Verwendung: Bodendecker, Heidegarten, Steingarten, für Sandböden, frosthartes Kübelgehölz.

Pflegetipp: Rückschnitt überlanger Triebe direkt unter einem Jungtrieb ist möglich.

Gelber Strauch-Wacholder

Juniperus × media 'Old Gold'

Charakter: Gelber Flächenbegrüner mit Fernwirkung – matt schimmernd wie altes Gold.

Standort: sonnig bis halbschattig

Wuchsform: breitbuschig bis ausgebreitet

Höhe: 40 bis 60 cm

Nadeln: gelb, schuppenförmig, spitz

Verwendung: Bodendecker, Heidegarten, Steingarten, für Sandböden, für größere Grabstellen, Dachgarten, frosthartes Kübelgehölz.

Gelber Strauch-Wacholder

Pflegetipp: Rückschnitt überlanger Triebe direkt unter einem Jungtrieb ist möglich.

Stein-Wacholder

Juniperus procumbens 'Nana'

Charakter: Betont kriechendes Gehölz japanischen Ursprungs. Die mattenförmigen Triebe bilden ein dichtes Nadelpolster, das ideal mit allen Stein- und Felsformen harmoniert.

Standort: sonnig

Wuchsform: niederliegend, polsterförmig

Höhe: bis 10 cm

Nadeln: grünbläulich, bis 2 cm

Verwendung: Bodendecker, Heidegarten, Steingarten, für Sandböden, Dachgarten, frosthartes Kübelgehölz, für Tröge, Minigärten.

Pflegetipp: Leichter Rückschnitt überlanger Triebe direkt unter einem Jungtrieb ist möglich.

Stein-Wacholder

Tamarisken-Wacholder

Juniperus sabina 'Tamariscifolia'

Charakter: Bewährter Bodendecker, der Hitze und Trockenheit gelassen erträgt. Überzieht Mauerkronen und Böschungen mit einem krautunterdrückenden Flächenteppich.

Standort: sonnig

Wuchsform: niederliegend

Höhe: 20 bis 40 cm

Nadeln: bläulichgrau, bis 2 cm, giftig

Verwendung: Bodendecker, Heidegarten, Steingarten, für Sandböden, für Grabstellen, Dachgarten, frosthartes Kübelgehölz.

Pflegetipp: Rückschnitt überlanger Triebe direkt unter einem Jungtrieb ist möglich.

Raketen-Wacholder

Juniperus scopulorum 'Blue Arrow'

Charakter: Die blauen Säulen erinnern an toskanische Zypressen und zaubern in jeden Garten auf kleinstem Raum Mittelmeeratmosphäre.

Standort: sonnig

Wuchsform: schmal, säulenförmig

Höhe: 100 bis 150 cm

Nadeln: bläulich, schuppenförmig

Verwendung: Heidegarten, für Sandböden, frosthartes Kübelgehölz.

Pflegetipp: Seitentriebe regelmäßig einkürzen. In jungen Jahren an einen stützenden Pfahl binden.

Blauer Kissen-Wacholder

Juniperus squamata 'Blue Carpet'

Charakter: Rollt seinen intensiv blauen Nadelteppich über Böschungen und in alle sonnigen Gartenbereiche aus.

Standort: sonnig

Wuchsform: niederliegend

Höhe: 20 bis 40 cm

Nadeln: bläulich, bis 2 cm

Verwendung: Bodendecker, Heidegarten, Steingarten, für Sandböden, für Grabstellen, Dachgarten, frosthartes Kübelgehölz, für Tröge, Minigärten.

Pflegetipp: Leichter Rückschnitt überlanger Triebe direkt unter einem Jungtrieb ist möglich.

Raketen-Wacholder

Blauer Zwerg-Wacholder

Blauer Zwerg-Wacholder

Juniperus squamata 'Blue Star'

Charakter: Putziger Polsterstrauch, dessen kleine Nadelsterne bläulich leuchten. Hübsch neben Rosen und Wildstauden.

Standort: sonnig

Wuchsform: dicht buschig

Höhe: 40 bis 60 cm

Nadeln: bläulich, bis 2 cm

Verwendung: Heidegarten, Steingarten, für Sandböden, für Grabstellen, Dachgarten, frosthartes Kübelgehölz, Minigärten.

Kissen-Lärche

Pflegetipp: Kein Rückschnitt notwendig.

Fächerwacholder

Microbiota decussata

Charakter: Frischgrüner Bodendecker mit zahllosen Verwendungsmöglichkeiten. Seine dichten Triebe decken Flächen lückenlos ab und verfärben sich im Winter braunkupfrig.

Standort: sonnig bis halbschattig

Wuchsform: polsterförmig, überhängend

Höhe: 10 bis 20 cm

Nadeln: schuppenförmig

Winterlaub: teils bronze

Verwendung: Bodendecker, Steingarten, für Grabstellen, Dachgarten, frosthartes Kübelgehölz.

Pflegetipp: Rückschnitt der Triebe direkt unter einem Jungtrieb ist möglich.

Kissen-Lärche

Larix kaempferi 'Blue Ball'

Charakter: Blaues Nadelkissen für Kenner. Die wertvolle Zwergform gehört in jeden Steingarten, als dekoratives Zierstämmchen ist sie in einem hochwertigen Gefäß ein Augenschmaus.

Standort: sonnig bis halbschattig

Wuchsform: kugelförmig

Höhe: 40 bis 60 cm

Nadeln: bläulich, weich, bis 3 cm, sommergrün

Herbstfärbung: gelb

Verwendung: Steingarten, als Zierstamm angeboten, Dachgarten, frosthartes Kübelgehölz, Minigärten.

Pflegetipp: Schnittverträglich.

Nest-Fichte

Nest-Fichte

Picea abies 'Nidiformis'

Charakter: Diese Zwergform der Rot-Tanne ähnelt mit ihrer nestartigen Vertiefung einem großen Storchennest. Anspruchslos, passt selbst in kleinste Gartenbereiche.

Standort: sonnig bis halbschattig

Wuchsform: nestförmig

Höhe: 60 bis 100 cm

Nadeln: bis 2 cm, spitz

Verwendung: Heidegarten, Steingarten, Dachgarten, frosthartes Kübelgehölz.

Pflegetipp: Kein Rückschnitt notwendig.

Zuckerhut-Fichte

Picea glauca 'Conica'

Charakter: Nomen est omen – tatsächlich entwickelt diese bewährte Zwergform vollkommen ohne Schnitt einen zuckerhutartigen Kegel.

Zuckerhut-Fichte

Standort: sonnig bis halbschattig

Wuchsform: schmal-kegelförmig

Höhe: 60 bis 100 cm

Nadeln: bis 2 cm

Verwendung: Heidegarten, Steingarten, für Grabstellen, frosthartes Kübelgehölz.

Pflegetipp: Bevorzugt luftfeuchte Standorte, unter Dächern bei Trockenheit Probleme mit Roter Spinne.

Blaue Igel-Fichte

Picea glauca 'Echiniformis'

Charakter: Nadel-Igel, der zwar keine Schnecken jagt, dafür aber durch sein dichtes, blaues Polster erfreut.

Standort: sonnig bis halbschattig

Wuchsform: rundlich

Höhe: 20 bis 40 cm

Nadeln: bläulich, bis 2 cm

Verwendung: Heidegarten, Steingarten, für Grabstellen, Dachgarten, frosthartes Kübelgehölz, Minigärten.

Pflegetipp: Gedeiht selbst in kleinen Gefäßen, bevorzugt luftfeuchte Lage.

Kleine Blau-Fichte

Picea pungens 'Glauca Globosa'

Charakter: Blauer Mini-Globus, der neben Rosen oder Polsterstauden bestens in Szene gesetzt werden kann.

Standort: sonnig bis halbschattig

Wuchsform: kegelförmig

Höhe: 60 bis 100 cm

Nadeln: bläulich, bis 2 cm, spitz

Verwendung: Heidegarten, Steingarten, Vogelschutzgehölz, für Grabstellen, Dachgarten, frosthartes Kübelgehölz.

Pflegetipp: Bei ausreichender Bodenfeuchte hitzeverträglich.

Kleine Blau-Fichte

Schnee-Kiefer

Pinus aristata

Charakter: Einzigartig ist das Harz-Dekor. Winzige Harzausscheidungen legen sich wie Schnee über die bizarre, sehr unregelmäßig wachsende Liebhaber-Pflanze, die zu den langlebigsten Baumarten der Welt zählt.

Standort: sonnig

Wuchsform: buschig aufrecht, teilweise bizarr

Höhe: 60 bis 100 cm

Zapfen: braungrau, bis 8 cm

Nadeln: hart, bis 5 cm, weiße Harzflocken

Verwendung: Heidegarten, Steingarten, Japangarten, Vogelnährgehölz, für Sandböden.

Pflegetipp: Enorm frosthart und langlebig.

Blaue Zirbel-Kiefer

Pinus cembra 'Glauca'

Charakter: Blaue Auslese der Zirbel-Kiefer. Zäher Alpinist, der sich im Flachland am besten auf bodenfeuchten Standorten entwickelt.

Standort: sonnig

Wuchsform: kegelförmig

Höhe: 150 bis 200 cm, standortabhängig wesentlich höher und baumartig

Zapfen: bis 8 cm, Samen essbar (Zirbelnuss)

Nadeln: bläulich-silber, bis 10 cm

Winternadeln: gelblich

Verwendung: Japangarten, Vogelschutzgehölz, Vogelnährgehölz, für Sandböden, frosthartes Kübelgehölz.

Pflegetipp: Nur in der Jugend schattenverträglich, Wildverbissschutz empfehlenswert.

Krummholz-Kiefer

Pinus mugo ssp. *mugo*

Charakter: Robuster, unglaublich zäher Flächenarbeiter, der Hänge befestigt und Bienen lockt, sogar zeitweises Überfahren der Triebe erträgt.

Laubsträucher
Laubbäume
Immergrüne Laubgehölze
Rhododendren
Bambusse
Klettergehölze
Rosen
Nadelsträucher
Nadelbäume

Krummholz-Kiefer

Standort: sonnig
Wuchsform: meist breit buschig
Höhe: 60 bis 100 cm
Zapfen: braun, zahlreich, bis 5 cm
Nadeln: bis 5 cm
Hecke – Schnitthöhe: 60 bis 100 cm, auch locker freiwachsend
Verwendung: Heidegarten, Vogelschutzgehölz, Vogelnährgehölz, Formgehölz, für Sandböden, für Grabstellen, Dachgarten, frosthartes Kübelgehölz.
Pflegetipp: Auskneifen der Neutriebe Mitte Juni möglich, lichthungrig.

Kugel-Kiefer

Kriech-Kiefer

Pinus mugo ssp. *pumilio*

Charakter: Dieser Nadelzwerg passt wunderbar zu Rosen und Heidegewächsen.
Standort: sonnig
Wuchsform: polsterförmig
Höhe: 60 bis 100 cm
Zapfen: braun, zierlich, bis 5 cm
Nadeln: bis 5 cm
Verwendung: Heidegarten, Steingarten, Japangarten, Vogelschutzgehölz, Vogelnährgehölz, für Sandböden, für Grabstellen, Dachgarten, frosthartes Kübelgehölz.
Pflegetipp: Schnitt unüblich, lichthungrig.

Kugel-Kiefer

Pinus nigra 'Brepo'

Charakter: Neuer Zwergen-Stern am Kiefernhimmel. Schwachwüchsige und formschöne Auslese der Schwarz-Kiefer, die extrem langsam wächst und sich selbst auf vollsonnigsten Standorten bestens in Szene zu setzen weiß. Sehr dekorativ als Zierstämmchen in hochwertigen Kübeln.
Standort: sonnig
Wuchsform: kugelförmig
Höhe: 40 bis 60 cm
Nadeln: dunkelgrün, hart, bis 8 cm, spitz
Verwendung: Steingarten, Japangarten, für Sandböden, als Zierstamm angeboten, Dachgarten, frosthartes Kübelgehölz, Minigärten.
Pflegetipp: Schattenunverträglich.

Blaue Mädchen-Kiefer

Blaue Mädchen-Kiefer

Pinus parviflora 'Glauca'

Charakter: Bläuliche Nadel-Statue mit malerischem Charisma. Sehr unterschiedliche Formen ausbildend, häufig jedoch bizarr-ausladend und immer betont langsam wachsend.
Standort: sonnig
Wuchsform: buschig breit aufrecht
Höhe: 150 bis 200 cm, mitunter baumartig
Zapfen: braun, lange haftend, zahlreich, bis 9 cm
Nadeln: bläulich, weich, bis 10 cm
Verwendung: Heidegarten, Japangarten, Vogelnährgehölz, Formgehölz, für Grabstellen, frosthartes Kübelgehölz.
Pflegetipp: Schnitt unüblich, lichthungrig.

Kleine Streichel-Kiefer

Pinus strobus 'Radiata'

Charakter: Echtes Kuschelgehölz mit weichen Nadeln, die zum Strei-

Kleine Streichel-Kiefer

Japanische Schirmtanne

cheln einladen. Hübscher Kleinstrauch mit viel Japanflair.

Standort: sonnig bis halbschattig

Wuchsform: rundlich bis kegelförmig

Höhe: 60 bis 100 cm

Nadeln: bläulichgrün, weich, bis 10 cm

Verwendung: Heidegarten, Steingarten, Japangarten, Vogelschutzgehölz, für Sandböden, für Grabstellen, Dachgarten.

Pflegetipp: Schnitt unüblich, lichthungrig.

Silber-Kiefer

Pinus sylvestris 'Watereri'

Charakter: Echter Japaner, dessen ostasiatische Aura durch das Herausnehmen und Auslichten einzelner Astpartien noch verstärkt werden kann. Betont langsam wachsender Aristokrat mit blauer Färbung.

Standort: sonnig

Wuchsform: meist buschig, auch schirmförmig

Höhe: 100 bis 150 cm

Nadeln: bläulich, bis 7 cm

Verwendung: Heidegarten, Steingarten, Japangarten, Vogelschutzgehölz, Formgehölz, für Sandböden, Dachgarten, frosthartes Kübelgehölz.

Pflegetipp: Aufasten bzw. Auslichten begrenzt Schneebruchgefahr und ermöglicht langfristige Unterpflanzung.

Japanische Schirmtanne

Sciadopitys verticillata

Charakter: Erdgeschichtlich sehr alter Nadel-Methusalem, der in keinem Garten japanischer Prägung fehlen sollte. Dicke, weiche Nadeln sind äußerst attraktiv in schirmartigen Quirlen angeordnet.

Standort: sonnig bis schattig

Wuchsform: kegelförmig, formiert

Höhe: 200 bis 300 cm

Zapfen: braun, bis 10 cm

Nadeln: frischgrün, schirmartig, bis 11 cm

Verwendung: Heidegarten, Japangarten, toleriert Vollschatten.

Pflegetipp: Kalksensibel, passt gut zu Rhododendron.

Gelbe Säulen-Eibe

Taxus baccata 'Fastigiata Aureomarginata'

Charakter: Markantes Fanal in Heidegärten, Leitgehölz für kleine Gartenbereiche, enorm lichttolerant, bei ausreichender Bodenfeuchte auch volle Sonne vertragend.

Standort: sonnig bis schattig

Wuchsform: breit säulenförmig

Höhe: 60 bis 100 cm

Frucht: rot, Samen zerkaut giftig

Nadeln: gelbbunt, bis 3 cm, giftig

Verwendung: Heidegarten, für Grabstellen, toleriert Vollschatten.

Pflegetipp: Gut schnittverträglich.

Tafel-Eibe

Taxus baccata 'Repandens'

Charakter: Schnitt- und schattenverträglichster nadeliger Bodendecker. Eine Zwerg-Eibe, die gut mit Heide und Stein harmoniert.

Standort: sonnig bis schattig

Wuchsform: niederliegend

Höhe: 10 bis 20 cm

Frucht: rot, vereinzelt, Samen zerkaut giftig

Nadeln: bis 2 cm, giftig

Verwendung: Bodendecker, Heidegarten, Steingarten, für Grabstellen, toleriert Vollschatten, Dachgarten, für Tröge, Minigärten.

Pflegetipp: Gut schnittverträglich, regelmäßiger Schnitt jedoch unüblich, da die bodendeckende Wirkung aufgehoben würde.

Laubsträucher
Laubbäume
Immergrüne Laubgehölze
Rhododendren
Bambusse
Klettergehölze
Rosen
Nadelsträucher
Nadelbäume

Goldgelbe Strauch-Eibe

Taxus baccata 'Semperaurea'

Charakter: Schönste »immergoldene« Strauch-Eibe. Kompaktes Goldstück für viele Gartenbereiche.

Standort: sonnig bis schattig

Wuchsform: breitbuschig

Höhe: 60 bis 100 cm

Frucht: keine

Nadeln: goldgelb, bis 3 cm, giftig

Winternadeln: grüngelb

Verwendung: Vorgarten, Grabstellen, toleriert Vollschatten.

Pflegetipp: Gut schnittverträglich.

Japanische Zwerg-Eibe

Taxus cuspidata 'Nana'

Charakter: Sehr frostharte Bonsai-Ausgabe der Japan-Eibe. Kleiner Busch, der sich gerne an Steine aller Art anlehnt.

Standort: sonnig bis schattig

Wuchsform: breitbuschig, unregelmäßig

Höhe: 40 bis 60 cm

Frucht: keine

Nadeln: glänzend dunkelgrün, bis 3 cm, giftig

Verwendung: Bodendecker, Heidegarten, Steingarten, für Grabstellen, toleriert Vollschatten, Dachgarten, für Tröge, Minigärten.

Pflegetipp: Empfindlich gegenüber verkrusteten Bodenoberflächen.

Fruchtende Becher-Eibe

Taxus media 'Hicksii'

Fruchtende Becher-Eibe

Charakter: Eine hübsche Säulenform und ein überreicher Fruchtbehang zeichnen diese Eiben-Sorte aus.

Standort: sonnig bis schattig

Wuchsform: breit säulenförmig

Höhe: 100 bis 150 cm

Frucht: rot, sehr zahlreich, Samen zerkaut giftig

Nadeln: bis 3 cm, giftig

Hecke: locker, 80 bis 150 cm

Verwendung: Heidegarten, Steingarten, Vogelschutzgehölz, Vogelnährgehölz, toleriert Vollschatten.

Pflegetipp: Als Schnitthecke nur bedingt geeignet, da bei regelmäßigem Schnitt der Fruchtbehang deutlich abnimmt.

Smaragd-Lebensbaum

Kugel-Lebensbaum

Thuja occidentalis 'Danica'

Charakter: Putziger kleiner Nadelgnom, der in kleinsten Gärten und in Gefäßen Laune macht.
Standort: sonnig bis schattig
Wuchsform: kugelförmig
Höhe: 20 bis 40 cm
Nadeln: schuppenförmig, giftig
Winternadeln: bräunlichgrün
Verwendung: Heidegarten, Steingarten, für Grabstellen, toleriert Vollschatten, Dachgarten, in Teichnähe, frosthartes Kübelgehölz, Minigärten.
Pflegetipp: Schnitt möglich, aber unüblich.

Smaragd-Lebensbaum

Thuja occidentalis 'Smaragd'

Charakter: Schönster Lebensbaum für frischgrüne Edelhecken und Einzelstellung. Auch im Winter glänzend sattgrün.
Standort: sonnig bis schattig
Wuchsform: säulenförmig
Höhe: 150 bis 200 cm
Nadeln: schuppenförmig, dicht angeordnet, giftig
Hecke – Schnitthöhe: 60 bis 250 cm
Verwendung: Heidegarten, Steingarten, toleriert Vollschatten, in Teichnähe, frosthartes Kübelgehölz.
Pflegetipp: Sehr schnittverträglich.

Kissen-Hemlock

Tsuga canadensis 'Nana'

Charakter: Beliebter Kobold, der mit seinem aparten, halbkugelförmigen Nadelkissen zu Rhododendron wie zu Rosen und Stauden passt.
Standort: sonnig bis schattig
Wuchsform: nestförmig
Höhe: 40 bis 60 cm
Nadeln: fein, bis 2 cm
Verwendung: Heidegarten, Steingarten, für Grabstellen, toleriert Vollschatten, Dachgarten, Minigärten.
Pflegetipp: Schnitt verunstaltet die Wuchsform.

Blaue Zwerg-Hemlock

Tsuga mertensiana 'Glauca'

Charakter: Am Ende des Nadelstrauch-Alphabetes firmiert dieses blaue Kleinod, das für nicht wenige Kenner das schönste Nadelgehölz überhaupt ist. Ein »Zwerg«, der erst nach vielen, vielen Jahren übermannshoch wird.
Standort: sonnig bis schattig
Wuchsform: kegelförmig
Höhe: 150 bis 200 cm
Nadeln: bläulichgrün, fein, bis 2 cm
Verwendung: Heidegarten, Steingarten, für Grabstellen, toleriert Vollschatten, Dachgarten.
Pflegetipp: Schnitt verunstaltet die Wuchsform.

Kissen-Hemlock

Nadelbäume
– immergrüne Aristokraten

Genau wie ihre Kollegen, die Laubbäume, entfalten die Nadelbäume in entsprechend dimensionierten Gartenräumen verschiedene wohltuende Eigenschaften für Mensch und Tier. Im Hausgarten sind dies ihr kühlender Schatten und ihr Wert als auch im Winter dichter, katzensicherer Vogelschutz und als pollenreiche Bienenweide.
Viele Eigenarten der Nadelsträucher treffen auch für die Nadelbäume zu. Typisch für die immergrünen Baumgesellen sind ihre meist kegelförmigen Kronen. Es gibt aber auch bizarr-malerische Formen mit stark herabfallenden Ästen, die eine besonders exotische Zierde darstellen.
Das Wuchstempo der nadeligen Riesen kann sehr unterschiedlich sein. Baumzypressen etwa schnellen zwei- bis dreimal so schnell in die Höhe wie die gemählich wachsende Eibe, die den vitalen Heißsporn erst nach Jahrzehnten einholt. Angaben zur Wuchshöhe bleiben deshalb immer nur relative Kriterien. Die genannten Werte beziehen sich auf die Höhe des Gehölzes nach 15 bis 20 Standjahren im Garten. Ausgangspflanzen waren mehrjährige Bäume, die in einer gängigen Pflanzgröße gekauft wurden. Es empfiehlt sich, vor einer Baumpflanzung einen Blick ins Nachbarrecht zu werfen – damit die nadelreiche Gartensilhouette nicht den nachbarlichen Zaunfrieden stört.

Veredelte Korea-Tanne
Abies koreana (Veredlung)

Charakter: Nadeliger »Fruchtbaum«, der als veredelte Pflanze bereits nach wenigen Jahren attraktive purpurfarbene Zapfen bildet, die Kerzen eines Weihnachtsbaums ähneln. Passt viele Jahre auch in kleine Gartenwinkel, auch in einer Nordlage.
Standort: sonnig bis halbschattig
Wuchsform: kegelförmig
Höhe: bis 500 cm
Zapfen: violett, aufrecht, zahlreich, bis 8 cm lang
Nadeln: unterseits silbrig schimmernd, bis 2 cm
Verwendung: Größere Hausgärten, Heidegarten, Steingarten, Vogelnährgehölz, Bienenweide (Nadelhonig), frosthartes Kübelgehölz.
Pflegetipp: Schnitt unüblich.

Veredelte Korea-Tanne

Echte Blau-Tanne
Abies procera 'Glauca'

Charakter: Bizarre, ungewöhnliche Wuchsform, die an abstrakte Malerei erinnert. Kaum ein Baum gleicht dem anderen, blaue Unikate für Nadelfreunde.
Standort: sonnig bis halbschattig
Wuchsform: kegelförmig, ungleichmäßig
Höhe: 500 bis 700 cm
Zapfen: gelbbraun, aufrecht, zahlreich, bis 25 cm
Nadeln: bläulich, bis 4 cm
Verwendung: Größere Hausgärten, Heidegarten, Steingarten, Vogelschutzgehölz, Vogelnährgehölz, Schmuckreisig für Binderei, für größere Grabstellen, frosthartes Kübelgehölz.
Pflegetipp: Schnittverträglich. Wer Schnittreisig gewinnen möchte, sollte aufrechte Typen mit geradem Stamm wählen, da diese ergiebiger sind.

Hängende Blau-Zeder
Cedrus atlantica 'Glauca Pendula'

Charakter: Ein blauer Solitär für Liebhaber. Ungewöhnliche, in der Dämmerung leicht unheimlich wirkende und auf jeden Fall die Blicke auf sich ziehende Wuchsform.

Standort: sonnig bis halbschattig
Wuchsform: hängend, aufrecht wenn aufgebunden
Höhe: 300 bis 500 cm, variabel
Zapfen: tonnenförmig, bis 8 cm
Nadeln: bläulich, bis 3 cm
Verwendung: Größere Hausgärten, Heidegarten.
Pflegetipp: Frühjahrspflanzung empfohlen.

Blaue Säulenzypresse
Chamaecyparis lawsoniana 'Columnaris'

Charakter: Klassische Heckenzypresse, in Einzelstellung ein großes, blaues Ausrufezeichen.
Standort: sonnig bis halbschattig
Wuchsform: dicht säulenförmig
Höhe: 300 bis 500 cm
Nadeln: bläulich, schuppenförmig
Hecke – Schnitthöhe: 125 bis 300 cm
Verwendung: Heidegarten, Vogelschutzgehölz, Triebe für Binderei, Friedhof.
Pflegetipp: Schnittverträglich, bildet jedoch auch ohne Schnitt eine straffe Säule.

Blaue Säulenzypresse

Gelbe Gartenzypresse
Chamaecyparis lawsoniana 'Stewartii'

Charakter: Gelbe Variante der Blauen Säulenzypresse. Benadelung und überhängende Triebenspitzen sind ein Blickfang rund um's Jahr.
Standort: sonnig bis halbschattig
Wuchsform: kegelförmig, Triebspitzen hängend
Höhe: 500 bis 700 cm
Nadeln: goldgelb, innen grün, schuppenförmig
Verwendung: Heidegarten, Vogelschutzgehölz.
Pflegetipp: Schnittverträglich, bildet jedoch auch ohne Schnitt eine straffe Säule.

Mähnenzypresse
Chamaecyparis nootkatensis 'Pendula'

Charakter: Malerische Pyramidenform mit betont überhängenden Zweigen. Ältere Exemplare reich fruchtend.
Standort: sonnig bis halbschattig
Wuchsform: breit kegelförmig, Zweige hängend
Höhe: 500 bis 700 cm
Nadeln: schuppenförmig
Frucht: kugelige Zapfen
Verwendung: Größere Hausgärten, Heidegarten, Friedhof.
Pflegetipp: Schnitt möglich, verunstaltet jedoch die Wuchsform.

Gelbe Baumzypresse
× *Cupressocyparis leylandii* 'Castlewellan Gold'

Charakter: Schnellwachser, der dem Gartenfreund ohne Schnitt rasch über den Kopf wächst.
Standort: sonnig bis halbschattig
Wuchsform: kegelförmig
Höhe: 500 bis 700 cm
Nadeln: gelb, später vergrünend, schuppenförmig
Hecke – Schnitthöhe: 200 bis 300 cm
Verwendung: Größere Hausgärten, schnellwüchsiges Gehölz.
Pflegetipp: Stark wachsende, ungeschnittene Pflanzen in den ersten Jahren durch stabilisierenden Pfahl sichern.

Mähnenzypresse

Kugel-Fächerblattbaum 'Mareiken'

Fächerblattbaum

Ginkgo biloba

Charakter: Relikt aus den Frühzeiten der Erdgeschichte, dessen fächerartige, sich im Herbst goldgelb verabschiedende Belaubung schon Goethe in seinen Bann zog.

Standort: sonnig bis halbschattig

Wuchsform: schmal bis ausladend, sehr variabel

Höhe: über 700 cm

Frucht: weibliche Bäume mit aprikosenähnlichen Früchten

Nadeln: Laub fächerförmig, blattartig, bis 10 cm, sommergrün

Herbstfärbung: gelb

Verwendung: Größere Hausgärten, Japangarten.

Pflegetipp: Schnitt möglich, aber unüblich. Junge Triebe werden gerne von Mäusen angefressen. Allzu dicke Mulchschichten vermeiden, sie bieten den kleinen Nagern ausgezeichnete Rückzugsareale.

Sortenauswahl: 'Mareiken' (Zwergform mit Kugelkrone), für kleine Hausgärten.

Korkenzieher-Lärche

Larix kaempferi 'Diana'

Charakter: Sommergrünes Nadelgehölz mit Dauerwelle. Die gedrehten Triebe erinnern an Korkenzieher, die im Frühjahr frischgrün und im Herbst gelbgold leuchten. Malerische Spielerei der Natur für alle Nadelgehölz-Liebhaber.

Standort: sonnig bis halbschattig

Wuchsform: kegelförmig

Höhe: 500 bis 700 cm

Trieb: spiralig gewunden

Nadeln: frischgrün, weich, bis 3 cm, sommergrün

Herbstfärbung: gelb

Verwendung: als Zierstamm angeboten, frosthartes Kübelgehölz.

Pflegetipp: Schnitt möglich, verunstaltet jedoch die Wuchsform.

Serbische Fichte

Picea omorika

Charakter: Gartenklassiker mit extrem schmalem Wuchs. Geeignet für meterhohe Sichtschutzpflanzungen oder als malerische Einzelstücke, die jeden Schneedruck ertragen.

Standort: sonnig

Wuchsform: schmal kegelförmig

Höhe: über 700 cm

Zapfen: violett, reichlich, hängend, 6 cm

Nadeln: unterseits silbrig schimmernd, bis 2 cm

Verwendung: Größere Hausgärten, Vogelschutzgehölz, Vogelnährgehölz, Friedhof, frosthartes Kübelgehölz.

Pflegetipp: Magnesiummangel führt zu hellgelben Nadeln. Ausgleich durch Bittersalz-Gaben möglich, jedoch unbedingt stauende Nässe meiden.

Silber-Fichte, Blau-Tanne

Silber-Fichte, Blau-Tanne

Picea pungens 'Hoopsii'

Charakter: Schönste Blaufichten-Auslese. Die intensiv stahlblaue bis silbrige Benadelung ist robust, Frost und Trockenheit können ihr wenig anhaben. Wuchsstarker Blickfang

Standort: sonnig

Wuchsform: gleichmäßig, kegelförmig

Höhe: 500 bis 700 cm

Nadeln: bläulich, bis 4 cm, spitz

Verwendung: Größere Hausgärten, Vogelschutzgehölz.

Pflegetipp: Schnitt von Schmuckreisig möglich, verunstaltet jedoch die Wuchsform.

Panzer-Kiefer

Pinus leucodermis

Charakter: Schönste hochwachsende Garten-Kiefer in dunklem Edelgrün, das Eleganz und Vornehmheit ausstrahlt.

Standort: sonnig

Wuchsform: breit kegelförmig, später Kronenbildung

Höhe: 500 bis 700 cm

Zapfen: braun, bis 9 cm

Nadeln: dunkelgrün, steif, bis 9 cm, spitz

Verwendung: Größere Hausgärten, Heidegarten, Japangarten, Vogelnährgehölz, für Sandböden, Dachgarten, frosthartes Kübelgehölz.

Pflegetipp: Außergewöhnlich trockenheitsresistent.

Panzer-Kiefer

Gemeine Eibe

Taxus baccata

Charakter: Mit seiner Schnittverträglichkeit und ausgeprägten Lichttoleranz ein äußerst vielseitiges Nadelgehölz. Wächst selbst im tiefsten Schatten, wo die große Gestalt mit ihren schwarzgrünen Nadeln dann allerdings sehr düster, fast unheimlich wirkt. Tipp für Edel-Hecken mit »ewigem« Leben.

Wuchsform: buschig

Höhe: 500 bis 700 cm

Frucht: rot, Samen zerkaut giftig

Nadeln: schwarzgrün, bis 3 cm, giftig

Hecke – Schnitthöhe: 100 bis 200 cm

Verwendung: heimisches Gehölz, Heidegarten, Vogelschutzgehölz, Vogelnährgehölz, Bienenweide, Formgehölz, für Grabstellen, toleriert Vollschatten, Bauerngarten, auch für Kübel.

Pflegetipp: Verträgt radikalen Rückschnitt selbst bis in alte Stammbereiche.

Gemeine Eibe

Brabant-Lebensbaum

Thuja occidentalis 'Brabant'

Charakter: Bestauslese der beliebten Heckenpflanze. Bei einem ungeschnittenen, hochgewachsenen Einzelgehölz fällt zusätzlich die rötlichbraune Rinde angenehm ins Auge.

Standort: sonnig bis schattig

Wuchsform: schmal kegelförmig

Höhe: 500 bis 700 cm

Nadeln: schuppenförmig, giftig

Winterlaub: grün, nicht verfärbend

Hecke – Schnitthöhe: 60 bis 250 cm

Verwendung: Vogelschutzgehölz, toleriert Vollschatten, in Teichnähe, frosthartes Kübelgehölz.

Pflegetipp: Sehr schnittverträglich.

Gesunde Ziergehölze sind keine Zauberei, sondern fast immer das Ergebnis des Zusammenspiels von Boden, Klima und Pflegemaßnahmen. Ist alles »im grünen Bereich«, sprich optimal, können Gehölze so gedeihen, dass sie ihrem Zierwert gerecht werden.
Bevor Sie Ihre Lieblingsgehölze pflanzen, sollten Sie der Standortvorbereitung höchste Aufmerksamkeit schenken. Am abträglichsten sind allen hochwertigen Ziergehölzen Verdichtungen im oberen Bodenbereich, die selbst von wuchsstarken Wurzeln nicht aufgebrochen werden können. Insbesondere wertvolle Gartensträucher wie Blumen-Hartriegel, Magnolien, Zaubernuss oder Rhododendron können nur auf reifen, kultivierten Gartenböden den in sie gesetzten Erwartungen gerecht werden.
Jeder möchte seine Pflanzen so günstig wie möglich einkaufen. Ein Preisvergleich sollte aber nicht alleine die Größe und das Volumen eines Gehölzes berücksichtigen. Wurzelqualität und innere Vitalität sollten Sie ebenfalls mit in die Kaufentscheidung einbeziehen. Wichtig ist die Wahl von Qualitätspflanzen, wie sie heute allgemein im Fachhandel angeboten werden. Der eventuell etwas höhere Preis einer gesunden, kräftigen Pflanze amortisiert sich rasch durch eine größere Anwachswahrscheinlichkeit und ihre längere Lebensdauer.

3 Der praktische Umgang mit Gehölzen

Standortwahl

Das passende Gehölz für den vorhandenen Standort zu wählen – diese einfache Weisheit entscheidet maßgeblich über den Erfolg einer Pflanzung. Zwar besitzen die meisten Gartengehölze eine ungewöhnliche Standorttoleranz und gedeihen auf vielen Gartenflächen. Wer aber den Vorlieben seiner Schützlinge entspricht, wird rasch merken, dass sie ihm diese Mühe mit Pflegeleichtigkeit danken.

Die Wahl des richtigen Standorts und qualitativ hochwertiger, gut bewurzelter Pflanzware ist das A und O Ihres Erfolges mit Gehölzen.

Licht

Der Sonnenbedarf und die Hitzeverträglichkeit der einzelnen Arten und Sorten hängt von ihren jeweiligen Ansprüchen, von ihrer Genetik, aber auch der Blattgröße und den allgemeinen Standortbedingungen ab. Sonnige Standorte bieten den wichtigen Blatt- und Blütentreibstoff Licht in großzügigen Mengen. Nur sehr wenige Gehölze sind ausgesprochene Schattenkünstler.

Für extrem heiße Lagen ist jedoch eine besonders behutsame Gehölzauswahl notwendig. Vor glühendheißen Südwänden und Mauern und insbesondere auf der Terrasse treffen die Strahlen der Sonne nicht nur die Oberseiten der Pflanzenblätter. Hitzespeichernde Mauern und Fußbodenplatten aus Stein oder Beton reflektieren die Strahlung, eine hohe Strahlendosis trifft indirekt auch die Blattunterseiten – Verbrennungen können die Folge sein.

Praxis-Tipp: Kleinlaubige Gehölze vertragen Hitze im Allgemeinen besser als ihre großlaubigen Kollegen.

Boden

Der Boden bildet das Fundament jedes Gartens. Er ist der Nährstoff- und Wasserversorger für alle Pflanzen. Seine physikalische, biologische und chemische Zusammensetzung entscheidet über Wohl und Wehe der Gartenflora. Die meisten Gartengehölze lieben sandig-lehmige Böden mit ausreichendem Humusanteil. Nur sehr wenige sind Extremisten und eignen sich für reine Sand-, Ton- oder Humusböden. Solche reinen Bodenprofile sind jedoch selten, Boden-Mischformen aus Ton und Sand sind die Regel. Sie gelten als schwere, kräftige und fruchtbare Böden, die beste Wachstumsvoraussetzungen bieten.

Eine Spatenprobe gibt erste Auskunft über die herrschenden Bodenverhältnisse.

- Lässt sich der Boden mühelos umgraben, handelt es sich um eine eher leichte, sandige Erde.
- Schweißtreibender ist das Umgraben schwerer Böden mit hohen Ton- bzw. Lehmanteilen.
- Ausgesprochene Sandböden mit schlechtem Wasser- und Nährstoffspeicherungsvermögen erfordern einen hohen Bewässerungs- und Pflegeaufwand. Sie sind erst nach einer gründlichen Bodenverbesserung ein geeigneter Standort für Gartengehölze. Passende Gehölze für sandige Böden werden auf Seite 47 vorgestellt.

pH-Wert

Der pH-Wert drückt die Konzentration der Bodensäure aus. Stark saure, kalkfreie Böden weisen sehr niedrige pH-Werte um 4 bis 5 auf, die eine besondere Pflanzenauswahl – etwa aus der Gruppe der Rhododendren – bedingen. Die Ansprüche der meisten Gehölze liegen im schwach sauren bis schwach alkalischen Bereich mit pH-Werten um 6 bis 7. Im Fachhandel erhältliche Schnelltests geben Auskunft über die Höhe des pH-Wertes im eigenen

Garten. Bei zu niedrigen pH-Werten, d. h. zu saurer Bodenreaktion, kann der pH-Wert einfach durch Kalkgaben erhöht werden. Dies sollte jedoch mit Bedacht geschehen, da Gehölze häufiger unter zu hohen als zu niedrigen pH-Werten leiden. Grund: Mit steigendem pH-Wert werden lebensnotwendige Nährstoffe im Boden festgelegt sprich festgehalten. Sie sind dann für die Pflanzen nicht verfügbar. Die Folge sind Mangelerscheinungen.

Humus

Humus besteht aus organischem Material und besitzt die Fähigkeit, zusammen mit den Tonanteilen des Bodens wichtige Nährstoffe festzuhalten. In humusreichen Böden herrscht ein aktives Bodenleben. Mit dem Einarbeiten von Gartenkompost vor einer Pflanzung können Sie den Humusgehalt erhöhen.

Praxis-Tipp: In vollsonnigen Lagen wird der Humus rasch zerstört, wenn keine Unterpflanzung den Boden schützt. Wuchszahme Pflanzen mit kriechendem Wuchs (Bodendecker) sind die optimale Abdeckung für derartige Kahlstellen im Garten. Sie fördern das Bodenleben und sorgen für ausgeglichene Bodenfeuchte und -temperaturen.

Spezialstandorte

Kronentraufen: Kronentraufen alter, großkroniger Laubbäume verursachen ein besonderes Kleinklima. Im Tropfbereich der Baumkronen finden Pilze durch die erhöhte Luftfeuchtigkeit ideale Lebensbedingungen. Auch schränkt der Lichtmangel die Auswahl der Gehölze ein. Besonders schattentolerante Gehölze werden in der Tabelle auf Seite 22 f. vorgestellt.

Senken: Senken, in denen sich Kaltluft sammelt, bergen ein erhöhtes Überwinterungsrisiko für die dort gepflanzten Gehölze und eine erhebliche Spätfrostgefahr für den Neuaustrieb.

Gehölzkauf

Viele Wege führen bekanntlich nach Rom, und so bietet sich dem Gartenfreund heute eine Fülle von Möglichkeiten, Gehölze zu erstehen. Unterschiedliche Anbieter präsentieren unterschiedliche Angebote, die allerdings in der Sortimentstiefe und -breite und in der Qualität erheblich voneinander abweichen können. Grundsätzlich lassen sich zwei Einkaufswege unterscheiden: die Bestellung per Post und der Einkauf direkt vor Ort.

Einkaufsmöglichkeiten

Postversand: Der Gehölzversand wird von wurzelnackten Pflanzen dominiert. Beispielsweise werden Jahr für Jahr viele tausend Rosen per Boten ausgeliefert. Aber auch *Clematis* in kleinen Topfballen und zahlreiche andere Gehölze können bequem per Telefon, Fax, e-Mail oder Brief bestellt werden. Interessant ist diese Bezugsquelle für Gartenfreunde, die genau wissen, was sie wollen, oder die ausgefallene Sorten suchen, für deren Erwerb sie sonst weite Reisen unternehmen müssten. Eine Auswahl an Adressen finden Sie im Bezugsquellenverzeichnis Seite 186.

Praxis-Tipp: Bisweilen kommen mit der Post versandte Pflanzen zu einem ungünstigen Termin beim Empfänger an. Eine kurzfristige Lagerung der ungeöffneten Verpackung an einem kühlen, aber frostfreien Ort – etwa in einer Garage – ist problemlos möglich. Treffen bestellte Gehölze während einer Dauerfrostperiode ein, sollten Sie die Sendung an einem ebenfalls frostfreien Ort langsam auftauen lassen.

Vorort-Einkauf: Wer intensive Beratung wünscht, dem sei der Gang in eine GartenBaumschule, ein GartenCenter oder ein Gartenfachgeschäft empfohlen. Auch Baumärkte mit angeschlossener Gartenabteilung sind eine Einkaufsmöglichkeit.

Ein wesentlicher Vorteil des Einkaufs bei **GartenBaumschulen** liegt

Containergehölze dominieren heute das Angebot im grünen Fachhandel. Sie können rund ums Jahr gepflanzt werden.

darin, dass ein Teil der Verkaufsware im Betrieb selbst herangezogen wurde und als an die Region klimatisch angepasst gelten darf. Oft werden viele Jahre alte Gehölze auch in ungewöhnlichen Größen angeboten. Ein interessanter Tipp für alle Hobbygärtner, die nicht warten wollen und »erwachsene« Gehölze suchen. Ein Gang durch eine Baumschule ist zudem immer ein Spaß für die ganze Familie. Pflanzen auf dem Feld, ganz besonders blühende Rosenfelder, sagen mehr als tausend Bilder und zeigen Gehölze in ihrer ganzen Natürlichkeit. Dazu bieten Baumschulen kompetente Beratung – man ist »beim Gärtner«. Viele Betriebe haben ihr Angebot zudem um die allgemeinen Gartenbedarfsartikel erweitert, so dass weder Dünger noch Stauden oder Sämereien fehlen. Dienstleistungen, wie das Pflanzen der Gehölze und betriebseigene Kataloge, sind bei der Mehrzahl der GartenBaumschulen heute ebenfalls Standard.

Auch **GartenCenter** bieten zahlreiche Gehölze an, in der Regel in gängigen Pflanzgrößen, die leicht zu transportieren sind. In guten GartenCentern ist eine fachgerechte Beratung selbstverständlich und mit der Kompetenz einer Baumschule vergleichbar.

Baumärkte haben in den letzten Jahren ihr Qualitätsniveau deutlich angehoben. Oft nutzen sie die gleichen Zukaufsquellen wie die GartenCenter und Baumschulen, bieten also zunächst identische Ware. Als problematisch erweist sich aber in Baumärkten mitunter die Erhaltung der Warengüte durch geeignete Pflegemaßnahmen. Auch ist der Beratungsstandard nur in wenigen Märkten mit dem in GartenCentern oder GartenBaumschulen vergleichbar. Interessant ist der Baumarkt als Einkaufsquelle für frische Schnäppchen, so genannte Aktionspflanzen, die oft zu einem sehr niedrigen Preis angeboten werden. Allgemein liegt das Preisniveau aber nicht wesentlich unter dem des Fachhandels.

Häufig werden im Frühjahr und im Herbst im **Supermarkt** verpackte Ziersträucher angeboten. Diese Pflanzen müssen nicht grundsätzlich schlechter sein als wurzelnackte, unverpackte Gehölze, insbesondere, wenn es sich um frische, ausgereifte Pflanzen handelt, die rasch verkauft und gepflanzt werden. Oft liegt die Folienware jedoch über Wochen in geheizten, sehr warmen Räumen. Die Folge ist ein vorzeitiges Austreiben der Knospen; innerhalb der Verpackung entwickeln die Gehölze helle, sehr lange Triebe. Diese Gehölze sind – ausgepflanzt im Garten – empfindlich gegen Frost und reagieren allergisch auf eine unsachgemäße Wurzelbehandlung. Vom Kauf überständiger Tütensträucher kann deshalb nur abgeraten werden.

Angebotsformen

Der Handel bietet mittlerweile Gehölze rund ums Jahr an. Möglich wurde dies durch den Siegeszug der Containerpflanzen. Daneben finden sich die klassischen Angebotsformen wie wurzelnackte Gehölze und Ballenware.

Wurzelnackte Gehölze: Der Verkauf wurzelnackter Gehölze ist die ursprünglichste und traditionsreichste Angebotsform der Baumschulen. Die Gehölze müssen sich beim Kauf im Zustand absoluter Winterruhe befinden. Dies begrenzt die Pflanzzeit auf wenige Monate im Jahr, weshalb wurzelnackte Gehölze mehr und mehr den Containerpflanzen weichen. Für den Gartenfreund hat die althergebrachte Angebotsform aber den

Vorteil, dass er auf einen Blick die Qualität eines Gehölzes erkennen kann. Achten Sie bitte aber unbedingt darauf, während und nach dem Einkauf ab Mitte Oktober bzw. im zeitigen Frühjahr die ungeschützte Pflanzware – vor allem aber die feinen Wurzeln, die keine Rinde haben – vor direkter Sonnenbestrahlung und Trockenheit zu schützen. Schon ein kurzes, offenes Liegen der Wurzeln in greller Sonne oder starkem Zugwind (z. B. im Einkaufswagen der Baumschule) kann zu irreversiblen Trockenschäden führen und das Anwachsen der Pflanzen ernsthaft in Frage stellen.

Containergehölze: Gehölze im Container haben zwei Vorteile: Man sieht, was man kauft, und kann sie das ganze Jahr über – außer bei Frost – pflanzen. Die Hauptverkaufszeit mit der größten Sortimentsbreite fällt allerdings in den Frühling und besonders in den Sommer, wenn keine wurzelnackte Ware mehr zur Verfügung steht. Das Volumen der Kunststoff-Container liegt meistens bei zwei bis fünf Litern. Container größerer Sträucher oder Bäume können aber durchaus 20 bis 200 Liter Volumen haben. Wegen des höheren Kultur- und Transportaufwandes sind Containergehölze zwar teurer als Pflanzen mit nackter Wurzel, wachsen aber auch problemloser an.

Drehwurzeln: Ein qualitativ hochwertiges Containergehölz zeichnet sich durch eine gute Durchwurzelung seines Ballens aus. Der Kauf von Containerware kann für das gesamte Gehölzsortiment empfohlen werden. Lediglich Bäume, die zu lange in Containern standen, neigen dazu, sich nicht ausreichend im Boden zu verankern. Die Ursache sind Wurzeldeformationen **(Drehwurzeln)**, die sich durch eine überlange Kultur im Container bilden. Drehwurzeln können, wie ein abgeknickter Zweig, den Durchfluss von Nährstoffen erschweren, dadurch das Wachstum bremsen und zum frühzeitigen Vergreisen eines Baumes führen. Drehwuchs kann den arttypischen Wurzelaufbau soweit verändern, dass die Standsicherheit leidet.

Ballenware: Ballen ist ein Kurzbegriff für den Wurzelballen eines Gehölzes, der – zum Transport der Pflanze – mit Erdreich in ein **Ballentuch** und/oder ein Drahtgeflecht (Drahtballierung) eingeschlagen wird. Ballenware ist auf dem Feld gewachsen. Der mitballierte Boden erleichtert das Anwachsen und schützt die Wurzeln während der Lagerung. Wurzelballen werden oft bei großen Sträuchern und Bäumen gestochen, aber auch bei Nadelgehölzen und Immergrünen in gartengängigen Größen darf der Ballen nicht fehlen. In Katalogen findet man die Verpackungsart als »m. B.« abgekürzt.

Bäume werden oft mit einem so genannten Drahtballen geliefert. Tuch und Draht öffnet man oben, belässt sie jedoch bei der Pflanzung. Das Ballentuch verrottet in der Erde.

Qualität

Die äußere Qualität: Der Bund deutscher Baumschulen – der Berufsverband der Baumschulen mit Sitz in Pinneberg bei Hamburg – formuliert für seine Mitgliedsbetriebe Gütebestimmungen für alle Baumschulpflanzen. Diese Bestimmungen werden europaweit von anderen Berufsverbänden anerkannt und grenzübergreifend bis in alle Handelsstufen akzeptiert. Natürlich können diese Vorgaben immer nur eine Richtschnur sein, denn Pflanzen lassen sich nur schwer normen. Richtlinien, an denen sich die äußere Qualität einer Pflanze messen lassen soll, spiegeln deshalb immer eine Idealvorstellung wider, die in der Praxis Hilfestellung zur Unterscheidung von guter und schlechter Ware leisten.

Die innere Qualität: Noch schwieriger ist die Beurteilung der inneren Qualität eines Gehölzes. Sie kann nur auf der umweltgerechten Kultur des Erzeugers und der sachgemäßen Behandlung der Ware im Handel aufbauen. Sie können jedoch anhand äußerer Kriterien Rückschlüsse auf den inneren Wert eines Gehölzes ziehen. Vernünftig kultivierte Ware zeigt festes Holz und glatte, pralle Triebe. Trockenschäden, ausgelöst durch unsachgemäße Behandlung auf den Handelswegen, signalisieren die Gehölze durch eine eingeschrumpelte Rinde. Intakte Wurzeln sind nicht glasig und nach leichtem Ankratzen mit dem Fingernagel innen weiß.

Hände weg von Gehölzen, die viel zu lange in Containern gewachsen sind! Ihre Ballen bestehen nur noch aus einem deformierten Wurzelfilz, der das Anwachsen erschwert bis unmöglich macht.

Nachbarrecht

Hecken, Bäume und Sträucher können nicht beliebig nahe an die Grundstücksgrenze des Nachbarn gepflanzt werden. Bevor Sie pflanzen, sollten Sie einen Blick in das bei Ihnen gültige Nachbarrecht mit den Grenzabständen der jeweiligen Bundesländer werfen. Eine bundesweite Übersicht findet sich in dem Buch von Reinhold Kaub »Gartenrecht für jedermann«, erschienen im BLV Verlag. Haben Sie Zweifel, ob eine geplante Pflanzung die Rechte Ihres Nachbarn tangiert, dann sprechen Sie mit ihm darüber. Das Nachbarrecht wird zur Lösung von Konflikten gebraucht. Offene nachbarliche Kommunikation lässt Konflikte erst gar nicht aufkommen.

Gehölze richtig pflanzen

Pflanzzeiten

Sommerpflanzung: Mittlerweile bietet der gehobene Fachhandel mehr oder weniger die gesamte Palette der in diesem Buch vorgestellten Gehölze im Container an. Von Frostperioden (gemeint sind Perioden mit Bodenfrost, einzelne Nachtfröste bleiben bedeutungslos) abgesehen, können Gartengehölze deshalb rund ums Jahr gepflanzt werden. Mit dem Einzug der Containergehölze in die Verkaufsflächen von GartenCentern und Baumschulen hat sich dem Gartenfreund mit dem Sommer eine vollkommen neue Pflanzzeit für Gehölze eröffnet. Verankert im festen Wurzelballen bleiben die feinen, lebensnotwendigen Faserwurzeln beim Pflanzen unversehrt und ungestört. Wichtig ist die sachgemäße Pflanzung und fortlaufende Bewässerung der Containergehölze. Dann wachsen die Pflanzen im Garten auch bei sommerlichen Außentemperaturen risikolos an.

Herbstpflanzung: Für wurzelnackte Gehölze und Gehölze mit Ballen bleibt der Herbst die beste Pflanzzeit. Zwischen Mitte Oktober und Mitte November ist der Gartenboden noch so warm, dass die frisch gepflanzten Gehölze frühzeitig mit neuem Wurzelwachstum einsetzen. Die sommerliche Restwärme des Bodens wird genutzt, die Gartengehölze erhalten einen idealen Start. Insbesondere immergrüne Laub- und Nadelgehölze reagieren positiv auf eine frühe Herbstpflanzung.

Winterpflanzung: Im Dezember, unmittelbar vor den ersten Frosteinbrüchen, sollten wurzelnackte Pflanzen nur noch ausnahmsweise gepflanzt werden. Sie können hochfrieren (auffrieren), ihre Wurzeln lägen dann frei und wären den Unbilden des Wetters schutzlos ausgesetzt.

Frühjahrspflanzung: Natürlich können wurzelnackte Gehölze auch im zeitigen Frühjahr gepflanzt werden, sobald der Frost aus dem Boden gewichen ist. Wenn in besonders kalten Lagen bzw. auf extrem schweren Böden Gehölze gepflanzt werden sollen, ist die Frühjahrspflanzung der Herbstpflanzung sogar generell vorzuziehen.

Bodenvorbereitung

Die gründliche Bodenvorbereitung ist das A und O einer langfristig erfolgreichen Gehölzpflanzung. Weitsicht beweist, wer durch Humusgaben das Bodenleben fördert und das akribische Entfernen aller Wurzelunkräuter nicht außer Acht lässt.

Bodenleben: Ohne aktives Bodenleben ist das Leben von Pflanzen – und in der Folge unser Dasein – nicht möglich. Unser wichtigster Helfer ist der **Regenwurm**, der abgestorbene Pflanzenteile frisst. Mit Hilfe seiner Verdauung macht er daraus, in Verbindung mit Tonmineralien, besten Humus. Regenwürmer sorgen aber nicht nur für mehr Humus im Boden, sondern lockern ihn auch ständig auf. Das fördert die Durchlüftung und Wasserführung des Bodens entscheidend.
Praxis-Tipp für Gründliche: Die Anzahl der Regenwurmgänge gibt Auskunft über den Wurmbestand. Als ideal gelten tausend Wurmgänge pro Quadratmeter Gartenboden. Schürfen Sie eine Fläche von 50 × 50 × 5 cm Boden ab und multiplizieren Sie die gefundenen Gänge mit 4. Dies ergibt die Regenwurm-Summe pro Quadratmeter.

Gründüngung: Eine Aussaat von Gründüngungspflanzen ab April vor der Pflanzung im Herbst verbessert die Bodenstruktur. Diese Form der Bodenverbesserung kommt vor allem für größere Flächen und Pflanzstreifen in Betracht. Gründüngung bildet zwar keinen Dauerhumus wie Torf, mehrt aber den Humusanteil und in der Folge die Bodenfruchtbarkeit beträchtlich. Zudem sind Gründüngungspflanzen wichtige Futterquellen für Bienen, Hummeln und andere Nutzinsekten.
Als Begrünungspflanzen für die Vorkultur eignen sich u. a. Schmetterlingsblütler, die den Boden zusätzlich mit Stickstoff anreichern. Kreuzblütler wie Senf sind echte Großlieferanten organischen Materials, das leichte Sandböden aufpeppen kann.
Ideal ist es, wenn die für die Gründüngung vorgesehene Fläche vor der Aussaat von allem Unkraut befreit wird. Erreichen die Pflanzen im Spätsommer ihren Wachstumshöhepunkt, werden sie oberflächennah in den Boden eingearbeitet. Zwischen Einarbeiten und Neupflanzung von Gehölzen sollten drei bis vier Wochen liegen.

Gartenkompost: Ein preiswertes Bodenverbesserungsmittel, das unmittelbar beim Pflanzen zum Einsatz kommen kann, ist Gartenkompost. Gartenkompost führt organische Materialien in den Bio-Kreislauf zurück und fördert ein organisiertes, kontrolliertes Wachstum der Gehölze. Den in ihm enthaltenen Stickstoff gibt ein ausgewogener, ausgereifter Gartenkompost sehr langsam in Abhängigkeit von der Bodentemperatur und damit in Harmonie mit dem Pflanzenwachstum ab. Ein Anteil von dreißig Prozent Gartenkompost kann bei einer Neupflanzung unter die Füllerde gemischt werden. Der Einsatz von Kompost ist außerdem eine gute Alternative zur Verwendung des wertvollen Naturrohstoffs Torf.
Mit entsprechenden Mengen an Gartenkompost kann auch eine großflächige Bodenverbesserung vorgenommen werden. Dies geschieht bei kultivierten Böden in der Regel oberflächennah. In Rohböden, wie wir sie oft auf Neubauflächen finden, kann Gartenkompost auch ausnahmsweise tief eingearbeitet werden. Empfehlenswert ist dann eine Auflageschicht von fünf bis zehn Zentimetern (entspricht 5 bis 10 m^3 Gartenkompost pro 100 m^2 Gartenfläche).

Unkrautfreiheit: Vor dem eigentlichen Pflanzen der Gehölze sollten Sie alle Wurzelunkräuter samt ihrer Rhizome peinlich genau aus dem Boden entfernen. Ganz wichtig: Nur mit einer Grabegabel lassen sich die Wurzeln komplett aus dem feuchten Boden herauslösen. Der Einsatz von Spaten oder Fräse führt nur zu einer Vermehrung der Wurzelunkräuter. Wer zu Beginn mit der Grabegabel schludert, wird später ungleich mehr Mühe haben, Herr des Krauts zu werden. Bekannte Problemunkräuter in Gehölzpflanzungen sind Giersch, Quecke, Waldkresse und Winde, die kaum noch aus einem bestehenden Bestand zu entfernen sind.

Pflanzung

Die meisten Fehler beim Umgang mit Gehölzen werden beim Pflanzen gemacht. Dass infolgedessen ein Strauch oder Baum nicht den in ihn gesetzten Erwartungen gerecht wird, versteht sich fast von selbst. Die nachfolgenden Hinweise für eine optimale Behandlung der Gehölze sollen Ihnen helfen, den Grundstein für eine langfristig erfolgreiche Pflanzung zu legen.

Versorgung der Pflanzen vor dem Pflanzen: Wurzelnackte Gehölze sind wie Fische ohne Wasser – außerhalb ihres Elementes sind sie auf unseren besonderen Schutz angewiesen. Die nackten, hochempfindlichen Wurzeln dürfen nie offen Sonne und Wind preisgegeben werden. Schützen Sie sie durch eine Abdeckung, beispielsweise einem nassen Leinen- oder Jutesack. Durch Vertrocknen entstandene Wurzelschäden sind später auch mit der sorgfältigsten Pflanzung nicht mehr gutzumachen.

Einschlagen: Können Sie Gehölze nicht unmittelbar nach dem Kauf pflanzen, sollten Sie sie einschlagen. Dazu heben Sie einen ca. 30 Zentimeter tiefen Graben aus, in den die wurzelnackten Gehölze, aber auch Ballenpflanzen eingestellt werden. Den Graben verfüllen Sie mit lockerer Erde, die Sie leicht antreten. Danach wird die Erde angeschlämmt, alle Wurzeln müssen bedeckt sein. Im Einschlag können Gehölze mehrere Wochen, falls nötig, sogar den ganzen Winter über schadfrei »zwischengelagert« werden.

Wässern vor dem Pflanzen: Containergehölze nehmen Sie aus den Töpfen heraus. Die Ballen tauchen Sie vor dem Pflanzen so lange in Wasser, bis keine Blasen mehr aufsteigen. Ballenware wird auf gleiche Art und Weise getaucht. Wurzelnackte Gehölze legen Sie komplett oder zumindest mit der Wurzel vor der Pflanzung eine Stunde in ein Wasserbad.

Ballentuch, Töpfe: Die Ballen der Gehölze sind mitunter in ein Ballentuch eingebunden. Dieses Ballentuch darf nicht entfernt werden, sondern wird mitgepflanzt. Es verrottet im Boden nach kurzer Zeit. Den dicken Knoten, mit dem das Tuch geschlossen ist, sollten Sie allerdings öffnen. Bei Containerpflanzen entfernen Sie vor dem Pflanzen die Töpfe.

Pflanzgrube: Die Größe der Pflanzgrube hängt von dem Durchmesser des Wurzelballens ab. Sie sollte mindestens doppelt so groß wie der Ballen sein. Den oft weniger humosen Unterboden lockern Sie nach dem Aushub des gehaltvollen Oberbodens mit dem Spaten und bessern ihn noch im Pflanzloch oder außerhalb mit Gartenkompost auf.

Sohle lockern: Die Ränder und die Sohle des Pflanzloches werden mit dem Spaten gelockert. Ballen von Containergehölzen bestehen nämlich aus einer lockeren, humosen und nährstoffreichen Pflanzerde. Damit die Wurzeln nach dem Auspflanzen aus diesem »Wuchsparadies« in den schwereren Gartenboden hineinwachsen können, muss dieser gut gelockert sein. Sonst gehen die Wurzeln den Weg des geringsten Widerstandes und bleiben im Bereich des ursprünglichen Bal-

Vorhandene Ballentücher werden mitgepflanzt, den dicken Knoten am Wurzelhals sollten Sie allerdings öffnen.

Baumpflanzung: Zuerst den ausreichend starken Pfahl einschlagen ①, mittels Stab die endgültige Pflanzhöhe ausloten ② und dann mit Pflanzerde auffüllen. Dabei hält ein Helfer idealerweise den Baum fest ③.

lens, ohne sich wirklich im Garten zu verankern. Dem Aufbau einer selbstständigen Wasser- und Nährstoffversorgung wäre dies natürlich abträglich.

Vor dem Einstellen der Gehölze geben Sie etwas von dem aufbereiteten Unterboden in das Pflanzloch.

Wurzelschnitt: Stark verwurzelte Ballen sollten Sie vor dem Pflanzen lockern, der Wurzelfilz von Containergehölzen wird vorsichtig im Randbereich aufgebrochen. Überlange Wurzeln von wurzelnackten Gehölzen werden eingekürzt, damit sie gerade und ohne Knicke und Krümmungen in der Pflanzgrube Platz finden. Die Wurzeln sollten frei in der Luft hängen können. Zusammen mit dem Schnitt der Wurzeln müssen natürlich auch die oberirdischen Teile der Strauches oder Baumes eingekürzt werden. Halten Sie die Schnittstellen an den Wurzeln möglichst klein. Bedenken Sie, dass die Pflanze bereits beim Roden in der Baumschule einen Teil ihrer Wurzeln eingebüßt hat. Die verbliebenen Wurzeln sollen die weitere Versorgung der Pflanze gewährleisten. Ihre Masse muss deshalb in einem ausgewogenen Verhältnis zu den übrigen Triebteilen stehen. Wer sich den Pflanzschnitt nicht zutraut, sollte ihn bereits beim Kauf in der GartenBaumschule vornehmen lassen.

Dünger: Mineralischer Dünger hat bei einer Gehölzpflanzung nichts zu suchen; lediglich eine Handvoll Hornspäne bzw. einige Körner Langzeitdünger, die ihre Nährstoffe langsam und ausgewogen abgeben, kommen mit in die Erde.

Verankern von Bäumen: Bei großen Gehölzen, insbesondere Bäumen, ist eine zusätzliche Verankerung im Boden mit Hilfe eines Pfahls sinnvoll. Wurzelnackt verkaufte Bäume haben durch das Roden in der Baumschule Wurzelmasse eingebüßt, die sie am neuen Standort erst wieder aufbauen müssen. Aber auch Container-Bäume mit kompletter Wurzelmasse neigen schon bei geringer Kopflastigkeit und leichten Winden zum Umfallen. Kommt die Wurzel nach dem Pflanzen nicht zur Ruhe, ist das Anwachsen des Baumes ernsthaft gefährdet.

Ein oder mehrere Pfähle helfen dem Baum bzw. Großstrauch, sich im Gartenboden zu verankern. Zum Fixieren wurzelnackter Bäume genügt in der Regel ein Pfahl. Schlagen Sie ihn vor dem Einstellen des Baumes in die vorbereitete Pflanzgrube ein. So ist eine Verletzung der Baumwurzeln ausgeschlossen. Der Pfahl wird idealerweise an der Westseite des Baumes positioniert. Nicht imprägnierte, umweltfreundliche Fichtenpfähle

Kokosstricke scheuern nicht und fixieren den Baum sicher am Pfahl. Überprüfen Sie in den Folgejahren die Stricke auf guten Halt.

halten gut drei Jahre. In dieser Zeit sollte Ihr Hausbaum oder Großstrauch sicher angewachsen und standfest sein. Bei größeren Bäumen können auch zwei oder drei Pfähle für die notwendige Stabilität sorgen. Ganz neu sind im Fachhandel erhältliche **Erdanker-Systeme,** die Ballenbäume mittels Rundhölzer oder verspannter Drähte direkt am Ballen fixieren und den Stamm unberührt lassen.

Wenn Sie den Baum eingepflanzt haben, wird der Pfahl mit einem Kokosstrick oder speziellen Baumbindegurten am Stamm befestigt. Draht oder Plastikschnüre sind gefährlich, weil sie den Stamm einschnüren können. Überprüfen Sie in den Folgejahren die Befestigungen auf Scheuerstellen hin. Auf Grundstücken, die durch **Wildverbiss** gefährdet sind, empfiehlt sich zudem ein Stammschutz aus Kunststoff- oder Drahtgeflecht.

Bitte *Clematis* nur so pflanzen: Setzen Sie die Pflanze zehn Zentimeter tiefer als im Topf gewachsen, damit ein bis zwei Knospenpaare unter der Erdoberfläche liegen. Eine Mulde leitet das Regenwasser zu den Wurzeln, die durch eine dicke Mulchschicht vor direkter Sonne geschützt sind.

Es sind oft Kleinigkeiten, die schwer wiegende Folgen nach sich ziehen. So kann ein vergessenes Drahtetikett einen Stamm oder Ast abwürgen.

Wässern: Das Pflanzloch wird nun mit der zuvor ausgehobenen Erde aufgefüllt und um die Pflanze herum leicht mit dem Absatz angetreten. Wässern Sie nun mit der Gießkanne ohne Tülle oder dem Gartenschlauch kräftig an. Ein kleiner, etwa zehn Zentimeter hoher Erdwall um das Gehölz herum verhindert, dass das Schlämmwasser wegläuft. Nicht nur bei trockener Witterung, auch bei Regenwetter muss gründlich angewässert werden. Vor dem Pflanzvorgang war der Boden nämlich ein gleichmäßig luft- und wasserführendes Gefüge. Durch das Ausheben und Wiederauffüllen der Pflanzgrube hat sich dieses Gefüge verändert. Es sind Hohlräume entstanden, die erst durch gründliches Anwässern wieder geschlossen werden. Dieser Bodenschluss, der »Schulterschluss« zwischen Pflanzenwurzeln und Erde, ist die unbedingte Voraussetzung für ein zügiges Anwachsen.

Alle frisch gepflanzten Gehölze, ob Busch oder Stamm, ob Containerware oder wurzelnackt, brauchen in den ersten Wochen nach dem Pflanzen ausreichend Wasser. Bei trockenem Wetter muss man dafür selbst sorgen – auch bei einer Herbstpflanzung. Achten Sie besonders bei breitwachsenden Gehölzen auf die Wasserversorgung, da ihr mitunter dichter Laubmantel das Wasser nach außen ableitet und der Ballen dadurch selbst bei Regenwetter austrocknen kann.

Ein Gießrand sorgt dafür, dass das Gießwasser tatsächlich dem Wurzelballen zu Gute kommt.

Pflanzen einer Hecke

Wer eine Hecke pflanzen möchte, wird zunächst einmal entscheiden müssen, in welcher Größe er die gewünschten Pflanzen kaufen soll. Der Handel bietet von zwei- bis dreijährigen wurzelnackten Pflanzen bis zu größerer Ware mit Ballen oder im Container eine Vielzahl von Qualitäten an. Letztendlich wird die Entscheidung vom Geldbeutel mitbestimmt werden und der Frage, wann die neue Hecke ihre endgültige Höhe erreicht haben soll.

Wurzelnackte Heckenware ist für die Herbstpflanzung prädestiniert. Die Pflanzen werden kräftig zurückgeschnitten und ab Mitte Oktober gepflanzt. Ein Schnitt unmittelbar vor der Pflanzung erleichtert das Anwachsen der Heckenpflanzen erheblich und sorgt für einen von unten dichten Heckenaufbau. Dabei werden die Triebe etwa um ein Drittel zurückgenommen. Nach dem Schnitt sollte ein Leittrieb jede Pflanze dominieren. **Dichtbuschige Ballenware** und kompakte Containergehölze bleiben in der Regel ungeschnitten. Ein erster Formschnitt – falls gewünscht – wird erst im Frühjahr vorgenommen. In puncto Wurzelschutz und Bodenvorbereitung gilt das Gleiche wie beim Pflanzen aller Gehölze.

Grabenpflanzung: Für die Anlage von Hecken hat sich die Grabenpflanzung bewährt. Ein etwa 30 bis 40 cm tiefer Graben wird ausgehoben, wobei der Aushub nur auf einer Seite gelagert wird. Lockern Sie die Grabensohle auf und treten Sie danach nicht mehr auf ihr herum. Dies würde zu neuen Verdichtungen führen, die der Wurzelentwicklung der Heckengehölze schaden. Bessern Sie den Aushub mit Kompost oder Pflanzerde auf. Die Pflanzen werden in den Graben gestellt, wobei Sie idealerweise ein Helfer beim Auffüllen des Grabens in Position hält. Nach dem Pflanzen wird die Erde leicht angetreten und ausgiebig angeschlämmt.

Pflanzabstand: Der Pflanzabstand hängt von der Pflanzenart und der Pflanzengröße ab. Für eine ein Meter hohe Hecke aus Hainbuchen benötigt man beispielsweise etwa fünf Pflanzen pro laufenden Meter. Im Gegensatz dazu fänden auf dem gleichen Meter nur drei jeweils zwei Meter hohe Hecken-Hainbuchen mit Ballen Platz. Hier ist die Fachberatung wichtig. Oft wird zu dicht gepflanzt, langfristig gesehen ist jedoch das Hinnehmen von Lücken in der Anfangsphase sinnvoller.

Frostharte Gehölze in Kübel pflanzen

Gehölze in Kübeln, Trögen, Ampeln oder größeren Balkonkästen sind ein mobiler Schmuck für Terrasse und Balkon. Welche Gehölze dafür in Frage kommen und welche gestalterischen Möglichkeiten sie bergen, ist auf Seite 15 f. ausgeführt. An dieser Stelle erfahren Sie das Wesentliche für den Umgang mit frostharten Kübelgehölzen.

Kübelformen, Kübelmaterialien: Viele Gehölze sind Tiefwurzeler. Als optimale Kübelform hat sich für sie der hohe, langgezogene Zylinder, am besten mit standsichernder Bodenwulst zur Minderung der Kopflastigkeit, erwiesen. Für flach-

Die Grabenpflanzung ist eine bewährte Methode, auch längere Heckenabschnitte schnurgerade anzulegen.

Solide Holzkübel aus Lärche, Akazie oder Eiche warten mit einer ähnlich langen Lebensdauer wie Terrakotta- und Steingutgefäße auf.

wurzelnde Arten kommen auch oben breitere Kübelformen, die leicht zu wässern sind, in Frage. Denken Sie bei der Wahl eines bauchigen Kübels daran, dass ein späteres Umtopfen schwierig werden könnte.

Der Fachhandel bietet Gefäße aus verschiedenen Materialien an:

- Terrakotta: Vorteilhaft ist die gute Durchlüftung der Kübelerde, nachteilig wirkt sich der hohe Wasserverlust durch die Gefäßwand und die damit verbundene Austrocknungsgefahr aus. Qualitativ hochwertige Gefäße, d. h. hart gebrannte, handgeformte Terrakotten, neigen weniger dazu, sich mit Wasser vollzusaugen und sind dadurch frosthärter.
- Kunststoff: Kübel aus Kunststoff sind aufgrund ihres geringen Eigengewichtes leichter zu transportieren. Sie gelten als wassersparend, aber nur wenig isolierend. Die Erde erwärmt sich in ihnen schnell, was die Gehölzwurzeln, ohne Schaden zu nehmen, nur für kurze Zeit vertragen.
- Holz: Holzkübel sind schlag- und bruchfest, besonders Kübel aus imprägnierter Eiche isolieren gut und haben eine hohe Lebensdauer. Holz arbeitet, deshalb kann sich ein Holzgefäß auch schon mal ein wenig verziehen. Problematisch können mit den Jahren auch Verwitterungserscheinungen sein.
- Weidenkörbe: Körbe sind »Einwegkübel« mit einer warmen, rustikalen Ausstrahlung, aber einer nur kurzen Lebensdauer. Nach zwei bis drei Jahren beginnen sie sich aufzulösen. Während der Überwinterung halten sie kaum Frost ab. Legen Sie sie vor dem Bepflanzen mit Schwarzfolie aus, in die Sie Löcher für den Wasserabzug bohren.
- Steingut und Keramik: Saubere und optisch ansprechende Kübellösung für die Terrasse mit geringem Wasserverlust und hoher Lebensdauer. Auf Terrassen mit Fernostambiente gehören glasierte chinesische Gefäße unbedingt dazu.
- Naturstein- und Kunststeintröge: Im Handel werden mitunter alte Futtertröge aus Sandstein oder Granit angeboten. Die Mobilität dieser attraktiven Gefäße ist allerdings auf Grund ihres hohen Gewichtes eingeschränkt. Man sollte also gut überlegen, welchen Standort sie erhalten sollen.
- Verzinkte Waschzuber: Herrliche Pflanzgefäße für romantische Kübelarrangements. Achten Sie unbedingt auf ausreichenden Wasserabzug.

Kübelerden: Kübelgehölze bleiben in der Regel zwei bis drei Jahre in ihren Gefäßen. Die Pflanzerde muss deshalb den Wurzeln ausreichend Luft und Nährstoffe zur Verfügung stellen und dauerhaft strukturstabil sein. Sie können eine der zahlreichen, im gärtnerischen Fachhandel angebotenen Erdmischungen, darunter auch spezielle Kübelerden, zum Topfen verwenden und sie mit bis zu zehn Prozent Blähton oder gebrochenem Schiefer aufbessern. Meiden Sie Erden mit hohem Lehm- oder Tonanteil, da diese Bestandteile im Substrat wandern und die Abzugslöcher der Kübel verstopfen.

Erden mit hohen Torfanteilen neigen dazu, im Kübel abzusacken. Einmal ausgetrocknet, lassen sie sich außerdem nur schwer wieder

Eine Scherbenschicht und ein Gemüsevlies sorgen für einen reibungslosen Wasserabzug im Kübel.

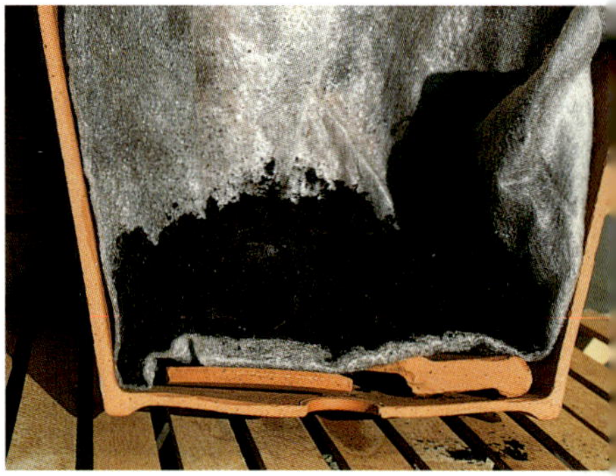

anfeuchten. Die umweltfreundlichere Alternative sind Erden mit einem Holzfaseranteil, der bis zu dreißig Prozent betragen kann.

Ein- und Umtopfen: Wählen Sie ausreichend große Kübel, in denen sich die Wurzeln frei und ohne Krümmungen entfalten können. Die Ballen von Containergehölzen sollten nach allen Seiten einen Abstand von etwa zehn Zentimetern zur Gefäßwand haben. Je größer der Kübel ist, desto weniger Probleme treten später auch bei der Überwinterung auf. Die Wurzeln oder Ballen der Gehölze werden vor dem Einpflanzen in die Gefäße genauso behandelt wie vor dem Einpflanzen in den Gartenboden. Topfen Sie niemals trockene Ballen ein.

Eine kräftige **Drainageschicht** aus Tonscherben oder Blähton kommt auf den Kübelboden. Darüber legen Sie ein wasserdurchlässiges **Vlies,** dann füllen Sie die eigentliche Kübelerde ein. Das Vlies trennt Erde und Drainageschicht und verhindert so, dass eingeschwemmte Erdbestandteile den Weg des ablaufenden Wassers blockieren.

Beim Umtopfen überständiger Kübelgehölze werden eventuell vorhandene Drehwurzeln an der Ansatzstelle komplett entfernt.

Der frisch bepflanzte Kübel wird ausgiebig gewässert. Wenn die Erde sich danach gesetzt hat, sollte ein etwa drei Zentimeter hoher **Gießrand** verbleiben.

Nach zwei, spätestens jedoch nach drei Jahren muss man die Gehölze umtopfen. Die Wurzeln haben nach diesem Zeitraum die Pflanzerde völlig durchwurzelt, die Nährstoffversorgung ist gefährdet und auch die notwendige Bodendurchlüftung funktioniert nicht mehr. Zum leichteren Austopfen hilft es bei Gefäßen aus Ton oder Holz, die Erde vor dem Herausziehen der Pflanze anzufeuchten. Umgekehrt sollte man vor dem Umpflanzen bei Kübeln aus Steingut oder Kunststoff die Erde trocken werden lassen.

Das Umtopfen in immer größere Kübel stößt irgendwann an seine Grenzen. Befinden sich die laublosen Gehölze im Ruhezustand, können Sie alternativ große Ballen rundum mit einem Messer verkleinern. Spülen Sie die alte Erde des Ballens mit einem Wasserstrahl gründlich heraus und schneiden Sie dann die dicken Wurzeln und oberirdischen Triebe zurück. Nun kann die verjüngte Pflanze neu eingetopft werden. Aber auch, wenn in größere Kübel umgetopft und der Ballen nicht verkleinert wird, tut es der Pflanze gut, wenn Sie den verfilzten Wurzelballen mit der Hand oder mit einem Messer aufreißen.

Bewässerung: Staunässe ist der ärgste Feind der Gehölzwurzeln. Sie setzt in kürzester Zeit den wichtigen Feinwurzeln böse zu und macht luftliebenden Bodenorganismen den Garaus. Die Folge ist Wurzelfäulnis. Ausreichend große Abzugslöcher am Kübelboden sorgen dafür, dass das Wasser rasch ablaufen kann. Außerdem kann der Kübel zusätzlich auf schmale, etwa einen Zentimeter hohe Leisten oder Terrakottafüßchen gestellt werden.

Düngung: Empfehlenswert, da leicht zu handhaben, sind Langzeitdünger, die – im Nahbereich der Wurzeln platziert – dafür sorgen, dass das Wurzelwachstum sich mehr im Zentrum des Kübels abspielt. Je größer der Abstand der Wurzeln von der Kübelwand, desto geringer ist ihre Gefährdung durch Frost.

Frostschutz: Frostharte Kübelpflanzen können mit Hilfe bestimmter Schutzmaßnahmen im Freien überwintern. Das beschwerliche Einräumen im Herbst entfällt. Ein Schutzmantel rund um die Kübel sorgt dafür, dass die Wurzeln nicht schockartig ein- und damit erfrieren. Diese etwa zehn Zentimeter starke, trockenbleibende Isolierschicht erschwert dem Frost das schnelle Durchdringen der Kübelwand und ermöglicht ein langsames, wurzel- und gefäßschonendes Einfrieren.

Die Isolierschicht können Sie selbst anfertigen oder auf im gärtnerischen Fachhandel angebotene Fertiglösungen zurückgreifen. Leicht anzulegen ist beispielsweise ein Mantel aus mit Maschendraht verstärkten Kokosfasermatten oder Noppenfolie. Wichtig ist auch der Schutz der oberirdischen Triebe vor Wintersonne und Austrocknung. Decken Sie deshalb die Triebe mit Sackleinen oder Fichtenreisig ab.

Pflegepraxis

Wässern

Gehölze sind in den ersten Standjahren und später in ausgesprochen trockenen Sommern auf zusätzliche Bewässerung angewiesen. In Jahren mit normalen Niederschlägen sind gut eingewurzelte, ältere Blütengehölze meist in der Lage, ihren Wasserhaushalt selbst zu regeln. Die meisten Gehölze vertragen mehr Trockenheit als man denkt. Zudem ist Wasser kostbar und teuer. Junge Pflanzen bedürfen jedoch solange unserer Obhut, bis sie tiefergehende Wurzeln gebildet und entsprechend feuchte Bodenschichten erreicht haben. Oft ist es mit dem einmaligen, durchdringenden Wässern nach dem Pflanzen nicht getan. Vor allem wenn Sie während der Sommermonate Containergehölze pflanzen, darf die Feuchtigkeitskette nicht abreißen.

Frisch gepflanzte Gehölze immer – auch bei Regenwetter – ausgiebig anwässern.

Mangelnde Wasserversorgung kann aber nicht nur zum Verdursten der Pflanzen führen, sondern auch ihre Anfälligkeit für Krankheiten und Schädlinge fördern, auf jeden Fall aber ihre arttypische Entwicklung begrenzen. Andererseits reagieren viele Gehölze allergisch auf stauende Nässe, weil sie für die sauerstoffliebenden Wurzeln mangels ausreichender Bodendurchlüftung den Erstickungstod bedeuten kann. Genauso zwingt die falsche Art zu wässern (wie die häufig zu sehende abendliche Beregnung über das Laub) auch robusteste Gehölze in die Knie, denn sie ist ein Kälteschock für erhitzte Laubgemüter und leistet der Gefahr von Pilzinfektionen Vorschub.

Ein guter Vorrat an Winterfeuchtigkeit ermöglicht den Gehölzen einen guten Start im Frühjahr. Aufmerksamkeit ist in Sommermonaten geboten. Eine Möglichkeit, im Sommer zusätzliche Feuchtigkeit bereitzustellen, ist das flache Lockern der durch Sonne oder Regen verkrusteten Bodenoberflächen mit Hacke oder Grubber. Ausnahme: Bei extrem flachwurzelnden Gehölzen wie Päonien, Magnolien oder Rhododendron sollten Sie auf eine Bodenbearbeitung grundsätzlich verzichten. Die Gefahr, Wurzeln zu verletzen, ist einfach zu groß.

Wässern – wann und wie?

Ob ausreichend Wasser im Boden ist, können Sie feststellen, indem Sie mit den Fingern ein kleines Loch in den Boden graben. Ist die Erde bis in etwa zehn Zentimeter Tiefe trocken, ist eine gründliche Bewässerung notwendig.

Wenn gewässert werden muss, dann gilt: Lieber seltener und ausgiebig als oft und sparsam wässern. Legen Sie einen Schlauch mindestens eine Stunde direkt an den Wurzelbereich der Gehölze und lassen Sie das Wasser langsam – bei geringem Druck – laufen und versickern. Nur so kann Feuchtigkeit in tiefere Schichten, wo sich die Feinwurzeln befinden, gelangen. Bewährt haben sich auch perforierte Schläuche. Aus vielen Löchern läuft das Wasser ohne Umwege in den Boden. Bei schweren Böden können die Gießintervalle selbst bei Hitze bis zu drei Wochen, bei leichteren Sandböden sollten sie bei Hitzeperioden nicht mehr als fünf Tage auseinander liegen.

Gewässert wird idealerweise morgens. Eventuell feucht gewordene Blätter können dann in der Tagessonne rasch abtrocknen, was besonders bei Rosen und weichlaubigen Stauden wichtig ist.

Ab September sind zusätzliche Wassergaben nicht mehr sinnvoll und eher schädlich. Die sommergrünen Gartengehölze reifen jetzt aus und sind für den Winter gerüstet. Eine Ausnahme bilden immergrüne Laub- und Nadelgehölze. Sie verdunsten auch im Winter Wasser. Wenn sie an Standorten stehen, wo sie reichlich Wintersonne abbekommen, können Wassergaben im Herbst und an frostfreien Wintertagen durchaus notwendig sein. In schattigen Lagen ist ihr winterlicher Durst dagegen wesentlich geringer.

Mulchen

Unter Mulchen verstehen wir das Bedecken der Bodenoberfläche mit organischen Stoffen. Das Mulchen bietet viele Vorteile:

- Es verbessert durch die Zuführung organischer Substanz langfristig die Bodenqualität und erhöht die Bodenaktivität.
- Es erspart Ihnen weitgehend die ermüdende Unkrauthackerei.
- Der Wasserspareffekt ist besonders bei Neupflanzungen nicht zu unterschätzen.

Als Mulchmaterialien kommen u. a. Stallmist, Kompost, Rasenschnitt, Stroh, Sägemehl, Ernterückstände, Schreddermaterial und Rindenprodukte in Frage.

Unabhängig davon, womit Sie mulchen, immer nehmen Mulchmaterialien Einfluss auf das Nährstoffgefüge im Boden. Dies gilt insbesondere für Rindenmulch aus zerkleinerter Rinde, der häufig im Garten eingesetzt wird. Rinden sind besonders stabil und werden erst nach längerer Zeit von den Bodenorganismen zersetzt. Der Fachhandel bietet heute standardisierte, gut abgelagerte Rindenmulche unter dem Begriff »gütegesichert« an. Ihr Einsatz hat sich bei Ziergehölzen bewährt. Wichtig ist, dass vor dem Ausbringen eine Ausgleichsdüngung vorgenommen wird – in Form von etwa 150 g Hornspänen pro Quadratmeter. Durch das Mulchmaterial findet nämlich in den ersten beiden Monaten nach der Ausbringung eine Stickstoff-Fixierung statt, die vor allem bei jungen Pflanzungen zu Mangelerscheinungen führen kann. Eine nachträgliche Düngung auf die Mulchschicht führt zu ihrer schnelleren Zersetzung und ist daher nicht anzuraten.

Vor dem Mulchen sollten Sie peinlich genau alle **Wurzel- und Dauerunkräuter** entfernen und sie nicht unter die Mulchdecke kehren. Unter der warmen und feuchten Mulchschicht würden sich die Unkräuter rasant ausbreiten. Mulch kann etwa fünf Zentimeter hoch ausgebracht werden, am besten im Frühjahr.

Versierte GartenfreundInnen decken den Boden mit kostbarem Laubmulch ab, der gleichzeitig für die wichtige Humuszufuhr sorgt. Gemulchte Flächen sind bodenaktiver als kahle Gartenstellen.

Düngen

Nicht nur in der Landwirtschaft, auch beim Gartenfreund hat sich erfreulicherweise ein starkes Verantwortungsbewusstsein für die Umwelt ausgeprägt. Die alte Devise »viel hilft viel« ist der Erkenntnis gewichen, dass man besser mit der Natur statt gegen sie arbeitet. Um umweltgerecht mit Düngern umgehen zu können, ist es nicht notwendig, wissenschaftliche Details der Düngerzusammensetzung und Bodenbeschaffenheit auswendig zu lernen. Die Kenntnis grundlegender Zusammenhänge erleichtert aber die Einschätzung der Auswirkungen des eigenen Handelns.

Warum muss überhaupt gedüngt werden? Für das Wachstum der Gehölze sind Nährstoffe unentbehrlich. In der Natur stehen die Pflanzen in einem großen Kreislauf, in dem die organische Masse erhalten bleibt. Herbstlaub wird nicht entfernt, es bleibt liegen und mehrt die Bodenfruchtbarkeit. Niemand schneidet Gehölze zurück. In Hausgärten heutiger Durchschnittsgrößen lassen sich derartige Naturabläufe nur sehr eingeschränkt nachahmen. Geprägt durch Ordnungssinn und den Wunsch nach bunter Blütenpracht, wird im Garten aufgeräumt und geschnitten. Diese Verluste müssen durch Gaben von organischen und mineralischen Düngern ausgeglichen werden.

Durch die Analyse einer Bodenprobe lässt sich der Nährstoffbedarf im eigenen Garten ermitteln. Die im Fachhandel erhältlichen Untersuchungssets erlauben die Bestimmung des Gehalts an Stickstoff,

Phosphor und Kali im Boden. Wer eine umfassende, sehr exakte Bodenanalyse und Düngeempfehlung wünscht, sollte sich mit seinen Proben an ein Bodenuntersuchungsinstitut wenden (Adressen siehe Seite 162). Die Institute bieten auch in den bekannten Gartenfachzeitschriften ihre Dienste an. Die Ergebnisse dieser Untersuchung entscheiden darüber, welche Mengen der Hauptnährstoffe Stickstoff, Phosphor, Kalium, Magnesium und Kalzium im Einzelnen nachgedüngt werden müssen.

Stickstoff (N) benötigen Gehölze für ihr Längenwachstum. N-Mangel kündigt sich durch hellgrüne Blätter an. Die Pflanzen bleiben kleiner und bilden schwächere und dünnere Triebe aus. Bei N-Mangel sollten stickstoffhaltige Dünger im Frühjahr ausgebracht werden. Verlusten und Auswaschungen wird damit bestmöglich vorgebeugt. Sofortige Abhilfe während der sommerlichen Wachstumsphase schafft ein schnell fließender Stickstoffdünger, beispielsweise in Form eines Flüssigdüngers. Bitte beachten Sie, dass ein N-Überschuss mehr schadet als hilft und die Bildung eines weichen, mastigen, stark wasserhaltigen Triebgewebes fördert, das im Herbst nicht ausreift und stark frostgefährdet ist. Nach dem ersten Juli eines Jahres sollten Sie keine N-Gaben mehr verabreichen und ab September die Bodenbearbeitung einstellen, damit kein weiterer Stickstoff mobilisiert wird.

Phosphor (P) spielt eine Schlüsselrolle im Zellkern und ist in starkem Maße an der Eiweißsynthese in den Pflanzen beteiligt. Besonders für die Blüten- und Fruchtbildung ist Phosphor bedeutsam. Der Phosphorbedarf der meisten Gehölze ist nicht groß und auf gut versorgten Gartenböden auch ohne zusätzliche Düngung ausreichend gedeckt. Viele Böden gelten sogar durch jahrelange Volldüngergaben und die darin enthaltenen Phosphatanteile als überdüngt. P-Mangel zeigt sich durch kleinere, bläulichgrüne Blätter, die an den Blatträndern eine Purpurbronze-Färbung aufweisen. Die Blütenknospen öffnen sich spät, das Laub fällt vorzeitig und auch die wenigen Früchte sind bronzerot gefärbt.

Kalium (K), auch Kali genannt, reguliert den Wasserhaushalt und beeinflusst den Stoffwechsel der Pflanzen. Eine Düngung mit Patentkali ab Ende August/Anfang September fördert die Holzreife beispielsweise der Rosen und senkt damit deren Frostanfälligkeit. K-Mangel zeigt sich in Form einer unbefriedigenden Laubentwicklung, wobei am Blattrand dunkelgrüne oder braungraue Flecken auftreten.

Magnesium (Mg) ist Bestandteil des Blattgrüns. Mg-Mangel erkennen Sie an einer mosaikförmigen Gelbfärbung der Blätter, die später bräunlich werden und vorzeitig abfallen. Die gelben Flecken gehen vom Hauptnerv des Blatts aus. Mitunter zeigen auch Nadelgehölze durch eine Vergilbung ihrer Nadeln Mg-Mangel, der durch das Ausstreuen und leichte Einhacken von Bittersalz behoben werden kann.

Kalzium (Ca) ist Baustoff und Triebkraft für das Gewebewachstum. Im Boden liegt Ca meist in Form von **Kalk** vor. Kalk beeinflusst entscheidend den pH-Wert des Bodens.

Eisen (Fe) ist meistens ausreichend im Boden vorhanden, steht aber bei niedrigen pH-Werten, also sauren Bodenverhältnissen, oder Bodenverdichtungen den Gehölzen nicht in einer pflanzengerechten Form zur Verfügung. Fe-Mangel wird durch **Chlorose** sichtbar, einer Gelbfärbung der Blätter und Früchte bei gleichzeitiger dunkelgrüner Färbung der Blattnerven. Pflanzenstandorte mit guter Drainage und Gaben von Eisendüngern (Sequestren, Fetrilon) wirken einem Fe-Mangel entgegen.

Düngerformen: Alle Nährstoffe werden den Gehölzen als Dünger zur Verfügung gestellt. Diese Dünger können mineralischer oder organischer Natur sein oder Mischformen aus beidem. Der Pflanze ist es gleich, in welcher Form sie die notwendigen Nährstoffe erhält, gut für die Bodenstruktur sind jedoch Dünger mit hohem organischen Anteil.
Zu unterscheiden ist zudem zwischen **kalkliebenden** und **kalksensiblen Pflanzen.** Kalkliebende Gehölze erhalten alkalisch wirkende, den pH-Wert erhöhende Dünger. Umgekehrt werden kalksensible Pflanzen, etwa Rhododendren, mit sauer wirkenden Düngern versorgt. Die meisten Dünger wirken neutral, für Pflanzengruppen mit besonderen Ansprüchen bietet der Fach-

handel spezielle Dünger in großer Auswahl an.

Praxis-Tipp: Dünger dürfen niemals über Blatt oder Blüte einer Pflanze gestreut werden.

Mineralische Dünger (Kurzzeitdünger) sind hochwirksame Nährstoffraketen, die leicht wasserlöslich sind und bei entsprechender Bodenfeuchte sofort aktiviert werden. Können sie aufgrund einer Überdosierung oder eines falschen Ausbringungszeitpunkts nicht sofort von den Gehölzen aufgenommen werden, sind sie verloren und belasten das Grundwasser. Mineralische Dünger haben keine den Boden verbessernden Eigenschaften. Ihr Einsatz sollte sich darauf beschränken, akute Mangelsymptome fest eingewachsener Bäume und Sträucher auszugleichen. Keinesfalls gehören sie an frisch gepflanzte Gehölze.

Langzeit- bzw. Depotdünger sind zwar auch mineralische Dünger, die Düngerkörner umgibt jedoch eine halbdurchlässige Harzhülle. Dank dieser Hülle geben die Körner die in ihnen enthaltenen Nährstoffe temperaturabhängig ab. Die Gefahr einer Auswaschung oder Überdosierung ist bei richtiger Handhabung praktisch ausgeschlossen. Bei höheren Bodentemperaturen werden mehr, bei niedrigen Temperaturen weniger bis keine Nährsalze freigesetzt. Da das Pflanzenwachstum ebenfalls temperaturabhängig ist, passt sich die Menge der abgegebenen Nährstoffe ideal dem Wachstum der Gehölze an. Vor allem im Winter, wenn die Pflanzen keine Nährstoffe aufnehmen, verhindert dieser Mechanismus eine Auswaschung der Nährstoffe. Weiterer Vorteil: Neben der umweltschonenden Wirkung sind Langzeitdünger sehr leicht zu handhaben.

Langzeitdünger sind teurer als herkömmliche mineralische Dünger. Der Preis dieser modernsten Düngeform relativiert sich jedoch, wenn man die lange Wirkungsdauer, die oft über eine Wachstumsperiode hinaus anhält, mit einrechnet. Je nach Hersteller und Zusammensetzung wird die Wirksamkeit der Dünger mit fünf, sechs, neun Monaten und länger angegeben. Da sich diese Zeitangaben auf den Packungen aber auf einen konstant 21 °C warmen Boden beziehen und im Freiland im allgemeinen über weite Teile des Jahres deutlich niedrigere Bodentemperaturen herrschen, kann man die Herstellerangaben getrost mit zwei oder drei multiplizieren, um die tatsächliche Wirkungszeit der Langzeitdünger zu erhalten.

Organische Dünger: Organische Dünger geben ihre Nährstoffe erst nach ihrem Abbau durch die Mikroorganismen im Boden sehr langsam an die Gehölze ab. Die termingerechte Ausbringung entscheidet deshalb darüber, ob die Nährstoffe den Gehölzen zur rechten Zeit zur Verfügung stehen.

Hornspäne: Hornspäne sind eine pflanzen- und bodenschonende Stickstoffquelle, die Sie am besten im Spätherbst ausstreuen. Im Frühjahr folgt eine zweite Gabe.

Stallmist, getrockneter Rinderdung: Stallmist ist ein organischer Dünger mit sehr hohen Nährstoffanteilen, die auf meist sowieso gut versorgten Gartenböden rasch zu einer Überversorgung führen können. Eine abgespeckte Alternative ist der im Fachhandel angebotene Trockenrinderdung.

Gartenkompost: Ob Komposte als Dünger in Frage kommen, hängt von ihrer Zusammensetzung und den Nährstoffinhalten ab. Die allgemein positive Wirkung von ausgereiftem und ausgewogenem Gartenkompost auf die Bodenaktivität und Bodenstruktur beeinflusst aber indirekt immer das Gedeihen der Gehölze. Auf die Vorteile der Beimischung von Gartenkompost zur Auffüllerde bei der Pflanzung und beim Mulchen wurde bereits an anderer Stelle hingewiesen (siehe Seite 162).

Achten Sie beim Ausstreuen von Düngern auf die Angaben der Hersteller zu den Mengen und dem richtigen Zeitpunkt des Ausbringens.

Gehölze schneiden

Gehölzschnitt

Der Schnitt der Gehölze ist keine Wissenschaft, obwohl manchmal dieser Eindruck vermittelt wird. Richtig ist, dass bestimmte Gehölze einen regelmäßigen Schnitt verlangen. Darauf wird in den Porträts im 2. Kapitel hingewiesen. Paradebeispiele sind öfterblühende Rosen oder die spätsommerblühenden Ziersträucher. Die meisten Gehölze brauchen jedoch keinen regelmäßigen Schnitt. Wertvollen Gehölzen wie Zaubernuss, Magnolien oder Goldregen ist er sogar abträglich.

Schnitt ist nur sinnvoll, wenn man

- bestimmte Eigenschaften wie Blüten- und Fruchtbildung fördern,
- zu groß gewordene Gehölze verkleinern,
- überalterte Sträucher radikal verjüngen
- oder Gehölzhecken formieren will.

Geschnitten wird während der Winterzeit bei frostfreier Witterung, etwa ab Februar. Dieser **Winterschnitt** kommt **für die meisten Sommerblüher** wie Buddlejen, Spireen und Hortensien in Frage. **Frühjahrsblüher** wie Forsythien oder Flieder werden **nach ihrer Blüte geschnitten** und auch mit dem Schnitt frostgeschädigter

Frühlingsblüher wie Forsythien können Sie nach der Blüte in Form bringen. Entfernen Sie mehrjähriges Holz direkt oder möglichst nahe am Grund. Jungtriebe kürzen Sie nur leicht ein. In der Folge entwickeln sich wieder viele Blütentriebe.

Sommerblühende Gehölze wie Schmetterlingssträucher, Rispen-Hortensien, Säckelblumen, Spier- und Fingersträucher werden im Frühjahr auf zwei bis drei Knospen zurückgeschnitten.

Nach vielen Jahren ohne Schnitt können Sie beispielsweise Haselnuss, Forsythien und Feuerdorn durch radikalen Rückschnitt neu aufbauen und verjüngen.

Gehölze wartet man besser bis zum Frühling, wenn das Ausmaß der Schäden sichtbar wird.
Ein **Herbstschnitt** sollte sich darauf beschränken, um Schäden durch Windbruch oder Schneelast vorzubeugen.
Bei **Clematis** und **Rosen** hängen Schnittstärke und Schnittzeitpunkt von der jeweiligen Blührhythmik der Sorten ab. Hinweise hierzu finden Sie bei den Beschreibungen der Gehölze (Seite 72 ff.). Hier nun einige grundsätzliche Tipps zum Gehölzschnitt.

Schnittstärke: Folgende Auswirkungen hat die Schnitt-Tiefe: Wer stark zurückschneidet und nur wenige Knospen stehen lässt, wird weniger, dafür aber längere und starke Triebe erzielen. Umgekehrt bewirkt ein nur leichter Schnitt zahlreiche, aber dafür kürzere Neutriebe.

Ein schwacher Rückschnitt verursacht also einen schwachen, ein starker Rückschnitt einen starken Austrieb.

Schnittführung: Bitte achten Sie auf die richtige Schnittführung. Jeder Schnitt ist für die Gehölze ein im wahrsten Sinne des Wortes einschneidender Vorgang, der zu keinen Folgeschäden an den Pflanzen führen darf. Schneiden Sie den Trieb etwa 5 mm über einer Knospe schräg ab. Der Schnitt darf nicht zu schräg angesetzt werden, um die Wundfläche so klein wie möglich zu halten. Die verwendete Schere muß scharf sein, denn sie soll die Triebe nicht abquetschen, sondern eine glatte Schnittstelle zurücklassen. Lassen Sie keine Kleiderhaken, sprich Triebstummel, stehen, weil sie Angriffsflächen für Krankheiten und Pilze bieten.

Blüten-Ginster *(Cytisus)* vergreisen in wenigen Jahren, wenn man sie nicht nach jeder Blüte um etwa ein Drittel zurückschneidet.

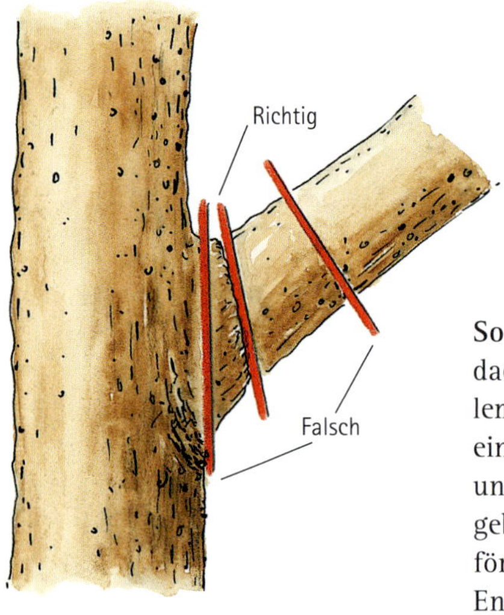

Der mittlere Schnittansatz ist der richtige: Die Wundfläche bleibt sehr klein und kann überwallen. Niemals Kleiderhaken, sprich Stummel, stehen lassen.

Baumnarben: Eine große Baumwunde verheilt niemals ganz, sondern kann immer nur überwallen. Das Verstreichen großer Schnittflächen mit Wundverschluss hilft dabei.

So geht man vor: Ein gut durchdachter Schnitt verbessert vor allem die Lichtverhältnisse innerhalb eines Zierstrauches, wodurch mehr und kräftiger entwickelte Blätter gebildet werden können. Außerdem fördert ein Auslichtungsschnitt die Entstehung junger, bodennaher Triebe und kommt damit der Vitalität und Trieberneuerung des Strauches zugute. Zuerst werden alle durch Krankheiten, Verletzungen oder Frost geschädigten, meist bräunlichen Triebe bis in das gesunde, innen noch grünlichweiße Holz zurückgeschnitten. Alle dünnen und schwachen Triebe werden ebenfalls entfernt. Zuletzt schneidet oder sägt man ältere, in der Regel über drei Jahre alte Triebe dicht über dem Boden ab. Nach dem Schnitt sollten Sie alle Schnittabfälle wegräumen, denn die Triebstücke sind potenzielle Krankheitsherde.

Wildtriebe: Einige Gehölze, beispielweise Zierstämmchen, sind auf so genannten Wildlingen veredelt. Mitunter wachsen aus dieser Unterlage oder dem Stamm Wildtriebe heraus. Wildtriebe rauben der Veredlung wertvolle Nährstoffe und müssen möglichst frühzeitig direkt an der Ansatzstelle abgerissen oder mit einem scharfen Messer entfernt werden.

Entfernen Sie Wildtriebe, beispielsweise bei der Korkenzieher-Hasel, immer an der Ansatzstelle. Dazu die Wildtriebe freigraben und am besten »an der Wurzel« ausreißen.

Schneiden Sie beim Einkürzen von Wacholdern und Zypressen untere Triebpartien heraus und lassen Sie Triebverlängerungen stehen. Geschickt gemacht, bleibt der Eingriff fast unsichtbar und die typische Wuchsform erhalten.

Nadelgehölzschnitt

Der Schnitt von Nadelgehölzen ist unüblich, da er die natürliche Wuchsschönheit der Pflanzen beeinträchtigt. Bei einigen Arten ist er jedoch möglich, sollte sich aber auf das Einkürzen der Triebspitzen beschränken. Kieferntriebe können Ende Mai/Anfang Juni um die Hälfte eingekürzt werden. Sehr schnittverträglich sind Eiben, die aus diesem Grund auch als wertvolle Formhecken und -gehölze beliebt sind.

Durch das Auskneifen von Kiefer-Jungtrieben ab Ende Mai bleiben diese pflegeleichten Nadelgehölze länger niedrig und kompakt.

Heckenschnitt

Formierte Hecken werden am besten konisch erzogen, also unten breiter, nach oben schmaler werdend. Nur so bleiben sie auch in unteren Triebbereichen dicht. **Günstige Schnitttermine für Laubgehölzhecken** sind einmal Ende Juni (nach der Vogelbrut) und zum zweiten Mal Mitte bis Ende August. **Nadelgehölzhecken** werden nur einmal geschnitten, meist im Juli.

Scharfe Scheren sorgen beim Heckenschnitt für saubere Schnittstellen. Eine gespannte Schnur erleichtert die gewünschte Linienführung.

Winterschutz für Gehölze

Winterschutz von innen: Alle in diesem Buch vorgestellten Gehölze gelten in unseren Breiten als frosthart. Falsche Pflegemaßnahmen können die Frosthärte der Sträucher und Bäume allerdings beeinträchtigen. Beginnen Sie im Hochsommer mit dem Frostschutz, indem Sie nach dem 1. Juli keinen Stickstoff mehr ausbringen. Wachstumsstimulierende Stickstoffgaben, nach dem 1. Juli verabreicht, können die Holzreife beträchtlich schmälern und machen die Triebe dadurch anfällig für Frostschäden.

Winterschutz von außen: In besonders kalten Regionen kann ein Winterschutz für sensible Gehölze wie öfter blühende Rosen sinnvoll sein. Auch junge Pflanzen anderer Gehölzarten, wie etwa Buddlejen, Magnolien, *Hibiscus,* und Immergrüne wie Bambusse, Ilex, Skimmien und Feuerdorn sind für einen Schutz in den ersten Wintern dankbar. Der natürlichste Frostschutz ist der Schnee. Lockerer Pulverschnee isoliert bestens und schützt ideal vor Frost. Leider kann man sich auf ihn nicht verlassen, so dass Sie vorsichtshalber auch zu künstlichen Schutzmaßnahmen greifen sollten.

Anhäufeln: Öfter blühende Rosen und Junggehölze können ab Dezember angehäufelt werden. Mit Erde bedeckt, sind ausgereifte Triebe optimal vor Frost geschützt. Angehäufelt wird etwa 15 bis 20 Zentimeter hoch mit lockerer Lauberde, Gartenkompost und Ähnlichem. Auf die jetzt noch herausschauenden Triebe können Sie zusätzlich Nadelholzreisig legen.

Eine Ummantelung mit Kokos- oder Strohmatten hält austrocknende Winterwinde von empfindlichen Gehölzen fern.

Abhängen: Sackleinen, lockeres Jutegewebe oder Nadelholzreisig schützt Zierstämmchen, Kletterrosen und andere junge Kletterpflanzen an Spalieren, Rosenbögen und Pergolen. Diese Materialien halten austrocknende Winde ab, lassen aber Luft durch. Niemals Zierstämmchen bzw. Rosenstämme in Plastikfolien, auch nicht in perforierte, einpacken. Wärmestaus und Fäulnis im Innern dieser winterlichen »Treibhäuser« sind die sichere Folge, eine Schwächung der Pflanze und Schäden durch Nachtfröste sind vorprogrammiert.

Umpflanzen von Gehölzen

Die Notwendigkeit oder der Wunsch, ein Gehölz umzupflanzen, kann verschiedene Ursache haben. Nicht selten wird das Ausmaß des Wachstums von Gehölzen unterschätzt, und sie werden in ihrer noch zierlichen jungen Gestalt zu dicht gepflanzt. Oder es steht eine unausweichliche Baumaßnahme oder ein Umzug bevor. Gehölze, die noch nicht länger als fünf Jahre an einem Fleck standen, können problemlos umgepflanzt werden.
Die ideale Zeit dafür ist vom November bis zum Frosteinbruch. Zur Not kommt auch noch das zeitige Frühjahr in Frage. Das Grundprinzip der Umpflanzaktion sollte sein, möglichst viele Feinwurzeln unbeschädigt aus dem Boden zu bekommen. Graben Sie die Pflanze vor-

Um Bäume und große Sträucher wird bereits im Sommer vor dem eigentlichen Verpflanzen ein handbreiter Graben angelegt (oben), den man mit lockerer Pflanzerde wieder auffüllt. Dies fördert die Bildung vieler neuer Feinwurzeln im Ballenbereich (rechts).

sichtig frei und setzen Sie den Spaten dabei möglichst tief an den Wurzeln an. Dann wird das Gehölz mit Erdballen aus dem Loch gehoben. Abgebrochene Wurzeln

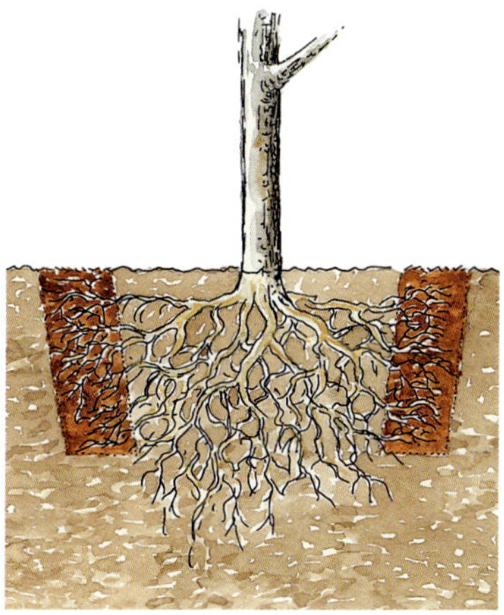

schneiden Sie vor dem Neupflanzen zurück und auch die oberirdischen Triebe werden, wie beim Pflanzschnitt, zurückgenommen. Das erleichtert das Anwachsen der Umzügler. Gepflanzt werden die Gehölze genauso wie Jungpflanzen auch. Die Beigabe lockerer Pflanzerde fördert die Wurzelneubildung. Bäume und größere Sträucher sollten Sie bereits während des Sommers mit dem Spaten umstechen. An den Schnittstellen bilden sich bis zum Herbst neue Feinwurzeln, die für das spätere Umpflanzen und Wiederanwachsen wichtig sind.

Gehölze vermehren

Zwei Vermehrungsprinzipien lassen sich grundsätzlich unterscheiden: die ungeschlechtliche (vegetative) Vermehrung durch abgetrennte Pflanzenteile und die geschlechtliche (generative) Vermehrung durch Aussaat. An dieser Stelle beschränken wir uns auf Erstere, da nur bei der ungeschlechtlichen Vermehrung die Eigenschaften der Eltern identisch und sortenecht weitergegeben werden. Damit hat der Gartenfreund eine Möglichkeit, von einer bestimmten Pflanzensorte einen sortenechten Nachkömmling heranzuziehen. Die einfachsten Methoden, die keine besonderen Kultureinrichtungen wie Gewächshäuser erfordern, sind Vermehrungen durch Steckholz, Steckling und Absenker.

Natürlich ist es oft billiger, Pflanzen beim Gärtner neu zu erwerben. Aber die Eigenvermehrung bestimmter Gehölzsorten kann beispielsweise den simplen Grund haben, dass die genaue Sortenbezeichnung des Elterngehölzes nicht bekannt ist und sich deshalb ein Kauf schwierig, wenn nicht gar unmöglich gestaltet. Außerdem macht es nicht nur (aber auch) Kindern Spaß, ein selbst vermehrtes Gehölz wachsen und gedeihen zu sehen. Ein Versuch lohnt sich immer.

Steckhölzer

Der Schnitt von Steckhölzern ist eine einfache und erfolgversprechende Vermehrungsmethode vor allem für Ziersträucher wie Buddlejen, Deutzien, Hortensien, Liguster, Zier-Johannisbeeren, Strauch- und Kletterrosen, Weiden, Spieren, Tamarisken, Schneeball und Weigelien. Sie bieten ausreichend Material für die etwa zwanzig Zentimeter langen, bleistiftstarken Steckhölzer, die aus den verholzten Zweigen und Trieben geschnitten werden, die keine Blätter mehr tragen.

Es darf nur noch das oberste, das Holz abschließende Auge aus der Erde herausschauen. Werden die

Am Schopf gepackt: Größere Mengen an Steckhölzern können bündelweise etwa in Scherenlänge geschnitten werden.

Hölzer zu hoch gesteckt, vertrocknen sie leicht. Geschnitten werden die Steckhölzer mit dem Messer, einfacher aber mit einer scharfen Gartenschere. Die Hölzer steckt man entweder im Spätherbst oder im zeitigen Frühjahr direkt nach dem Schnitt in die lockere Erde. Schwere Böden sollten Sie zuvor mit Sand etwas auflockern. Am besten stecken Sie gleich an den gewünschten Endstandort, damit die bewurzelten Steckhölzer nicht durch eine Umpflanzaktion in ihrer Entwicklung gestört werden.

Stecklinge

Die Vermehrung von Gehölzen durch Stecklinge funktioniert bei vielen Ziersträuchern. Einfach sind Liguster und Buchs, besonders knifflige Objekte sind Rhododendren und Magnolien, die als Stecklinge eigentlich nur mit professionellen gärtnerischen Hilfsmitteln zur Bewurzelung zu bringen sind. Die meisten Blütensträucher liegen im Schwierigkeitsgrad dazwischen und sind erfolgversprechende Aspiranten für diese Vermehrungsmethode. **Schneiden Sie Ihre Stecklinge am besten ab Juni,** spätestens jedoch im Juli. Dann haben die jungen Pflänzchen eine reelle Chance, bis zum Winter entsprechendes Holz aufzubauen, das für das Gelingen der kniffligen Überwinterung eine wichtige Voraussetzung ist.

Geschnitten wird ein Steckling von reifen, aber nicht harten Trieben. Dieser »krautige« Steckling hat zwei bis drei Blattansätze und eine maximale Länge von zehn Zentimetern. Das unterste Blatt wird entfernt und der Steckling zwei bis drei Zentimeter tief – bis zum nächsten Blattansatz – in eine mit einer sandigen Pflanzerde, einem »Substrat«, gefüllte Schale gesteckt. Sehr große Blätter kürzen Sie bis auf fünf Zentimeter ein. Dann befeuchten Sie Stecklinge und Substrat mit der Brause und spannen über die Schale eine klare Folie. Nach einigen Wochen beginnt die Wurzelbildung.

Absenker

Viele Gehölze mit langen und biegsamen Trieben, aber auch schwierig zu vermehrende Rhododendren und Magnolien lassen sich mit etwas Geduld durch Absenker vermehren. Auch Wein- und Kletterrosensorten eignen sich für diese sehr ursprüngliche Vermehrungsmethode. Im Herbst oder zeitigen Frühjahr wählt man einen längeren, gut ausgereiften und verholzten Trieb aus und entfernt etwa in der Triebmitte behutsam das Laub. An diesem laublosen Triebabschnitt müssen sich mindestens drei Knospen befinden. Vorsichtig wird nun der Trieb zur Erde gebogen, an der entblätterten Krümmung leicht mit einem Messer eingeschnitten, in die gelockerte Erde gelegt und mit einem Haken am Boden befestigt. Darüber kommt lockere Gartenkomposterde oder Rindenhumus. Im Laufe des Sommers bilden sich unter dem ständig feucht, aber nicht nass zu haltenden Erdhügel an der »verletzten« Triebkrümmung neue Wurzeln. Im nächsten Frühjahr wird das bewurzelte Triebstück mit der Schere von der Mutterpflanze getrennt und an neuer Stelle eingepflanzt.

Pflanzenschutz

Vorbeugen ist besser als heilen. Diese Volksweisheit trifft im besonderen Maße für Gehölze zu. Bäume und Sträucher gelten als sehr robust. Häufig wird ein Schädlings- oder Krankheitsbefall durch einen ungeeigneten Standort oder unsachgemäße Düngung provoziert. Unter falschen Standortbedingungen versagen sogar kernrobuste Gartengehölze. Die vielen Verwendungs- und Standorthinweise in diesem Buch sollen Ihnen helfen, sich diese Erfahrungen zu ersparen. Wenn Ihre Gehölze dann doch einmal von Krankheiten und Schädlingen befallen werden, ist dies meist nur eine vorübergehende Erscheinung, die keinen Anlass zur Sorge gibt. Wichtig ist eine tolerante Einstellung des Gartenfreundes, die Bereitschaft, auch einmal über Läuse oder mehltaubefallene Blätter hinwegzusehen.

Machen Sie sich bewusst, dass kein Gartengehölz nur ästhetische Rechte, sondern auch ökologische Pflichten hat. Wer naturnahe Kreisläufe in seinem Garten fördern möchte, wird rasch merken, dass sich an lausfreien Sträuchern keine Nützlingsfauna aufbaut. Viele Pilze und Insekten sind auf bestimmte Pflanzenarten fixiert und in ihrer Existenz von ihnen abhängig. Staubgewischte, klinisch reine Gehölze bieten ihnen keine Lebensgrundlagen. Erst wenn ein Befall den Gehölzen ernsthafte Schäden zufügt, sollte man zur Spritze greifen.

Allgemeine Hinweise

Der Fachhandel bietet eine Fülle an Krankheits- und Schädlingsbekämpfungsmitteln an. Dies rechtfertigt aber nicht ihren unüberlegten Einsatz. Jeder verantwortungsbewusste Gartenfreund sollte darauf achten,

- Nützlinge zu schonen und zu fördern
- eine sinnvolle Bodenverbesserung und -pflege zu betreiben
- bedarfsgerecht zu düngen
- gesundes Saat- und Pflanzengut zu verwenden
- robuste, krankheitstolerante Sorten zu pflanzen
- einen zum Gehölz passenden Standort (Boden, Klima) zu wählen
- die pflanzlichen Abwehrkräfte zu stärken (Pflanzenstärkungsmittel)
- mechanische Bekämpfungsmethoden einzusetzen.

Alle genannten Produkte basieren auf der Zulassung für den Haus- und Kleingarten. Sie sind nicht bienengefährlich (Stand April 2007). Dies ist vor dem Hintergrund des allgemeinen Bienenmangels besonders wichtig, denn: ohne Bienen keine ausreichende Bestäubung, ohne Bestäubung keine Früchte, ohne Früchte keine Vögel, und ohne Vögel keine Larvenvertilgungsarmada.

Allgemeine Krankheiten und Schädlinge

Blattläuse

Schadbild: Grüne oder schwarze Läuse, die die jungen, noch weichen Triebspitzen befallen. Starker Befall führt zu Verkrüpplungen und Triebverkrümmungen. Massenhaftes Auftreten bei warmer, trockener Witterung ab April. Übertriebene Stickstoffdüngung und Wassermangel laden Blattläuse geradezu ein, die weichen Triebe anzustechen. Heiße, lufttrockene Standorte meiden.

Bekämpfung: Abspritzen kräftiger Triebe mit kaltem, scharfem Wasserstrahl, kleine Lausmengen mit den Fingerspitzen wegschnippen bzw. Tiere zerdrücken. Nützlinge fördern (Nützlingswiese, Vogelschutz, Insektennisthilfen); bei Befallsbeginn Neudosan, Schädlingsfrei Naturen, Spruzit Neu, Pyreth, Schädlingsfrei Neem. Hausmittel sind Zwiebel- und Knoblauchsäfte.

Rote Spinne, Gemeine Spinnmilbe

Schadbild: Sehr kleine, orangerote Tierchen, die an der Blattunterseite saugen und nur mit der Lupe sicher zu erkennen sind. Die Blattoberseiten sprenkeln sich unregelmäßig braungelb, vor allem entlang der Adern. Nahe verwandt mit der Roten Spinne ist die Gemeine Spinnmilbe. Sie ist an ihrem feinen Seidengespinst zwischen Blättern, Blattstielen und Trieben zu erkennen. Spinnmilben treten bei

Spinnmilben sind leicht an ihrem Gespinst zu erkennen. Sie stellen sich bevorzugt an lufttrockenen Standorten ein.

trockenheißer Witterung ab Mai massenhaft auf. Deshalb ist das Meiden extrem lufttrockener Standorte die beste Vorbeugung. Besonders gefährdet sind Gehölze in heißer Südlage vor Wänden. Befallene Blätter absammeln und vernichten.
Bekämpfung: Bei Befallsbeginn (Anfang Mai bis Mitte August) Promanal, Schädlingsfrei Naturen, Neudosan.

Triebwelke *(Verticillium*-**Welke)**
Schadbild: Laub verfärbt sich fahlgrün, welkt und bleibt vertrocknet am Stengel hängen. Auch bei Stauden vorkommend.
Bekämpfung: Befallene Pflanze komplett roden, Vitalität der Pflanzen erhalten, anfällige Arten meiden. Bekämpfung mit Pflanzenschutzmitteln im Hausgarten nicht möglich.

Grauschimmel an Früchten
Schadbild: Graubrauner Schimmelbelag auf Blättern und weichen Früchten, beispielsweise Erdbeeren und Trauben.
Bekämpfung: Schnitt, »luftige« Erziehung, Entblättern der Triebe rund um die Fruchtansätze zu Reifebeginn. Teldor, Botrysan. Ab Blühbeginn und zur Fruchtreife mehrmals im Abstand von sieben Tagen spritzen.

Feuerbrand (tritt allgemein bei Rosengewächsen auf, u. a. bei Feuerdorn, Mehlbeere, Stranvaesie, Weiß- u. Rot-Dorn, Zierquitte, Zier-Apfel, Zwergmispel)
Schadbild: Blüten und Blätter verfärben sich schwarzbraun und wirken wie verbrannt. Mitunter sind auch Bakterienschleimtropfen zu sehen.
Bekämpfung: Erkrankte Pflanze roden. Bekämpfung mit Pflanzenschutzmitteln nicht möglich. Meldepflichtig, umgehend den Pflanzenschutzdienst oder das Ordnungsamt informieren!

Feuerbrand ist eine der gefährlichsten Gehölzkrankheiten. Es besteht Meldepflicht bei den Pflanzenschutzämtern!

Spezielle Krankheiten und Schädlinge an Laubgehölzen

▶Bei Waldreben *(Clematis)*:
Clematis-Welke
Schadbild: Blätter, Triebteile, aber auch ganze Pflanzen welken plötzlich und sterben ab. die Ursache sind verschiedene Pilze, die bevorzugt jüngere Pflanzen heimsuchen.
Bekämpfung: Sofortiger Rückschnitt bis in den gesunden Bereich, oft bis zum Boden, notwendig. Triebverletzungen vermeiden, robuste Sorten wählen, auf gut wasserdurchlässige Standorte achten. Kleinblumige Arten und Formen gelten als weniger anfällig.

▶Bei Buchen *(Fagus)*:
Buchenblatt-Baumlaus
Schadbild: Charakteristisch sind Blattkräuselungen, röhrenartig nach unten gekrümmte Blattränder und auf der Blattunterseite weiße, wollige Wachsausscheidungen, unter denen die Läuse sitzen.
Bekämpfung: Promanal, Neudosan, Schädlingsfrei Naturen, Spruzit Neu, Pyreth, Schädlingsfrei Neem, Parexan-Plus. Spritzen bei Befallsbeginn Ende April bis Anfang August.

▶Bei *Ilex*:
Ilexminierfliege
Schadbild: Auffallend geschlängelte, blasenartig aufgetriebene Gänge der Maden im Blatt.
Bekämpfung: Abpflücken und Ver-

Oft lässt sich die Spitzendürre durch das Ausschneiden befallener Triebpartien im Zaum halten.

nichten der befallenen Blätter. Eine Bekämpfung mit Pflanzenschutzmitteln ist nicht möglich.

▶Bei *Prunus*-Arten:
***Monilia*-Spitzendürre**
Schadbild: Blüten und Triebspitzen welken schlagartig und scheinen zu vertrocknen. Tritt u. a. bei Mandelbäumchen und Kirsche auf.
Bekämpfung: Befallsstellen bis in das gesunde Holz ausschneiden, Fruchtmumien entfernen. Celaflor Pilzfrei Ectivo, Teldor, Baycor. Beginn der Behandlung mit der Blüte.

Schrotschusskrankheit
Schadbild: Zunächst auf den Blättern kleine, runde Flecken, die später durchlöchert sind. Durch die vielen Löcher entsteht der Schrotschuss-Eindruck. Tritt u. a. bei Kirsche und Kirschlorbeer auf.
Bekämpfung: Eine Bekämpfung mit Pflanzenschutzmitteln ist nicht möglich. Vorbeugend mit Pflanzenstärkungsmitteln behandeln.

▶Bei Pfirsich:
Kräuselkrankheit
Schadbild: Auf den Blättern erscheinen rote, blasenartige Verformungen, die später von einem reifartigen Belag überzogen sind.
Bekämpfung: Befallene Blätter und Triebspitzen entfernen, weniger anfällige Sorten wählen. Behandlung mit Neudo-Vital (mehrmals 7–10-tägig).

▶Bei Birnen *(Pyrus)*:
Birnengitterrost
Schadbild: Auf der Blattoberseite sind bis 1 cm große, gelbe, später intensiv rote Flecken zu erkennen. Typisch sind die an der gleichen Stelle an der Blattunterseite sich befindenden gitterkorbähnlichen Pusteln.
Bekämpfung: Falllaubbeseitigung, Nachbarschaft zu Wacholder meiden, eventuell entfernen. Schäden halten sich meist in Grenzen. Wenn eine chemische Behandlung dennoch notwendig ist, bietet sich Celaflor Pilzfrei Ectivo an. Ab Blüte mehrmals im Abstand von acht bis 14 Tagen spritzen.

▶Bei Rhododendren:
Dickmaulrüssler
Schadbild: Blattränder werden von dem Käfer buchtig ausgefressen. Den ungleich größeren Schaden verursachen jedoch seine bodenbürtigen, weißen Larven in der Erde, wo sie die Wurzeln anfressen.
Bekämpfung: Käfer abends abschütteln, Bodennützlinge ab Mai bis Anfang September einsetzen, wenn Bodentemperatur über 13 °C. Eine Bekämpfung mit Pflanzenschutzmitteln ist nicht möglich.

Rhododendronzikade (Knospenbräune)
Schadbild: Auffallend grünbraune Tiere sind auf der Oberseite der Blätter zu beobachten. Die Zikaden stechen die Knospen an und übertragen dabei die Knospenfäule.
Bekämpfung: Gelbtafeln ab Anfang Juni bis Mitte September werden oft empfohlen, damit werden allerdings nur relativ wenige Zikaden, aber viele Nützlinge gefangen. Knospen auspflücken. Bekämpfung der Zikaden in den kühlen Morgenstunden, wenn sie noch relativ unbeweglich sind, mit Neudosan, Schädlingsfrei Naturen, Parexan-Plus, Spruzit Neu, Pyreth, Provado bei Befallsbeginn ab Mai bis Juli.

▶Bei Stachelbeeren *(Ribes)*:
Stachelbeermehltau
Schadbild: Mehlartiger, weißer Belag auf jungen Blättern, später auch auf den Beeren.
Bekämpfung: Befallsstellen ausschneiden, durch Auslichtungsschnitt »luftige« Pflanzenerziehung,

Wo Rhododendronzikaden über die Blätter von Rhododendron hüpfen, ist die Knospenbräune nicht weit. Deshalb konzentriert sich die Bekämpfung der Bräune auf die Zikaden.

weniger anfällige Sorten wählen. BioBlatt Mehltaumittel, Compo Mehltau-frei, Kumulus WG ab Befallsbeginn mehrmals im Abstand von sieben bis 10 Tagen spritzen.

▶Bei Rosen:

Rosenblattrollwespe

Schadbild: Eingerollte Blätter, verursacht durch Eiablage am Blattrand. In den sehr auffallenden und typischen Blattröllchen entwickeln sich ab Mai die grünlichweißen Larven. Vorbeugende Maßnahmen sind nicht erfolgversprechend, Blätter ab April beobachten.
Bekämpfung: Absammeln und Zerdrücken der winzigen Larven mit der Hand. Der Entwicklungszyklus – und damit der Befallsdruck für das nächste Jahr – wird durch das Entfernen der Larven unterbrochen. Nützlinge wie Blaumeisen und Schlupfwespen fördern. Spritzungen sind nicht möglich.

Rosenzikade

Schadbild: Die Oberseite der Blätter ist weißlich gesprenkelt. Auf der Blattunterseite findet man grünlichweiße, blattlausähnliche Insekten, die sich hüpfend fortbewegen und an den Blättern saugen.
Bekämpfung: Neudosan, Schädlingsfrei Naturen, Spruzit Neu, Provado bei Befall. Hausmittel: Brennesselbrühe.

Triebbohrer

Schadbild: In welken Trieben finden sich in Längsrichtung Fraßgänge mit kleinen Raupen. Je nach Fraßrichtung unterscheidet man den Abwärtssteigenden Rosentriebbohrer (Fraßgang von oben nach

Die Geißel aller Rosenfreunde ist der aggressive Sternrußtau-Pilz. Wichtig zur Vorbeugung sind ein rosengerechter Standort und die Wahl robuster Rosensorten.

unten) oder – bei umgekehrter Fraßrichtung – den Aufwärtssteigenden Rosentriebbohrer. Befallene Triebe werden bis ins gesunde Holz abgeschnitten und mit den Raupen vernichtet. Nur systemische Insektizide sind wirksam, die allerdings auch den Nützlingen die Fraßgrundlage entziehen.
Bekämpfung: Mit Pflanzenschutzmitteln zur Zeit nicht möglich.

Sternrußtau

Schadbild: Auf den Blattoberflächen treten sternförmige, violettschwarze Flecken auf. Die unteren Blätter werden zuerst gelb und fallen ab. Die Krankheit zeigt sich oft im Spätsommer und Herbst. Beste Verbeugung sind robuste Sorten, die auf einen licht- und luftumspielten Standort gepflanzt werden. Niemals die Pflanzen mutwillig über die Blätter bewässern. Befallenes Laub absammeln und vernichten. Die unverwüstlichen Dauersporen gehören nicht auf den Kompost.
Bekämpfung: Cueva Pilzschutz, Hausmittel: Ackerschachtelhalmbrühe.

Echter Mehltau

Schadbild: Mehlig-weißer Belag auf der Blattoberseite junger Blätter, sowie auf den Blütenkelchen und Triebspitzen. Das betroffene Laub kräuselt sich und färbt sich rötlich. Beste Vorbeugung ist die Wahl robuster Sorten, eine ausgewogene Düngung und das Meiden windstiller Standorte.
Bekämpfung: Saprol F, Netzschwefel, Bioblatt-Mehltaumittel, Cueva Pilzschutz. Hausmittel sind Ackerschachtelhalmbrühe, Brennesseljauche.

Falscher Mehltau

Schadbild: Weißlicher Schimmelbelag auf der Blattunterseite, beginnend an jungen Blättern und die Rose von oben nach unten befallend. Auf der Blattoberseite sind dunkle Flecken sichtbar, befallene Blätter welken und fallen ab. Falscher Mehltau tritt vor allem während starker Temperaturschwankungen im Spätsommer und Herbst auf. Zu achten ist auf einen sonnigen Standort der Rosen, damit ein rasches Abtrocknen der Blätter möglicht ist. Befallene Blättern vernichten, nicht kompostieren.
Bekämpfung: Kupferkalk Atempo, Cupravit Kupferkalk.

Rosenrost
Schadbild: Orange- bis rostfarbene, stäubende Sporenlager auf der Blattunterseite. Im Herbst sind die Pusteln schwarzbraun. Tritt oft auf stark lehmigen Standorten auf, jahrgangsweise in sehr unterschiedlicher Intensität. Hohe Luftfeuchtigkeit fördert einen Befall. Befallenes Laub nicht kompostieren, sondern vernichten.
Bekämpfung: Fungisan Rosen-Pilzfrei, Saprol, Compo Ortiva Rosen-Pilzschutz. Hausmittel sind Farnkraut-, Wermut- und Ackerschachtelhalmbrühe.

▶**Bei Flieder** *(Syringa)*:
Fliedermotte
Schadbild: Auffallend geschlängelte, blasenartig aufgetriebene, durchscheinende Gänge der Larven im Blatt. Später vertrocknen befallene Blattteile und wellen sich.
Bekämpfung: Abpflücken und Vernichten der befallenen Blätter. Eine Bekämpfung mit Pflanzenschutzmitteln ist nicht möglich.

Spezielle Krankheiten und Schädlinge an Nadelgehölzen

▶**Bei Scheinzypressen** *(Chamaecyparis)*:
Wurzelfäule *(Phytophthora)*
Schadbild: Zunächst welken einzelne Triebspitzen und verfärben sich braun, später die ganze Pflanze. Beginnend an der Spitze faulen die Wurzeln, bis der gesamte Wurzelballen braun ist.
Bekämpfung: Pflanze komplett mit Wurzelballen großzügig roden, Pflanzloch über Winter durchfrieren lassen, durchlässigen Boden schaffen, keine anfälligen Gehölze nachpflanzen. Im Kübel nicht zu häufig gießen.
Bekämpfung: Spezial-Pilzfrei Aliette gießen.

▶**Bei Wacholder** *(Juniperus)*:
Wacholdertriebsterben
Schadbild: Zweige und Haupttriebe werden zunächst gelb, dann braun und sterben ab. Bei älteren Pflanzen Befall oft nur in begrenzten Abschnitten.
Bekämpfung: Pflanzenbestand auslichten, Befallsstellen ausschneiden. Eine Bekämpfung mit Pflanzenschutzmitteln ist nicht möglich.

▶**Bei Fichten** *(Picea)*:
Sitkafichtenlaus
Schadbild: Ältere Nadeln bekommen gelbliche Flecken, werden später braun und fallen ab. An den Nadeln saugen grüne Läuse mit roten Augen. Starker Befall nach milden Wintern möglich.
Bekämpfung: Promanal, Schädlingsfrei Naturen beim Austrieb, Neudosan, Spruzit Neu, Pyreth, Neem bei Befallsbeginn (März bis Mai).

▶**Bei Kiefern** *(Pinus)*, **Tannen** *(Abies)* **u. a.:**
Wollläuse
Schadbild: Nadeln verfärben und krümmen sich. Typisch sind die weißen Wachsfäden ab Mai, die an Schneeflocken erinnern. Unter ihnen sitzen Läuse, die auch an diesen Trieben überwintern.
Bekämpfung: Promanal, Schädlingsfrei Naturen zum Austrieb. Provado bei Befallsbeginn (April bis Juli).

▶**Bei Lebensbäumen** *(Thuja)*:
Thujaminiermotte
Schadbild: Triebspitzen werden braun und fallen ab. Im Trieb befindet sich eine 3 mm lange Raupe der Miniermotte.
Bekämpfung: Befallsstellen ausschneiden. Eine Bekämpfung mit Pflanzenschutzmitteln ist nicht möglich.

Nützlinge fördern

Die naturnahe Bekämpfung von Schädlingen durch Nützlinge verlangt vom Gartenfreund Geduld. Sie kann nur funktionieren, wenn sie langfristig angelegt ist. Damit sich eine entsprechende Nützlingspopulation aufbauen kann, müssen diese Helfer aller Gartenfreunde in ausreichendem Maße Schädlinge als Nahrung vorfinden.
Marienkäfer: Die Larven der Marienkäfer vertilgen während ihrer etwa dreiwöchigen Entwicklungszeit insgesamt bis zu 600 Blatt- und Schildläuse. Sie erkennen sie leicht an ihrer braunschwarzen Farbe. Die Larven sind bis zu einem Zentimeter lang und sechsbeinig. Nach ihrer Verpuppung sehen Sie ab Juli die Marienkäfer, die ebenfalls mit Vorliebe Blattläuse und andere weichhäutige Insekten fressen.
Florfliegen: Man nennt sie auch Blattlauslöwen, weil ihre Larven mit ihren Saugzangen Blattläuse aufgreifen und aussaugen. Außerdem bekämpfen sie Thripse und Milben. Florfliegen erinnern in ihrem Aussehen an kleine Libellen.

Sie überwintern häufig in Dachstühlen und Speichern. Als verantwortungsbewusster Gartenfreund können Sie durch das Öffnen der Dachluken im Frühjahr das Ausschwärmen der Florfliegen unterstützen.

Schwebfliegen: Die Larven der Schwebfliegen sind grünlichgelbe bis graue Maden von etwa 2 cm Länge. Sie spießen die Blattläuse mit ihren Mundwerkzeugen auf und saugen sie aus. Eine Larve vertilgt während ihrer kurzen, etwa zweiwöchigen Entwicklungszeit insgesamt 400 bis 800 Blattläuse. Die Schwebfliege wird etwa einen Zentimeter lang und fällt mit ihrem schwarzgelb gezeichneten Hinterleib und ihrem oft minutenlangen, an einer Stelle In-der-Luft-Schweben auf. Sie ähnelt einer Wespe, ist aber vollkommen harmlos.

Raubmilben: Raubmilben saugen die Eier der Roten Spinne (Spinnmilbe) oder die Tiere selbst aus. Die Raubmilbe ist ein naher Verwandter, aber größer und kräftiger als die Rote Spinne und baut kein Gespinst auf. Eine Raubmilbe kann etwa fünf erwachsene Spinnmilben bzw. zwanzig Eier pro Tag aussaugen.

Blattlaus-Schlupfwespen: Diese Insekten legen ihre Eier in das Ei, die Larve oder Puppe eines anderen Insektes, zum Beispiel von Blattläusen. Ein Schlupfwespen-Weibchen kann bis zu 1 000 Läuse anstechen und in ihnen Eier ablegen.

Vögel: Insektenfressende Vogelarten wie Meisen jagen zur Aufzucht ihrer Brut mit Vorliebe Raupen. Sträucher und Stauden bieten den Vögeln geschützte Brutstätten. Besonders bewährt hat sich das Aufhängen von Meisenkästen. Katzen sollten Sie ein Glöckchen als Warnsignal für die Vögel um den Hals hängen.

Ein nützlicher Verbündeter im Kampf gegen Blattläuse ist der Marienkäfer. Sage und schreibe bis zu 600 Läuse frisst eine Larve während ihrer dreiwöchigen Entwicklungszeit zum eigentlichen Käfer.

Anhang

Literatur

Bärtels, Andreas: Enzyklopädie der Gartengehölze. Verlag Eugen Ulmer, Stuttgart 2001.

Dirr, Rudolf: Bäume und Sträucher für den Garten. Verlag Eugen Ulmer, Stuttgart 1996.

Krüssmann, Gerd: Gesamtwerk.

Markley, Robert: Die BLV-Rosen-Enzyklopädie. BLV Buchverlag, München, 5. Auflage 2007.

Warda, Hans-Dieter: Das große Buch der Garten- und Landschaftsgehölze. Bruns Pflanzen (Hrsg.), Bad Zwischenahn, 2. Auflage 2000.

Kataloge

der Baumschulen Bruns (Bad Zwischenahn), Dietrich (Mörfelden-Walldorf)

Verbände

Bund deutscher Baumschulen e.V.

Der Bund deutscher Baumschulen ist ein eingetragener Verein, der als Berufsverband die Interessen von über 1 500 Mitgliedern wahrnimmt. Eine vom BdB anerkannte »Deutsche MarkenBaumschule« wird von einer fachkundigen Jury regelmäßig überprüft.
Informationen erhalten Sie bei
Bund deutscher Baumschulen e.V.
Bismarckstr. 49, 25421 Pinneberg
Tel. 0 41 01/2 05 90
www.bund-deutscher-baumschulen.de

GartenBaumschulen

Der GartenBaumschulen BdB e. V. (GBV) ist ein Zweigverein des Bundes deutscher Baumschulen (BdB) e. V. Der GBV besteht heute bundesweit aus über 180 Mitgliedern, die überwiegend selbst erzeugte Gartenpflanzen mit dem Schwerpunkt Gehölze und Stauden an Gartenbesitzer verkaufen. Im Unterschied zu anderen Fachhändlern bieten GartenBaumschulen in diesen Warengruppen ein wesentlich breiteres und tiefer gestaffeltes Sortiment, verbunden mit Gartenservice-Leistungen aller Art.

Weitere Adressen und Informationen erhalten Sie:
- im Internet unter:
  www.gartenbaumschulen.com

oder über
- Mark 4
  Diekerstrasse 68, 42781 Haan
  Tel. 0 21 29/9 32 10

Bodenuntersuchung

Adressen der regionalen Bodenuntersuchungsstellen (LUFA) erhalten Sie bei:
VDLUFA, c/o LUFA Speyer
Obere Langgasse 40, 67346 Speyer
Tel. 0 62 32 / 1 36-0
www. vdlufa.de

Liebhabervereine

Deutsche Dendrologische Gesellschaft
www.ddg-web.de

Gesellschaft der Heidefreunde
www.gdh.heidezuechtung.de

Deutsche Rhododendron-Gesellschaft
www.rhodo.org

Europäische Bambusgesellschaft
www.bambus-deutschland.de

Gesellschaft deutscher Rosenfreunde
Waldseestr. 14, 76530 Baden-Baden
Tel. 0 72 21/3 13 02
www.rosenfreunde.de

Lieferquellen für ...

... Clematis

Friedrich Manfred Westphal
Peiner Hof 7, 25497 Prisdorf
Tel. 0 41 01/7 41 04
www.clematis-westphal.de

... Rosen

Rosarot Pflanzenversand
Besenbek 4 b, 25335 Raa-Besenbek
Tel. 0 41 21/42 38 84
www.rosenversand24.de

W. Kordes' Söhne
Rosenstraße 54
25365 Klein Offenseth-Sparrieshoop
Tel. 0 41 21/4 87 00
www.kordes-rosen.com

Rosen-Tantau
Tornescher Weg 13, 25436 Uetersen
Tel. 0 41 22/70 84
www.rosen-tantau.com

Noack Rosen
Im Fenne 54, 33334 Gütersloh
Tel. 0 52 41/2 01 87
www.noack-rosen.de

Rosen-Union
Steinfurther Hauptstraße 25
61231 Bad Nauheim-Steinfurth
Tel. 0 60 32/8 20 68
www.rosen-union.de

... Bambus

Bambus Zentrum Eberts
Saarstraße 3–5, 76532 Baden-Baden
Tel. 0 72 21/5 07 40
www.bambus.de

... Rhododendren

Baumschule Hans Hachmann
Brunnenstraße 68, 25355 Barmstedt
Tel. 0 41 23/20 55
www.hachmann.de

... Gehölze per Postversand

Gustav Schlüter
Bahnhofstr. 5, 25335 Bokholt-Hanredder
Tel. 0 41 23/20 21
www.pflanzenversand-schlueter.de

Gärtner Pötschke
Fachversand, 41561 Kaarst
Tel. 0 18 05/861-100
www.gaertner-poetschke.de

Ahrens & Sieberz
Großversand-Gärtnerei
53718 Siegburg-Seligenthal
Tel. 0 22 42/88 91 11
www.ahrens-sieberz.de

Baldur-Garten
Postfach 1140, 64629 Heppenheim
Tel. 0 62 51/10 35 10
www.baldur-garten.de

Stichwortverzeichnis

Seitenzahlen mit * verweisen auf Abbildungen.

Danksagung:
Der Autor dankt der Dendrologin Antje Verstl, Berlin, für die kritische Durchsicht des Manuskripts.

Bildnachweis:
Baumjohann: 180u, 181l
Borstell: 1, 2/3, 6/7, 9u, 10o, 12or, 14o, 15, 16u, 35, 36o, 36u, 38o, 40o, 40u, 42ol, 42u, 43ul, 43ur, 44o, 44u, 46o, 46u, 88u, 102o, 154/155, 175u
GBA/GPL: 156, 168
Hagen: 90r, 110u, 130u, 131o, 131u, 133, 136r
Kramer: 115l
Markley: 16o, 39o, 45l, 45o, 73o, 73ur, 77l, 80u, 83l, 87u, 90o, 92u, 96u, 98Ml, 98ul, 102ul, 107o, 107ur, 109or, 113, 128, 129l, 129r, 132ul, 137, 138o, 139, 142, 143ul, 143ur, 146or, 149, 152l, 153, 163ur, 166u, 167, 173, 181ur, 182
Morell: 86l
Pforr: 4/5, 29u, 78u, 180o sowie das Hintergrundbild auf 6/7, 70/71 und 154/155
Redeleit: 13u
Reinhard: 8, 9o, 12u, 28, 30u, 31o, 31u, 37o, 37u, 38ol, 38or, 41l, 42or, 99l, 99r, 108u, 148o, 150, 171, 176
Reithmeier: 181o
Ruckszio: 10u, 184
Seidl: 47, 77u (großes Bild), 94u
Strauß: 45u, 163l (Serie).

Alle anderen Bilder von MaeDia GmbH, Haan.

Grafiken: Heidi Janiček.

Bibliografische Information Der Deutschen Bibliothek
Die Deutsche Bibliothek verzeichnet diese Publikation in der Deutschen Nationalbiografie; detaillierte bibliografische Daten sind im Internet über http.//dnb.ddb.de abrufbar.

BLV Buchverlag GmbH & Co. KG
80797 München

3., überarbeitete Auflage, Neuausgabe

Umschlaggestaltung: BLV
Umschlagbilder:
Vorderseite: Reinhard-Tierfoto, Hans Reinhard
Rückseite: Borstell

Layoutkonzept Innenteil: Parzhuber & Partner, München
Lektorat: Dr. Thomas Hagen
Herstellung: Hannelore Diehl
Layout und DTP: Satz + Layout Peter Fruth GmbH, München

Printed in Germany ·

ISBN 978-3-8354-0299-7

Eine kleine Auswahl aus unserem Programm

Ute Bauer
Mein Garten am Abend
Die Abendstimmung im Garten genießen: Sitzplätze, Nachtblüher, Nachtdufter, Wärmespender, Sicht- und Windschutz, stimmungsvolle Lichteffekte, schöne und nützliche Accessoires.
ISBN 978-3-8354-0147-1

Andrea Christmann
Kleine Gärten gestalten
Die Gestaltung kleiner Gärten und optische Tricks für mehr Größenwirkung; konkrete Pläne für Vorgärten, Reihenhaus- und Reiheneckhaus-Gärten; Neuanlage und Umgestaltung in der Praxis.
ISBN 978-3-8354-0094-8

Rosa Wolf
Kinder im Garten
Aus der Gartentraum-Werkstatt: Baumhaus, Weidentunnel, Kletterbaum usw.; Kinderspaß Gärtnern: pflanzen, pflegen und ernten; rund ums Jahr: spielen, basteln, feiern und toben; Natur und Tiere beobachten, Nisthilfen, Futterstationen.
ISBN 978-3-8354-0055-9

Rosa Wolf
Party-Garten
Alles, was wichtig ist, damit die Gartenparty gelingt: Planung, Vorbereitung, Bodenbelag, Wind- und Sonnenschutz, Wärmespender, Beleuchtung usw.; Themen für Feste von Frühjahr bis Herbst mit Dekoideen und Rezepten.
ISBN 978-3-8354-0145-7

Rosa Wolf/Fotos: Ursel Borstell
Gartenpflanzen Praxis-Handbuch
Über 450 Gartenpflanzen in detaillierten Porträts mit Partnerpflanzen, Verwendungs- und Pflegetipps; Gestaltungen für alle typischen Bereiche des Hausgartens mit Pflanzplänen und Pflegekalender.
ISBN 978-3-8354-0167-9

Marie-Luise Kreuter
Der Biogarten
In Neuausgabe: das unentbehrliche Standardwerk zum naturgemäßen Gärtnern; einzigartiges Know-how von Deutschlands bekanntester Biogärtnerin; komplett aktualisiert: das im Handel erhältliche Pflanzensortiment; mit Beilage »Pflanzenschutz-Kompass«.
ISBN 978-3-8354-0198-3

Die zuverlässigen Berater

BLV Bücher bieten mehr:

- mehr Wissen
- mehr Erfahrung
- mehr Innovation
- mehr Praxisnutzen
- mehr Qualität

Denn 60 Jahre Ratgeberkompetenz sind nicht zu schlagen!

Dass Sie sich gut beraten fühlen – das ist unser Ziel. Falls Sie Fragen und/oder Anregungen haben, schreiben Sie uns bitte:

BLV Buchverlag GmbH & Co. KG
Lektorat · Lothstraße 19
80797 München
Postfach 40 02 20
80702 München
Telefon 089/12 02 12-0 · Fax -121
E-mail: blv.verlag@blv.de

Unser Buchprogramm umfasst über 750 Titel zu den Themen **Garten · Natur · Heimtiere · Jagd · Angeln · Sport · Golf · Reiten · Alpinismus · Fitness · Gesundheit · Kochen.** Ausführliche Informationen erhalten Sie unter **www.blv.de**

blv

MEHR ERLESEN!